图书馆管理与服务创新研究

张雨荷 ◎著

吉林文史出版社

图书在版编目(CIP)数据

图书馆管理与服务创新研究 / 张雨荷著. -- 长春 : 吉林文史出版社, 2023.4
ISBN 978-7-5472-9322-5

Ⅰ. ①图… Ⅱ. ①张… Ⅲ. ①图书馆管理－研究②图书馆服务－研究 Ⅳ. ①G251②G252

中国国家版本馆CIP数据核字(2023)第057704号

TUSHUGUAN GUANLI YU FUWU CHUANGXIN YANJIU

书　　名　图书馆管理与服务创新研究
著　　者　张雨荷
责任编辑　张　蕊
出版发行　吉林文史出版社有限责任公司
地　　址　长春市福祉大路 5788号
印　　刷　北京四海锦诚印刷技术有限公司
开　　本　787mm×1092mm 1/16
印　　张　11.25
字　　数　260 千字
版次印次　2023年4月第1版　2023年4月第1次印刷
定　　价　52.00 元
书　　号　ISBN 978-7-5472-9322-5

前言

图书馆是一种公共服务机构，作为公共文化资源的一部分，能够为人们提供终身教育。在图书馆工作开展的过程中，管理和服务是非常重要的内容，需要认识到其重要性，在进行图书馆服务与管理理念的研究时，找到其中存在的问题，做好图书馆管理和服务创新工作，在为人们提供高质量服务的同时，推动图书馆更好地发展。

基于此，笔者撰写了《图书馆管理与服务创新研究》一书。全书在内容安排上共设置七章：第一章，图书馆管理概论，分析图书馆的基础知识、图书馆管理的意义及模式、图书馆管理的职能与范畴、图书馆管理方式的改革；第二章，探讨图书馆的文献信息管理，内容包括图书馆普通文献的管理、图书馆古籍的管理与保护、图书馆读者信息与隐私管理；第三章，围绕人力、物力和财力解读图书馆的不同资源管理；第四章，研究图书馆危机管理与安全管理；第五章，围绕图书馆服务的概述、图书馆服务的原则、图书馆服务组织及发展以及图书馆服务环境展开研究；第六章，剖析图书馆读者服务内容的多元化，内容涉及图书馆信息服务及其模式、图书馆知识管理与服务、图书馆读者需求与服务、图书馆参考咨询服务；第七章，探索图书馆服务转型与创新，给新形势下的图书馆管理服务提供一些新思路和新举措，给广大读者的阅读提供服务与帮助。

全书内容翔实、丰富，注重理论联系实际，具有较强的理论性、实践性和指导性，对推动图书馆管理与服务创新能起到重要作用，对从事图书馆工作者有一定的参考价值。

笔者在撰写本书的过程中，得到了许多专家、学者的帮助和指导，在此表示诚挚的谢意。由于笔者水平有限，加之时间仓促，书中所涉及的内容难免有疏漏之处，希望各位读者多提宝贵的意见，以便笔者进一步修改，使之更加完善。

目录

CONTENTS

第一章　图书馆管理概论

第一节　图书馆的基础知识

图书馆是我们生活中十分常见的一项基础设施，尤其是在大城市和高校中，都会有对外开放的图书馆，它与我们的生活息息相关。图书馆是收集、整理、收藏图书资料以供人阅览、参考的机构，实际上，早在公元前3000年就已经出现了世界上最早的图书馆，图书馆有保存人类文化遗产、开发信息资源、参与社会教育等职能。

一、图书馆的产生与发展

（一）图书馆的产生背景

图书馆是在特定的背景下产生的，它的诞生以浓厚的文化背景为依托：一是文字的诞生；二是所需留存的文献。文字的价值就在于记录事件、传达信息，它是不可替代的书写符号。文字产生的过程中，有几个十分关键的节点：象形文字的诞生是埃及人智慧的彰显，它的另一个名字为纸草文字；楔形文字是文字发展史上的另一个高峰，苏美尔人为文字的产生做出了不朽的贡献；我国商朝人对于文字发展做出的贡献在世界文字发展史上得到了较大的认可，甲骨文是他们不朽的杰作。

文字诞生之后，相应的载体也就随之出现。在文字数量不断上升的背景下，为了使记录更为真实，对事物的情感表达更加准确，文献也就随之而出现。文献是指记录有知识和信息的一切载体。例如，埃及的纸草卷，我国古代的甲骨文献、金石文献、泥陶文献、简帛文献等，都是不同载体的文献；再比如，现在的纸质文献、光盘、缩微胶卷等也是不同载体的文献。因为文献记录、展示、保存了文字，所以文献是人类文明传承延续的集中体现。随着文献数量的不断增加，将文献有序保存的需求逐渐出现，人们需要有一个地方保存文献，并且要有专人来管理文献，这样图书馆就应运而生了。

根据考古学家的推测，世界上最早的图书馆5000多年前诞生于两河流域，也就是今天的伊拉克境内，那个时期的图书馆和档案馆没有明确的区分，一般同时兼有二者的职能；真正意义上的图书馆是公元前 7 世纪亚述帝国首都尼尼微的皇宫图书馆，该馆藏有大约 25000 块泥版文书，并建有目录；后来古埃及开始有了王室图书馆和寺院图书馆；古希腊也建有为贵族保存文献的图书馆和著名学者的私人图书馆。公元前 288 年，埃及亚历山大图书馆建成，该馆典藏丰富、学者云集，被誉为世界古代图书馆的代表。

在我国，公元前 13 世纪的殷商时代，甲骨文出现后，王室就有了保存典籍的地方，实际上这就是图书馆的萌芽。图书馆真正有文献可考的历史始于东周春秋时代，那时王室中有了专门的典藏处——藏室，并设立了专门的职官来管理文献。据《史记》记载，哲学家、思想家老子在周朝担任“守藏室之史”（管理藏书的史官）。后人将老子视为中国最早的图书馆馆长。

（二）图书馆的发展演进

1. 古代、近代图书馆

就全世界范围而言，自图书馆登上历史的舞台之后，由于中世纪神权的制约，大多数教堂中都设置了图书馆，这与教会掌握话语权有着最为直接的联系；11 世纪左右，西方大学的影响力不断扩大，大学当中的图书馆影响力不断扩大；15 世纪后期，随着文艺复兴在全球影响力的上升，欧洲不少国家都相继建立了图书馆。尤其是西方国家受到我国造纸术影响之后，图书馆建设呈现出良好的发展势头，藏书的数量较之前也急剧上升。

步入近代，英国革命使得资本主义社会发生了翻天覆地的变化，西方国家的资本主义悄然萌芽，这也使得图书馆发展迈上了快车道。资产阶级重视学习教育，不断开设各种类型的图书馆，目的就在于帮助劳动者普及知识。在这样的背景下，原来从属于皇室的图书馆与社会的结合更加紧密，它们脱离了和教堂的关系，图书馆的社会性越来越强。

从我国的历史来看，最早在周朝才有了图书馆。随着图书馆的出现，相应的管理机构也随之诞生。秦朝专门对图书馆进行管理的部门是“柱下史”；至汉代，图书馆建设已经较为成熟，拥有了较大的规模。隋唐时期，我国经济进入了一个历史高峰期，文化发展愈加繁荣，印刷术也更加成熟，这些都为图书馆的发展奠定了深厚的基础。除了国家藏书之外，私人藏书的影响力也逐渐扩大。宋代以后直至我国整个封建社会结束，图书馆保持着较快的发展步伐。印刷术方便了文献的传播，各种类型的书籍也都得到了最大范围的流传，这些都促进了图书馆行业的日益繁荣。宋代的书院对于文献的传播也起到了极大的推动作用，信息的传递更为便捷。

19 世纪 40 年代，更多面向社会的、融合性的图书馆开始诞生。在我国，由于上海独特的地理位置和其开放包容的城市特色，使其成为近代图书馆的奠基之地，最具代表性的就是 19 世纪 40 年代诞生于徐家汇的图书馆。除此之外，我国图书馆发展史上，武汉的重要性也不可忽视，它成为近代图书馆的又一个重要奠基之地。20 世纪初，韦棣华着手开始创办具有地方特色的图书馆，经过几年的积淀，属于文化学校的图书馆正式投入使用，学校的师生可以在这里汲取知识，享受各种各样的优质资源，满足自己对知识的多样化需求。20 世纪，图书馆进入了另一个快速发展阶段。1902 年对于我国图书馆业的发展而言是十分关键的一年，京师大学堂登上历史的舞台，它的建成和投入使用是我国图书馆建设过程中的一件大事，直至今天依然有着不可忽视的影响。1909 年所成立的京师图书馆在三年之后正式对外开放，它的成立在近代图书馆建设史上留下了浓墨重彩的一笔。

2. 现代图书馆的变化

第二次世界大战以后，电子计算机等技术逐步在图书馆应用，图书馆的馆藏结构、服务方式、服务手段发生了巨大变化。特别是进入 21 世纪后，电子图书馆、数字图书馆发展迅速，使图书馆的形态和职能发生了革命性的变化，图书馆的工作效率和服务效率大大提高，服务不断深入。图书馆的文献载体不断丰富，不仅收藏印刷型的图书文献，也大量收藏非印刷型文献信息（缩微制品、录像带、磁盘、光盘、数据库等），大大改变和丰富了馆藏；图书馆之间的联系更加密切，向网络化、国际化方向发展：图书馆的职能不断扩展，除了保存文化典籍、普及科学文化知识、进行社会教育外，还增加了信息开发传递和智力资源开发、文化休闲等职能。

3. 改革开放后我国图书馆的发展

改革开放后，我国图书馆获得了长足的发展。1987 年，我国县级以上图书馆达到 2440 所。到了 20 世纪 90 年代中期，全国已有图书馆 2615 所，县级以上图书馆格局基本建成，很多街道、农村、乡镇都建立了图书馆。2004 年，随着“百年图书馆精神”系列纪念活动以及“21 世纪新图书馆运动”的兴起，加之国家政策逐渐注重以人为本和普遍均衡，图书馆理念研究的热潮出现，一些图书馆的改革成功实现了“公益、自由、平等”的图书馆思想。

从 2015 年开始，我国图书馆就呈现出不断增长的基本态势。以公共图书馆为例来进行具体的说明，《2021 年国民经济和社会发展统计公报》显示，2021 年我国公共图书馆达到 3217 个，至此，公共图书馆全域覆盖基本实现。近些年来，我国经济逐渐向好，科学技术迈上了发展的快车道，和谐社会建设成为主流，学习型社会构建的呼声越来越高，全民参与到阅读的大潮中来。各行各业都十分重视图书馆的建设与发展。随着各种文化普及工程的建设与发展，国家也在图书馆建设方面给予了一系列优惠政策，文化产品的类型更加多样，图书馆能够提供的服务日益完善，对社会的带动效能逐年提升。

从20世纪90年代以来，图书馆发展的信息化、数字化趋势日益明显，自此，图书馆管理更加有序，技术发展更为成熟。随着信息技术对图书馆的影响力逐渐扩大，图书馆建设的数字化潮流更为明显，这是一次革命性的巨变。数字化建设的影响力是多方面的，特别是技术和资源方面更是促使图书馆建设产生了巨大的变革。电子化、信息化等对图书馆的影响不仅表现在用户诉求、资源建设、实现路径等方面，还表现在实现方式上，它们都推动了图书馆的深刻变革，为图书馆建设增添了新的色彩。

信息化背景下，经济发展的步伐逐渐加快，人们的生活质量获得了前所未有的提升。当前，图书馆成为社会发展中不可忽视的重要一环。图书馆运用新的科技手段，思维也不断更新，提供现代化的服务已经成为它们所追求的一个共同目标。

二、图书馆的作用及职能体现

（一）图书馆的作用体现

1. 图书馆的责任和使命

图书馆承担着文化传播等重要的责任和使命，其社会价值也得到了进一步强化。在过去对图书馆的定位方面，我们已经形成了相对一致的看法，强调图书馆在文化交流、信息互通、教育宣传、文化传递、遗产保护以及促进社会健康发展等方面的价值作用。然而，新的时代背景下，图书馆除了具有上述基本职能之外，还必须充分彰显其特色。图书馆最大的特征便在于其公益价值，将这一价值发挥到最大才能确保各种信息能够及时、准确地到达需求者那里，公众对信息的诉求才能得到最好的实现，信息鸿沟被高效跨越。图书馆还承担着信息交互的重要职能。当今世界已经成为信息化的世界，每一个领域都被信息化所包裹，图书馆应该顺应时代的呼声，通过各种各样的途径有效利用获得的信息，发挥自身的信息交互能力，推进图书馆领域的信息化变革。

2. 图书馆在信息社会中的定位

信息化对于图书馆发展而言是一个前所未有的机遇，要想使自身价值充分发挥出来，让社会对自己高度认可，需要在质量服务方面下功夫。与之前的认知存在差异之处就在于，图书馆其实需要确保其基本步调与社会发展、经济建设、政治建设相一致，值得注意的是，这种支持和从中获得利益之间存在着本质的区别，图书馆要牢记自身的使命，让公众获得他们想要获得的信息，进一步推进信息化路径的成熟发展。

（二）图书馆的社会职能变化

现代科学技术的快速发展给图书馆事业带来了前所未有的挑战与机遇，图书馆的社会职能将发生变化，图书馆在履行基本的职能外，还应主动承担一定的社会责任，“人们期待着国家图书馆发挥更重要的社会责任，图书馆的社会职能也应与时俱进，才能更好地适应社会服务与发展的需要”[①]。

1. 引导阅读

读书可以提高个人品德修养、促进社会发展进步，图书馆有责任通过形式多样的阅读推广活动来倡导全民阅读。图书馆应该想方设法满足公众的公共文化需求，调动公众的阅读热情。图书馆可以通过微信、微博、网站等线上方式大力推广数字资源服务，让广大读者足不出户就能享受到丰富的文化大餐。图书馆也可以开展线上打卡阅读的活动，充分调动读者的阅读兴趣。

2. 文化保存

图书馆承担着保存人类精神财富的职责，在社会系统中占据着其他文化机构所不能代替的重要地位。图书馆具有保存传统文化的功能，对于保护保存历史文献、古书文集和延续人类文明发挥了极大的作用，同时也兼具文化传播的功能。图书馆拥有收集、整理、保存文献信息的职能，是城市记忆的存储器，是人民历史的保存者。各图书馆都应当收集、整理、保存和开发利用本地区的地方文献，形成地区记忆，更好地为社会服务。

3. 增强文化道德修养

图书馆的社会职能能够增强公民的文化道德修养，公民利用丰富的图书资源和知识信息，可以增加自身文化知识，提高自身文化素养，提高自身价值。图书馆的性质是对公众全面普及书籍的，也要重视边远地区的书籍普及，让边远地区的人民也能感受到精神文化的熏陶，提供平等的学习知识的平台，提升他们的知识文化水平，构建和谐、平等、互助的社会。图书馆同时也是城市景点，在闲暇时期，可以去图书馆里面阅读书籍，丰富精神世界，图书馆环境清新、学习氛围浓郁，有各种各样的知识讲座和文化鉴赏等服务，向人民群众传播新知识、新思想、积极的文化。

4. 智库参考

图书馆拥有海量的信息资源和各领域成果显著的专家学者，应当建立智库服务，加强与政府部门的合作，为政府决策提供参考依据。各级图书馆应当利用自身的专业信息资源为政府制定相关政策提供信息保障。图书馆应当加强与所在政府的合作，通过专业的情报收集手段，为政府制订应急预案提供专业建议。

5. 社会教育

图书馆是民众进行终身自我教育的绝佳场所。图书馆应当依据当前社会教育现状及发展，不断调整、完善自身功能，将服务中心逐渐从提供资料转变到为民众提供素质教

---

① 贾书梅．新时期图书馆社会职能拓展的必要性［J］．边疆经济与文化，2015（08）：125-126.

育及终身教育中来。图书馆应从自身的社会教育职能出发，杜绝不良观念的读物，给公众提供一个健康向上的阅读环境。图书馆工作人员有义务帮助公众挑选读物，指导大众读书，为公众提供符合社会发展需求的精神食粮。

6. 扩大知识范围

图书馆的社会教育职能有非常明显的优势，它具有公益性、免费性、大众性等特点。人民群众通过图书馆能够提升自身修养，增强知识文化水平，它以全民教育为根本出发点，不限制人民群众的职业、性别、年龄等，实现人人都有书可读。图书馆陈列的书籍种类多、范围广，人们可以有多种选择来满足自身的文化需求。图书馆的服务包括文献外借、阅览服务、参考咨询、文献展览、报告会以及为老人和儿童提供专门服务等。图书馆可以弥补在学校学习过程中的不足，比学校更具有优势，种类齐全，可选择性高，获取的知识比在学校更为广泛。

7. 创新思维

民众的文化需求随着社会的发展不断变化，这也就要求图书馆紧跟需求的变化不断创新变革自身服务。公众对图书馆的服务内容及方式提出新的需求。构建新的服务项目，产生新的服务模式，是图书馆创新的途径。伴随着 5G 时代的到来，网络将变得唾手可得，图书馆提供云服务变得越来越容易实现。如通过虚拟现实的手段，让读者足不出户却能身临其境体验图书馆服务。各地区共享对接数字资源数据库，建立共享平台，为公众提供海量电子资源。

三、图书馆的宣传与推广

近年来，国家和政府十分重视社会文化事业的发展，尤其加大了公共文化服务体系建设方面的投入。自 2011 年起，全国的图书馆相继免费开放，图书馆也开始被社会大众关注。随着新媒体技术的飞速发展，便携移动终端越来越普及，越来越多的人群开始关注和使用图书馆的服务。但是新媒体技术环境下，社会大众获取信息的渠道和阅读的方式也越来越多样化，这对图书馆宣传推广工作提出了更高的要求。目前一些图书馆的发展状况堪忧，读者的持证率、到馆率和利用率都比较低。究其原因还是图书馆的宣传工作不到位，只有加强图书馆的宣传推广，才能加深社会大众对图书馆的认识，才能实现图书馆社会教育的目标，提高社会大众的文化素质。

（一）图书馆宣传推广概要

简单来说，宣传推广就是一项让广大读者了解图书馆，让图书馆能够完成使命的宣传工作。其具体内容是指，通过一定的宣传推广形式，让图书馆的形象深入人们的脑海，对图书馆有一个立体全面的认知。了解图书馆该做什么、拥有什么、能做什么，以此吸引更多读者进入图书馆，将图书馆“用”起来，从而提升图书馆的资源利用率，扩大知识的传播范围，充实人们的生活内容。

1. 图书馆宣传推广的目标与内容

图书馆的宣传推广工作主要有两个目标：一是让社会大众对图书馆的功能和价值有个清晰的认识；二是促进图书馆事业的发展，让图书馆更好地服务于文化和民生。

图书馆宣传推广的内容主要包括图书馆的功能与作用的宣传和推广、图书馆的资源与服务的宣传和推广、图书馆各种活动的宣传和推广，以及图书馆形象的宣传和推广等，要积极地扩大图书馆的影响力，提升图书馆的社会地位。而目前图书馆在宣传推广方面还存在很多问题，尤其是新媒体技术环境下，对图书馆的宣传推广工作提出了更高的要求。传统的推广方式如问卷调查、发传单等不能适应社会的发展需求，图书馆宣传推广岗位工作人员的业务水平也比较有限，不能很好地利用新媒体技术的优势来提升宣传推广工作的效率。

2. 图书馆宣传与推广的重要意义

做好图书馆宣传推广工作具有十分重要的意义。在网络时代，人们对于图书馆馆藏资源的使用也出现了新的变化。为了满足新时期发展需求，图书馆开通了免费无线网络，在这种情况下，有很多读者进入图书馆并不是为了看书，而是利用图书馆的无线网进行上网，很少利用图书馆的图书资源来学习知识。在实际生活中，依然很多读者认为图书馆只有传统的纸质图书资源，并不知道图书馆还有数字资源。在这种情况下，全面加强图书馆的宣传推广，可以让更多的群众熟悉图书馆的现实情况，能推动全民阅读的良好氛围形成，这不仅能最大限度地发挥出图书馆的作用，同时也能有效促进图书馆的良好发展。

第一，有助于引导舆论。众所周知，媒体是舆论引导者，图书馆应合理利用各新媒体进行公关，能够为图书馆发展营造良好的外部舆论，让广大公众与社会组织加强对图书馆发展的支持与关注，还能利用媒体宣传与解读图书馆工作内容和服务，促进图书馆社会职能的发挥。

第二，有助于塑造社会形象。图书馆不能仅追求影响力的提高，还应当保证自身正面社会形象，获得公众的赞许与认同，才是图书馆努力的目标。而在此过程中，图书馆可借助媒体宣传营造良好社会形象，扩大自身影响力，这需要图书馆为读者提供长期专业、高效优质服务，以建立良好的图书馆形象。图书馆自身也需要长期努力，对媒体也需要长期依存，方能达到良好效果。

第三，有助于增强公众影响力。现阶段，媒体融合成为一种发展趋势，为将图书馆影响力提高，则必须做好媒体公关推广工作。而媒体作为传播信息的媒介，拥有塑造品牌的效用，尤其是在融媒体时代下，此功能被进一步放大，通过媒体有效塑造图书馆服务品牌。在媒体传播下，可凸显图书馆服务创新的效果，加深其品牌影响力，扩大图书馆的社会效应，从而提高图书馆的竞争力。

第四，有助于做好图书馆公关工作。首先，设置公关机构。图书馆管理中，公关活动已经成为重点内容，受到了图书馆的重视。所以，需要设置媒体公关机构及新闻发言人，构建新闻发言人制度则是公关活动的重要策略，可借鉴政府机构模式设置此制度，构建图书馆、公众与媒体之间的互动平台，避免危机事件损害图书馆声誉，同时保证公众知情权。其次，强化与媒体互动。图书馆应当采取请进来、走出去的方式。在请进来中，定期邀请记者、总编等召开座谈会，在每年春节前，举行联谊会、茶话会等，总结媒体宣传经验，明确下一年对外宣传重点；在走出去中，则邀请媒体座谈、参观，以加强两者之间的互动交流。再次，善于捕捉新闻。图书馆应当具备善于发现和捕捉新闻的能力，方能有声有色地做好图书馆宣传工作，否则将失去媒体公关的意义。在此种情况下，要借助媒体影响力，加强图书馆宣传。在捕捉新闻的过程中，不仅是等待宣传机会，也要做到主动创造机会，注意捕捉新闻并不是无中生有，而是捕捉有亮点、真实的人与事，以吸引、打动公众，引导社会舆论。例如，成都图书馆在服务创新中，与成都日报联系，宣传成都图书馆所新建设的“阅读空间”“24 小时街区自助图书馆”“身份证一卡通”“承办国学经典诵读”等活动，获得了广大市民的认可，活动中主动策划和安排了媒体公关，有效提高了宣传效果。最后，做好危机管理准备。图书馆相关的报道一直都以“正面形象”为主要内容，但其属于公共场所，面向广大群众，不可避免会遇到危机事件或突发事件等情况，尤其是信息时代下，信息传播更加迅速，如若处理不当将会对图书馆社会形象造成严重影响。所以图书馆应当提高自身危机事件意识，做好危机管理的准备，提升应对危机公关的能力。事后要及时做好补救措施，认真总结经验教训，妥善处理负面报道，避免再次发生类似事件。

（二）图书馆宣传推广的对策

1. 转变思维，提升宣传推广意识

现阶段，要推动图书馆事业发展，必须进行思维转变，不能继续做“无欲无求”的公益人，要加强宣传推广意识，形成竞争意识。图书馆要想提高自身影响力，必须以内容实力做基础、宣传推广为助力。若是没有做好自身的宣传推广工作，难以在众多图书馆以及网络资源中脱颖而出，为群众服务也只是无稽之谈。因此，提升各图书馆宣传推广意识至关重要，这是使图书馆重新散发魅力的关键。

提升宣传推广意识的同时要明确宣传对象。在图书馆宣传推广活动中，为了提高其有效性，就需要进一步明确宣传推广的主要对象，以此减少该项工作的盲目性，促进图书馆宣传推广效果的提升。具体来说，图书馆的宣传推广对象主要分为两种情况：一种是社会的大众民众，另一种则是政府部门工作人员。对于社会民众宣传，其主要目的让社会群众意识到图书馆的改变，可以积极地到图书馆进行阅读，以此强化图书馆的社会

服务功能。在宣传推广内容上，要着重推广图书馆的馆藏资源、空间陈列、服务方式等。图书馆对政府部门进行宣传推广的主要目的是让政府部门能更加全面地了解到当前图书馆的发展状况，把握图书馆的实际需求，以此获取政府部门的支持。此外，政府部门也可以因此了解到图书馆的服务内容、服务方式，能更加合理地应用图书馆资源。

2. 制定宣传推广战略

图书馆开展宣传推广工作的首要任务是认清自身发展的战略定位，图书馆应通过调查研究等方式深入了解广大人民群众的文化需求，结合群众的年龄结构和兴趣爱好制定科学合理的推广宣传方案，并在现实推广过程中根据国情民意不断进行调整，以服务群众需求、改善社会阅读风气为目标，进一步增强开展推广宣传工作的实效。

首先，借助宣传片实现图书馆宣传。在互联网时代下，图书馆可以根据自身的现实情况，制作相应的宣传短片，进行宣传推广活动。图书馆可以通过LED显示屏，播放宣传短片，对图书馆的服务内容、空间布局等进行宣传推广，打造“阅读丰富生活、智慧推动发展”的文化氛围，以此提升图书馆在社会的影响力。例如，成都市双流区图书馆加强与当地公交公司、汽运公司的合作，在公交汽车、客运汽车的电视上播放图书馆的宣传短片，以此增强其推广宣传效果。

其次，借助电视平台进行宣传推广。图书馆在进行宣传推广时，通过公益广告、特别节目等方式，能在很大程度上加深人们的认知。在实践中，图书馆还可以加强与电视台的合作，一方面，可以与电视台共同打造关于图书类的特别节目，借助电视节目来提升群众对于图书馆的认知；另一方面，图书馆还可以通过公益广告的形式，在电视台播放出来，这样可以在很大程度上提高图书馆的宣传范围，提高其宣传推广效果。

再次，通过报纸杂志及户外媒介进行宣传。在实际中，报纸、杂志等虽然在宣传上没有电视宣传那么形象、生动，但是图书馆却可以在报纸、杂志上刊登一些与图书馆服务相关的内容，如公益讲座、图书沙龙等。图书馆可以通过当地的一些报刊进行宣传活动，让更多的人群了解到图书馆状况，满足图书馆发展需求。在实践中图书馆还可以通过户外媒介进行宣传推广，借助公共场所的广告牌开展宣传推广活动，能在很大程度上提高受众对于图书馆的了解。在现代城市中，经常可以看到各种霓虹灯广告、巨幅路牌等，图书馆可以在地段比较好、人口比较密集的区域，通过路牌广告开展宣传推广活动。如在地铁站的排队候车区域，设置相应的广告牌进行图书馆宣传推广。在地铁内部也可以进行宣传推广，甚至可以在地铁中陈列相应的书籍，以此提高宣传推广效果。

最后，通过互联网进行宣传推广。在网络时代下，图书馆还应该积极地利用互联网手段开展宣传推广活动，借助图书馆官网、微博、微信等平台实现宣传推广。在图书馆的官方网站中，可以设置图书资源、图书馆服务、读者互动、图书专题等栏目，让读者可以更加全面地了解图书馆信息。同时在图书馆服务栏目中，还可以设置多元文化、图书咨询、创意服务、在线阅读等各种栏目，满足读者的个性化阅读需求。通过网络宣传推广，能让读者不受时间、地点等因素限制，了解到图书馆的信息，而图书馆工作人员也可以更快地回答读者的问题。图书馆借助微信、微博等平台，可以发布宣传图书馆的特色服务、节假日开放情况、品牌活动等，能极大地提高图书馆的宣传推广效果，促进了社会大众对于图书馆的了解，这对于图书馆的良好发展有很大帮助。

3. 加大宣传推广力度

针对当前部分群众对于图书馆地理位置及功能了解程度较低的现状，图书馆可以通过分发宣传手册、刊登广告等方式向群众普及图书馆丰富的馆藏资源与便捷的图书借阅程序，提高当地居民对于图书馆的使用兴趣。同时，可以结合新型媒介的应用进一步加大宣传的频次和力度，通过建立图书馆官方网站和微信公众号的形式，定期向广大使用者更新馆藏图书信息，方便当地居民掌握图书馆的最新消息与活动开展情况，从而调动普通群众参与推广阅读宣传工作的兴趣。

4. 塑造特色形象

当今社会，图书馆已不再稀有，人们想获取资源的途径也不再单一。在此种形势下，图书馆想要被读者选择，就必须使自己独具特色，要有特殊魅力。例如，在馆内风格设计时，别具一格，吸引读者来“打卡拍照”；另外，个性化服务也是吸引读者的好方式。在全媒体时代下，利用传统的方式进行图书馆介绍依旧不可抛弃，但在此基础上，图书馆要形成自身的核心文化，如塑造文化品牌、打造馆内故事等。拥有丰满、立体形象的图书馆才能够让读者感兴趣。近年来，“图书馆微电影”“图书馆故事”等活动都得到了较好的反馈，可以成为众多图书馆宣传推广工作的参考。

5. 利用媒体融合，宣传创新

处于全媒体时代，不能一味守旧，选择单一的宣传方式，要将多种媒体形式结合起来，融合发展，使宣传推广的途径更加多样化，从而扩大宣传推广的范围，让图书馆焕发新生。网络是现今社会的潮流，其具有互动性强、能够实时交流、传播迅速等优点，若是能够将传统媒体与之结合来宣传推广图书馆，则能使图书馆快速重回大众视野。例如，可以进行图书馆内情况实时直播，让读者能直观地感受图书馆的建筑魅力。另外，还可以开展线上读书活动，让被时间束缚的人群也能参与其中。

在宣传推广过程中，图书馆应当利用媒体时代下的各种技术平台，与电视台、报社等新闻媒体保持联系，充分利用图书馆阵地，在橱窗、服务窗口等地方张贴宣传海报、放置宣传资料，通过为读者热心讲解，让其对图书馆有所了解。同时，还应当利用图书馆网站平台，在栏目设置中考虑读者需求，凸显图书馆特色，包含概况介绍、用户服务、馆藏书目、最新动态、读者指南、电子服务、网络导航、特色馆藏等，添加用户定制功能，利用智能软件或电子邮件实现信息推送。用户则可依据自身需求选择页面风格、特色资源及内容组合，构成定制图书馆网页。另外，图书馆还应当借助微信平台、公益广告等拓宽宣传渠道，制作小视频投放到互联网上，以营造书香氛围，契合读者需求，从而易于传播推广。

6. 重视互动性和体验性

在全媒体时代，互动性和体验性是用户关注的重点，也是媒介宣传推广工作的趋势。图书馆在进行宣传推广工作时，要加入互动性设计体验，使读者产生兴趣。增强互动性与体验性可以从以下两个方面入手：第一，要建立更多与读者沟通的途径，了解读者需求，加强针对性，制定个性化服务，吸引读者目光；第二，在服务方式上，要进行创新，改变“馆内专有宣传推广人员”的想法，邀请读者参与到图书馆的宣传推广活动中来，使读者在获取体验感的同时，了解图书馆的情况，从而提升图书馆资源利用率。

7. 培养高素质团队

图书馆为了加强宣传推广，应当培养复合型高素质宣传团队，人员不仅要掌握多方面推广知识，拥有较强表达能力，还应熟练应用图片处理软件、网页编辑软件等，全面了解图书馆特色与职能，拥有较高业务水平。在全媒体时代，推广人员应善于应用自媒体，拓宽推广渠道。当前自媒体主要包含百度贴吧、微信、抖音等网络社区，存在互动性强、门槛低、个性化、易操作的特点。图书馆在宣传推广中，应当注意标题制作。其具有内容导读作用，在选择标题时需要揣摩读者内心，利用当前关键词与热词，保证标题凝练鲜明、准确到位，以吸引更多读者眼球。

8. 创新推广内容

在推广过程中，图书馆一方面应当加强数字资源推广，包含数字化处理的馆藏文献信息及特色资源库。在图书馆中建设多样化数据库，组织、加工并处理各类电子出版物网络信息，以构成虚拟信息资源库。此种数据资源拥有易于传播、节省空间、适用范围广、信息存储量大的优点。如“成都图书馆·阅创”，打造了全市创业平台、团队、机构的知识信息库，能够为创客提供文献信息智力支撑，解决创客信息补偿问题，发挥馆藏检索优势，集信息检索、创意想法、竞争性情报、信息发布交流等于一体，包含实体空间、虚拟网上空间，成为创客交流平台。在平台上能够为读者提供菜单式服务，以点菜方式选择自身所需信息，充分利用数字技术，让用户仅通过网络即可利用图书馆资源，提高资源的利用率。另一方面则加强服务创新的推广。图书馆与互联网思维相融合，推动了图书馆服务创新。例如，成都图书馆在五楼创建了实体空间，配套沙发、电脑、投影仪、圆桌等，在数字媒体区配置了无线网络、3D 打印机等，且实现了身份证一卡通，使用身份证轻轻一扫即可借书还书，让读者享受了海量图书资源，从而赞不绝口。对于此种服务创新，图书馆应当加强推广，有助于用户明确图书馆资源使用方法。

9. 规范网络平台设置

规范图书馆网络服务平台的设置，并加大服务平台的宣传推广力度。目前，还有部分地方的图书馆没有全面开通网络服务平台，有的开通了微信公众号和新浪微博，但是平台的设置不够规范，包括名字的设置和头像的设置。比如，大部分图书馆的微信公众号名称和新浪微博名称都是以图书馆原来的名字来取名的，极个别的图书馆会添加或者删除“XX 省”等字样；图书馆一般都会以馆徽或者是馆舍照片作为微信或者微博的头像，但是仍然会有头像不规范或者空缺的情况，并且还有部分图书馆没有进行官方认证，用户就会对平台的官方性质和发布的信息产生怀疑。

第一，图书馆需要加强规范网络服务平台的设置。首先，网络服务平台的命名要规范，微信公众号和新浪微博的命名可以是图书馆的本名，比如“XX 图书馆”；也可以在此基础上添加或者删除省份，比如“XX 省 XX 图书馆”；还可以添加“官微”二字，比如“XX 图书馆官微”。其次，网络服务平台的头像设置要有图书馆的馆徽或者馆舍的照片，同时需要做好网络服务平台的认证工作，增强用户对图书馆的信任度。

第二，图书馆需要加大网络服务平台的宣传推广力度。首先，图书馆的官方网站可以对其他服务平台的开通进行通知，主要是指微信公众号和新浪微博，可以将它们的二维码放在网站显眼的位置；其次，在图书馆的大门口、电梯内、桌子上都可以摆放微平台的二维码，借书证和读者证上面也可以印上二维码；最后，微信平台推送的每一篇文章最后都要加上微信公众号和新浪微博的官网二维码，还可以定期开展一些奖励活动，加强微信和微博平台的宣传推广。

第三，提高图书馆微平台信息推送的数量和质量，重视挖掘微平台的特色功能。目前，大多数图书馆微平台的信息推送频率较低，发布的文章质量也不高，导致阅读量较低，难以维持用户的关注度。

因此，图书馆需要提高微平台信息推送的数量和质量。首先，要在保证推送信息真实性和准确性的前提下，注重发展特色内容，比如当地的一些地方特色内容，包括发展历史、风俗习惯、文化遗产等，皆可以丰富用户的见闻，还可以形成图书馆特色；其次，图书馆新浪微博平台应该注重原创微博推送，坚持以原创为主、转发为辅，重视推送内容的创新，以吸引更多的用户；最后，图书馆还需要重视挖掘微平台的特殊功能，以增强与用户的互动性，如微信的语音和视频功能，微博的微访谈、微直播功能等。

第四，定期维护图书馆网络服务平台，提升读者对图书馆的体验感，图书馆开通了网络平台服务，就需要定期对这些平台进行检查和维护，一旦发现问题就要及时处理，避免影响用户的体验感，要保证图书馆官网、微信公众平台、微博等平台提供的服务能够正常使用，以新浪微博为例，图书馆的微博要保证发布和推送信息，能够正常回复用户的提问和评论。只有定期对这些网络平台进行维护，才能给用户良好的体验，才能长期留住用户。

10. 开展文化宣传活动

以网络、媒体等为传播媒介扩大影响力，让更多人了解具有当地特色的文化，推动反映新时代发展进步、休闲生活的文艺精品、文化成果走向全球。以成都图书馆为例分析，成都图书馆连续两年，在“世界读书日”推出了第一批和第二批“天府文化主题书单”。该书单中包括和介绍了成都历史上重要人物和事件的书，讲述成都文化名胜、文物古迹、历史遗存的书，全面辨析研究巴蜀文化史的著述的书。第一批涉及巴蜀文明的渊源、天府文化的演变发展等内容，体裁形式多样，有研究、论文、记事、诗歌、小说等，如《天府文化研究》《巴蜀文化志》《成都简史》《成都诗览》等；第二批书单包含了当代巴蜀名家的佳作，如袁庭栋的《天府的记忆》、谭继和的《巴蜀文脉》，及老一辈历史学家如徐中舒先生的《论巴蜀文化》等著作。武侯区图书馆通过开展多渠道、多方位、多形式的天府文化宣传工作，大力推动天府文化走出去，通过互动交流把彰显天府文化的城市形象、城市特质展示出来，吸引社会大众的注意力和参与力，提高天府文化影响力。

第二节　图书馆管理的意义及模式

一、图书馆管理的内涵及意义

（一）图书馆管理的内涵阐释

图书馆管理是一项十分复杂的工作，它需要协调各方、做好规划、整体布局、有效控制，将人力、物力等多方面的资源合理配置、优化组合，使整体效能最优化，这样的建设布局才与图书馆建设的长远目标基本吻合，才符合未来的建设与发展布局。

从具体的管理而言，可以将管理细化为基层管理、中间层管理与高级管理三个层次，管理主要是针对馆内书籍、基础设施、资金花费等方面展开的。管理究竟涉及哪几个方面、涵盖怎样的范围与管理对象之间的联系十分紧密。具体包括整个馆内的部门体系、行业的建设整体布局等方面；此外，还包括馆内网络、分类网站等。我们之所以要开展图书馆的管理工作，根本原因就在于管理对象能够与社会系统建设相互协调。从管理方式的角度而言，可以将其细化为法律、行政和经济几个类型。

从管理结构的角度来说，图书馆之间存在大小的差异，因此要结合它们之间的规模来决定采取哪一级别的管理，可以是一级模式，也可以是多级模式。管理的质量究其根本还是能够充分体现出工作人员之间的协作效果。从具体的管理内容来看，最初图书馆的管理还相对比较保守；随着图书馆功能的不断完善和健全，管理的开放性特征愈加凸显，图书馆的实用价值被高度彰显出来。资源的共享程度越来越高，现代化特色日益明显，管理过程中的速度、反应快慢等越来越被强调。

简单来说，图书馆管理主要是针对图书馆系统而展开的。我们如果对管理进行分类，可以从宏观和微观两个方面来进行探析。前者是针对整个社会的图书馆事业而言的，后者则是针对个体化的图书馆管理来说的。

在判断一个图书馆的绩效究竟如何时，一个重要的参照标准就在于服务对象的需求是否得到了满足。对于图书馆而言，让读者获得满意是其最高的追求。图书馆在任何环境条件下，都必须时刻关注读者的感受。管理的最终目的也是为了追求更好的读者口碑，有效利用各种人力、物力、信息等资源，使其为图书馆的高效运作所服务。

（二）图书馆管理的意义体现

1. 图书馆管理是图书馆发展的需要

图书馆工作繁杂，内容众多，要想确保每一项工作都完成得井井有条需要我们付出不懈的努力。在这样的一个大系统之中，要合理安排每一个环节，确保物资供应充足，同时，还需要合理安排人力资源，让所有的工作者在工作时都能够有条不紊，遵循一定的流程，适时调节，合理引导，科学规划，统筹安排，否则，我们很难确保每一项工作都顺利开展下去。

社会的发展步伐日益加快，科学文化蒸蒸日上，图书馆建设在形式、内容、种类、范围方面也都不断深化拓展，用户之间也建立了更为紧密的联系。从中，我们也能够深刻地认识到，图书馆不再是一个个独立的个体，它们之间若要彼此紧密相连，成为一个新的有机体，就需要发挥管理的重要价值，使得不同图书馆之间、不同用户之间能够建立更为密切的关系。图书馆事业不可能依靠某一个图书馆单独完成，它需要集体的智慧与力量。要从全国的角度进行考虑，合理分配，优化布局，协调配合，推进发展，促进图书馆建设迈上新台阶，使图书馆管理效果逐步增强。只有这样，各类文献资源的价值才能被充分发挥出来，才能被高效利用起来。

2. 图书馆管理是信息服务和用户需求的需要

世界各国文献的数量在以前所未有的速度增长，科学技术发展也更加成熟，信息来源多样造成真伪难辨，这就导致图书馆在开展正常的工作时需要做出更大的努力：一是面对纷繁多样、来源各异、内容多元的文献信息时，一定要严格筛选流程，科学加工，严格管理；二是必须通过多元化方式，为用户定位他们所需要的信息。为了实现这一目标，图书馆需要科学安排各项工作，定期进行专业化培训，严格信息和数据调研流程，了解用户的真实诉求，这是图书馆建设过程中的一项重要责任。

3. 图书馆管理是图书馆现代化的基础

信息技术飞速发展带来了图书馆发展的新变化。当下，图书馆在现代化的进程中迈出了关键的一步，管理科学化、政策标准化、技术自动化、运用智能化等成为未来发展的新趋势。而现代图书馆依托于精密的电子设备来进行运作，科学管理是实现其价值充分彰显的先决条件。

二、图书馆管理的模式分析

（一）积分制管理模式

在许多行业当中都早已运用了积分制原则。简单来说，读者积分制即只要进行一定时长的阅读，读者就会获得相应的积分，根据积分的多少，用户被分成了不同的等级。用户要想获得更高的积分，可以回答更多的问题，使自己的积分累积得更多。到达一定的分数等级后，读者就会有另一种身份。不过，积分也并不一定是一直上升的，在违反一些规定后，积分会被相应地扣除，如果积分一直被扣除，用户等级也就会一直下降。总体来说，积分的使用正是为了使更多用户能够参与到活动当中，尽可能使他们的违规行为减少。

在操作积分制时，一般遵循以下原则：一是彰显公平。每一项规则都应该被平等地运用到每一个用户的身上；二是动态调整用户等级不是完全固定的，用户可以按照身份升级规则进行升级。

如今，不少领域现在都大力推广积分制，对于图书馆而言，可以从其他行业的优秀实践当中借鉴经验，然后与自身的行业发展相互结合，实现对于读者的高质量管理，将“人”的价值充分彰显出来，真正让图书馆成为一个充满智慧、充满责任、充满信用、学习至上的快乐场所。

（二）一体化管理模式

“藏、借、阅、咨”是一个整体的过程，这一服务机制综合了资料的多个服务流程，我们能够从中真正看出“以人为本”的思维理念。这一转变与之前相比是一次巨大的变革，也是一种对管理模式的巨大变革，突出了实用性的价值。它使得读者的阅读更为便捷，也使书籍的使用率大大提升，图书馆也因此更加强调读者的作用与价值。此外，一些问题也需要我们后续持续深化探究，尽可能使每一个环节之间的联系更为紧密，逐步完善软硬件设施。从当下来看，一体化管理应该从以下几个方面着手应对：

1. 具备配套的图书馆建筑环境

“藏、借、阅、咨”是一个整体的步骤与流程，为了更好地实现这一目标，图书馆在建设的过程中就应该做到开间大、格局大，这样才能从基础设施上满足基本需求。同时，“藏、借、阅、咨”还需要做到优化格局，在整体构造方面尽可能做到充分开放。“藏、借、阅、咨”要想更好地合为一体，首先要保证相同类型的资料放置在一块，不能过于分散，要确保服务质量。读者可以在这一模块内选择自己所需要的书籍，随意地进行复印或者是浏览。图书馆之所以这样做，其目的就在于让读者能够在图书馆享受到更加便捷化的服务，彰显出图书馆的人文性。当下，不少图书馆其实在设计的过程中都对国外的图书馆设计进行了借鉴，遵循了相对规范的模数式理念，这种设计的优势就在于其空间范围较大，便于加大负载能力，通过巧妙地利用一些现代化技术，能够使布局更加合理，构成完整的空间格局。从“藏、借、阅、咨”一体化建设的角度来看，它实现了对于整体空间的有效利用，同时，在后续的管理过程中也能够更加自由，能够使服务更加高质量和高水平。

“藏、借、阅、咨”依托现代化的技术来开展，因此其最终的实施效果如何与先进技术的使用之间有着极为紧密的联系。当下，计算机系统的智能化水平越来越高，它在操作的过程中所发挥的安全保障作用也日益突出。众所周知，越是智能化、电子化的设备，其服务的功能也就更为多样和完善，这就使得在互联网背景下，读者能够获得的阅读体验更佳。为了有效确保文献资料的安全，图书馆还需要启动检测设备和门禁装置，这是保证一体化顺利开展的根基。除此之外，馆内还配置有各种各样的检测终端，其目的就在于帮助读者能够在最短的时间内获得所需资料的信息，帮助他们对需要的书籍进行预约。同时，利用多媒体设备，读者还可以一边观看视听资料，一边对照纸质书籍，可谓是一举两得，十分便利。

当下，“模数式”在我国图书馆建筑方面的应用是极为广泛的，未来其应用范围将会继续扩大。它在实现了灵活变化的同时具有较强的设计感，空间组合更为自由。这种设计的思维使得“藏、借、阅、咨”在未来有了更加广阔的发展空间，也方便进行更加高质量的管理。

2. 以现代技术条件为支撑

“藏、借、阅、咨”的顺利开展需要借助于一定的支撑，而现代技术就是其中不可或缺的重要环节，尤其是在当下高度发达的计算机技术的支撑下，其安全性有了更高的保障。只有在自动化系统足够完善、功能足够多样的基础上，读者能够享受到的服务才更加优质。我们知道，有效的监测能够使图书馆内的文献资料被有效地保护，建立在其基础上的后续功能才会日益健全。当下，无论是哪一个领域之内，多媒体为代表的现代技术都以其与时代联系的紧密性而备受欢迎，图书馆自身的特征决定了它必须借助于现代化的技术来拓展功能、推进转型，这是时代发展对图书馆建设所提出的新诉求。

3. 拥有相对完善的规章制度与高素质的管理队伍

“藏、借、阅、咨”具有其自身的多重优势，它不仅极度自由，还具有较强的包容性。大开间的格局更使得读者能够在查阅时更为便利，体验感更好。不过，其中所存在的一些问题也不容忽视。比如会对图书造成比较大的破坏、在管理时极为不利等，为了有效解决图书馆管理过程中所存在的这些问题，需要有基本的规章兜底。同时，还要将这些规则细分为管理规则、守纪规则、业务规则、浏览规则、借阅规则、赔偿规则以及相关处理规则等。

对于图书馆而言，不仅要在制度方面下功夫，更应该重视继续教育，提升管理者的能力和水平。一些管理者的思维很难跟得上时代的步伐，他们的思维过于固化，与时代存在一定的脱节。为了使他们更好地顺应“藏、借、阅、咨”行业发展趋势，发挥好管理与服务的职能，需要通过继续教育帮助他们提升专业素养。

（三）联盟服务管理模式

不管是哪一个图书馆，它所占据的文献资源都不可能与读者诉求完全吻合，其中，必然有一部分资源要通过共享的方式来获得。未来，图书馆行业内发展的一个大趋势便是多个图书馆联合共赢、互惠互利，逐步打造成一个强有力的联盟。不管该图书馆属于哪一种类型、侧重于哪一个方面，它都需要参与到这个大的联盟体当中去，因为其力量是单个图书馆所无可比拟的。科技的发展蒸蒸日上，互联网发展突飞猛进，伴随着这些技术而诞生的崭新图书馆联盟体必将占据行业发展的制高点，成为未来的中流砥柱。

具体而言，其服务模式可以细化为以下方面：

第一，馆际互借与文献传递。馆与馆之间的联系可以通过多种渠道来进行，用户可以自主完成，图书馆服务当中也包含这项服务。自助借阅需要一定的凭证，读者可以出示自己的证件，然后依照流程进行登记之后便可进行借阅；图书馆代为借阅，主要针对的是在本图书馆内对需要的资料进行登记并委托图书馆代借的那部分读者而言的。文献传递就是按照读者所反馈的数据资料，借助于传真、文本输送等方式将文献有效输送出去。

第二，统一检索。除了上述功能之外，这种联盟还使异库之间的资源能够被放置在同一个平台之上，读者只要输入自己需要检索的内容，多个电子库中的资源就会分门别类地呈现出来。其中，还包括各种期刊、电子读物等。读者可以按照提示，结合自己的需求进行下载。

第三，参考咨询。在联盟的后台中特别开设了一个问答模块，那就是业内专家针对相关的知识进行专业解答。一般只要问题提出的 24 小时之内，专家都可以给出答复。如果专家在线的情况下，还可以进行在线交流这种实时咨询能够使读者的问题得到有效解答，十分高效。

第四，定题服务与代查代检。这项服务专门针对特定用户而设计。由于部分用户对于信息的专业化要求较高，检索时存在一些检索困难，这就需要发挥这一服务的功能。代查代检指的是结合读者所提出的需求，按照他们给定的一些课题语词或者是一些关键性语句来进行检索，检索包括从立项至最终验收整个流程。

第五，科技查新。这是专门针对计算机检索的一种现代化方式，通过大数据分析，结合读者所选择的课题，为他们提供各种信息咨询，这会极大地减少他们的工作量，有效节约时间。

第六，网上培训。网上培训也是联盟服务当中的重要项目。培训不是只针对馆员的，它还针对用户而展开。对馆员进行培训能够帮助他们获得成长，提升专业化能力；对用户进行培训能够让他们更好地了解信息服务的主要内容，便于更好地指导实践。

第七，个性化服务。每一个用户都有其特定的诉求，按照自己需要了解的资料的差异，用户可以通过联盟中心进行自主设置，系统会结合用户差异进行个性化推送，这种推送往往是针对性较强的，同时，也与自身诉求紧密相关。

第八，科技评估。科技评估需要借助于第三方公司来完成。委托方在完成委托之后，第三方就会按照其目的，依照流程与标准，通过多元化的方式提出操作性较强的对策。可以针对研究成果、研究领域、具体计划、机构设置、人员配备以及科技活动等多个领域进行科学评估。

（四）数字电视图书馆管理模式

数字电视是近些年来随着网络迅速化发展而诞生的。它从最初的信号发出到最终的用户接收，整个流程当中的所有信号都是0、1组成的二进制数字流。不管是在信息采集之前，还是中途制作的过程中，或者是最终传输到客户端那里，数字方式都伴随始终。

数字电视图书馆充分发挥了“数字”这一时代化产物所具有的交互性，它不断开发新的接口，有效打通了图书馆与电视之间的屏障，通过专业化的手段将各种资源提供给用户，让他们能够观看到清晰的视频，享受到数字化所带来的各种便利服务。当下，在业务形式的选择上，图书馆更多选择的是IPTV①、网络电视等来深化相关业务。正是数字化的便捷应用使得老百姓家家户户都能享受到数字化资源。数字电视的应用也使读者能够随时随地、随心所欲查阅自己需要的各种资料，他们的需求在这里都得到了最大化

① IPTV即交互式网络电视，是一种利用宽带有线电视网，集互联网、多媒体、通信等多种技术于一体，向家庭用户提供包括数字电视在内的多种交互式服务的崭新技术。

的满足。可以说，每一个家庭因此都建立起了一个独属于自己的家庭图书馆。同时，数字电视图书馆也搭建起了馆藏资源向外输送的一座桥梁，用户可以通过 OPAC[①] 完成资料检索、书籍预约、讲座聆听、远程学习、问题咨询等一系列工作，真正打造成了多功能与多种服务的集合体，他们能够从中获得最好的阅读感受，群众精神世界得到了进一步丰富。

新媒体浪潮下，数字电视图书馆以其独特的优势和魅力成为我国“数字推广系列工程”当中的重要一环，其资源价值得到了进一步开发。伴随着推广程度的不断深化，不管是哪一个城市的图书馆都在基础配备、技术能力提升、平台运作以及资源开发方面取得了明显的进步，这也为国家整体服务质量的提升、服务形式的创新奠定了根基。当下，不少省市纷纷响应国家号召，在相关建设方面取得了不小成绩。数字电视图书馆的出现顺应了时代的诉求，符合现代化发展的新特点和新形势，是一种全新的服务模式，也是在新媒体浪潮下所催生的发展模型；是图书馆未来转型发展的新起点，是确保群众享受高质量、平等化、公益性服务的新举措；是技术助推行业发展的典范与榜样。

第三节　图书馆管理的职能与范畴

一、图书馆管理的基本职能

“图书馆的职能是指图书馆在人类社会中所承担的功能和发挥的作用。”[②] 图书馆管理的职能包括以下内容：

（一）计划职能

合理规划未来的行动以及未来资源的供给与使用情况，即为“计划”。在确保图书馆按部就班实现图书馆目标方面，“计划”具有不可替代的指导作用，“计划”的制订使图书馆在面对不断变化的信息环境时能更好地适应，同时，提升了图书馆在信息环境中的有利地位，甚至将其带入了一个存在本质不同的信息环境。

作为图书馆中的一种体系形式，“计划”的内在层级十分明确，例如，最高层次和总体的长远计划通常称为“战略计划”；位于中层的、具有较强操作性的计划通常称为“职

① 联机公共目录检索系统（Online Public Access Catalog；OPAC），作为图书馆自动化系统最终面对用户的互动界面，是图书馆和读者在网上交流的最重要的窗口，起着沟通用户与馆藏资源、用户与资源服务的作用，为用户通过网络检索和利用图书馆馆藏资源提供了极大的便利。

② 王颖．浅谈图书馆管理职能［J］．办公室业务，2013（17）：117.

能计划与部门工作计划”；而近期的具体计划通常是位于下级的工作计划。

（二）组织职能

所谓“组织”，是为了实现图书馆目标，为图书馆成员共同工作创造的一个工作关系架构过程，以一种正式的汇报关系和任务关系系统为主要特征，组织结构的产生便是组织的必然结果。在这种系统的作用下，管理者能够为图书馆成员实现图书馆目标提供强大的动力和激励作用。可以说，图书馆在信息产品创造和信息服务的提供方面所需的资源利用效率直接取决于组织结构，其基本职能主要体现在四个方面：

第一，合理地组织图书馆内的各项业务活动，从而确保其内在的功能和位置。

第二，管理人员授权，这是其职能得到有效发挥的基本前提。

第三，管理人员与下级的关系以及下级之间的和谐关系、内在联系的建立，这种关系能够确保工作所需信息在下级之间的沟通顺畅。

第四，对于自身所在部门与其他部门之间的关系，以及在影响图书馆经营运作方面，管理人员要仔细检查、精准把握。

（三）领导职能

对“领导”的理解需要把握两方面的内容：第一是领导现象，作为一种存在于人群中的追随关系，它的本质是影响力体现；第二是领导行为，它是群体中某些成员实施的各种行为的统称，其行为目的在于加速领导现象的出现或使其得到进一步强化。图书馆成员所表现出来的高度积极性和对图书馆的承诺，就是“领导”的结果。其功能主要体现在以下四个方面：

第一，环境适应功能。即当外界环境发生改变时，图书馆内的人和资源要根据“领导”来调整自身的行为以适应环境的变化。

第二，积极性调动功能。在图书馆成员积极性调动方面，“领导”具有重要作用，通过“领导”作用图书馆成员可以呈现出更加主动的态度和状态，从而有效把握“领导”所创造的发展机会。

第三，人际关系协调功能，该功能的有效发挥是营造良好图书馆工作氛围的重要保障，也是内耗降低的重要影响条件。

第四，督促功能，即对图书馆内成员以既定目标和计划为标准，保质保量地完成职责范围内的工作并进行有效督促。

（四）控制职能

以既定目标为依据对行为进行反复跟踪和修正，从而使自身行为运作无限趋近于既定目标，最终获得理想的结果或业绩的过程即为控制。由于各种不确定性因素会对现实行为产生影响，因此与预定要求相比，每一个行为都可能出现偏离，而既定目标或业绩的达成也会面临较大的困难。从图书馆的立场来看，“控制”就是为了有效规避这种情况，通过“控制”职能的发挥作用，使管理人员能够在图书馆偏离目标太远之前将其纳入正确的轨道之内。

（五）评价职能

评价是指图书馆管理实施过程结束之后，根据管理的成效，对图书馆管理过程的各项活动进行全面的检查、比较、分析、论证和总结，从中得出规律性的启迪，以达到不断提高管理水平，取得更好的管理效益，实现管理良性循环的一项管理活动。图书馆管理过程结束之后，需要对其所获得的管理成绩和效果进行相应的评价，从中汲取经验和教训，为下一轮的管理循环提供依据，打好基础，以便不断提高图书馆管理工作的水平。

因此，评价既是图书馆管理过程的归宿，又是图书馆管理过程的出发点。它对于加强图书馆管理工作，提高图书馆管理水平有着至关重要的作用。

二、图书馆管理的范畴

范畴是反映事物本质和普遍联系的基本概念，是人的思维对客观事物的普遍本质的概括和反映。图书馆管理的范畴是图书馆管理活动中各种要素、关系的普遍联系和全面发展的不同侧面的反映。图书馆系统内部充满着各种矛盾，图书馆管理范畴就是从不同角度反映图书馆系统中各种因素的既对立又统一的辩证关系，它们是图书馆管理的本质和运动规律的不同表现形式，也是各种管理要素和运动过程之间相互作用的交错点和“结合部”。这些范畴来源于图书馆管理实践，同时又是对管理科学各种普遍概念的综合和提升，它们随着图书馆管理实践的发展而发展，反过来又指导着人们的图书馆管理实践。

（一）管理的主体与客体

管理主体是指具有一定管理能力、拥有相应的权威和责任、从事现实管理活动的人，也就是通常所说的管理者。管理主体具有能动性、创造性、自主性等特性。

图书馆的管理主体通常由两个部分构成：一是根据图书馆既定目标将目标任务分解为各类管理活动、工作任务和负有最终督促完成既定目标责任的人，这类人通常是图书馆的核心人物，或者说是图书馆的高层领导，如馆长、副馆长等；二是各个方面具体执行诸如计划、组织、协调、控制、经营等管理活动的人，这类人通常是图书馆的骨干人物，如各部门主任。

现实的图书馆管理活动是一种多层次的综合活动，管理主体通常是由许多个人按一定形式组织起来的整体，这种担负管理主体功能的整体就是管理主体系统。从管理主体的不同职能性质来说，管理主体系统是由处于不同职权地位、担负不同管理职能的人组合而成的。一般来说，图书馆管理主体系统由四个部分组成，或者说包括四个子系统，即决策系统、执行系统、监督系统和参谋系统。

管理客体是指进入了管理主体活动领域并能接受管理主体的协调和组织作用、以人为中心的客观对象系统。这一规定概括地表明了管理客体的特性，即客观性、可控性、系统性和对象性。

图书馆内的管理客体范围较大。首先，图书馆的一般成员均是管理的客体，他们执行组织分配的工作任务，遵照一定的运行规则进行工作，以求获得良好的工作成绩。其次，图书馆中的其他资源，如信息资源、物质资源、金融资源、关系资源等均是管理的客体，都是管理的收受者，它们在管理的作用下经过特定的技术转换过程就成为良好的产出物。最后，当图书馆向外扩展自己的生存空间时，必定要作用于相关的人、财、物、信息或其他组织，这些因素也就相应地成为本图书馆管理的客体，只是这类管理客体不一定很确定，而经常会变动。

管理主体与管理客体是组成图书馆系统实体结构的两极，它们之间的相互联系和相互作用构成了图书馆系统及其运动。然而，这种联系和作用是通过管理组织这一形式而发生的。管理组织是图书馆系统的现实表现形式。管理主体与管理客体不仅通过组织的形式相互联系，而且通过组织的形式相互转化。这种转化指的是管理主体与管理客体在管理活动中各依一定的条件，使自己的地位向其对立面转化。管理主体与管理客体在图书馆系统中的相互转化有不同的表现形式：一种是地位的转化，这是由图书馆职权层次的变化而引起的；一种是角色的转化，这是由图书馆行为的变化而引起的；一种是自身的转化，这是由组织成员自我意识的变化而引起的。正确认识这种转化，对于理解图书馆系统的辩证性质有着重要意义。

（二）管理的硬件与软件

一般来说，图书馆管理活动是由两类既相互对立又相互统一的因素所组成的：一类是活动的物质性载体，它具有一定的感性存在形式，具有稳定性、被动性的特点，称为“硬件”；另一类是使物质性载体能够按一定方式组合起来并产生现实活动的精神性因素，它往往不具有固定的感性存在形式，而具有变动性、创造性、主动性等特点，称为“软件”。这里的硬件和软件都是泛指与图书馆管理活动有关的事物、过程、方法、成果等，具有普遍的意义。

硬件与软件的划分具有相对性和模糊性，只有把两者同时放在图书馆管理活动中进行比较，才具有较为确定的意义。在图书馆系统中，如果把馆舍、文献、信息技术设备等因素看作是硬件，那么人的精神因素就是软件；在组织结构中，如果组成图书馆的个人是硬件，那么指导人的行为的价值观念、道德情操、理想信念等就是软件；在组织形式中，如果正式组织是硬件即“硬组织”，非正式组织就是软件即“软组织”；在管理技术中，如果把具有比较固定程式的数学分析方法和计算机技术方法称为硬件即“硬技术”，那些具有创造性、没有固定程式的管理技术就是软件即“软技术”；在管理模式中，把图书馆管理单纯看成一种科学，强调运用数学和逻辑方法以及各种严格的制度和标准化原理来进行管理，这就是“硬管理”；而把管理看成一种艺术，强调对人的思想情感及各种非理性因素进行激励，运用非逻辑的创造性方法进行管理，这就是“软管理”。

在图书馆管理活动中，硬件和软件相互依存、相互促进，共同作用，谁也离不开谁。一方面，硬件是软件的基础。任何管理都必须具有正式的和相对固定的组织形式，必须有明确的职务、权力和责任的划分，必须有大家都要遵循的严格的规章制度，必须运用各种物质手段来组织和协调人们的活动。图书馆系统也必须有稳定的输入和输出关系，即既有一定的物质、能量和信息输入，又有一定的信息产品和信息服务输出。这些看得见、摸得着的有形事物是图书馆管理赖以存在和运行的物质基础，离开了这些硬件，软件就失去了自身依托的物质外壳，任何方法、手段、指令、程序等都无法显示其功能，图书馆管理也就根本不能存在。另一方面，软件是硬件的灵魂。任何管理如果只有硬件而没有相应的软件，那么硬件就只能是没有活力的“死东西”。一个图书馆系统，如果只有单纯的组织结构形式，只有一些硬的规章制度，而组织成员缺乏共同的目标、愿望、动机等软件，那么这样的图书馆是无法进行有效的管理活动的。管理的核心因素是人，而人总是有着自己的需要和追求，有着自己的情感和意志，这些“软件”是图书馆的各种结构和形式等“硬件”的灵魂，它规定着硬件的组成形式，引导着硬件的发展方向。

在图书馆管理活动中，硬件和软件不但相互依存，而且可以相互转化。这种转化包括了硬件的软化和软件的硬化两个方面，它们是和图书馆管理过程紧密联系在一起的。

（三）管理的利益与责任

利益是标志人的物质和精神需要能否满足以及满足程度的范畴。人们有各种各样的需要，也就有各种各样的利益。人的需要有高低不同的层次，利益也有根本和非根本之别。

责任是一种对自己采取的行为以及行为的社会意义的自觉意识和实践。对于自己责任的自觉意识通常称为责任心或责任感。责任感一般从激发和控制这两个方面将自己的行为确定在与自己的地位和职务相适应的范围内。激发行为是对应尽责任的鼓励，控制行为则是对超越责任的限制。

利益和责任在图书馆管理活动中是一对矛盾。首先，二者在方向上相互分离，有时甚至呈现出相互排斥的倾向。利益反映了整个图书馆、图书馆各部门、部门内各小组或馆员的需要，由外向内具有收敛性；而责任则要求整个图书馆、图书馆各部门、部门内各小组或馆员付出（劳动、努力等），是由内向外发出的影响，具有发散性。其次，利益和责任相互包含，表现了二者的一致。任何利益中都包含着责任成分，没有责任的利益是根本无法满足的，也是不存在的；任何责任中也都包含着利益，责任中如果不包含一定的利益，所谓履行责任就没有了动力和基础。图书馆尽管是一个公益性的服务机构，但其中或多或少存在一定的利益，因此，图书馆管理活动不应该掩盖责任中存在利益的问题，而应该使馆内各组织和全体馆员认识到这一点，这有利于调动他们对工作认真负责的积极性。再次，利益和责任能够相互转化。利益在实现的过程中必然转化为责任，不尽责任，就没法也不能取得利益；而责任在履行的过程中也必然转化为利益，这是尽责任应得的报酬。

图书馆管理者在管理实践中的两个基本任务就是：一方面，将个人的、小组的、部门的或整个图书馆的利益获得过程设计为履行各自职责的过程；另一方面，把履行职责的结果同个人、小组、部门或整个图书馆的利益结合起来。

（四）管理的集权与分权

集权与分权是表征管理职权在管理空间中的分布状态和运动方向的范畴。

集权一般有两个途径：一是规定限制下级组织或非专门组织裁决问题范围的一般标准。即规定它们该管哪些事，不该管哪些事；哪些事可以自己做主，哪些事必须报上级批准。二是撤销下级组织或专门组织的实际决策职能来集中决策职能。这种方式在某些特殊情况下会采用。譬如，某图书馆的购书经费很充足，但藏书结构多年来一直不合理，于是由馆长或一名副馆长亲自指挥采购部的工作。

分权就是分散权力，即上级部门将某些问题的决策权移交给下级部门。从职权在管理空间中分布的状态来说，就是中下层各级管理人员拥有某些问题的决策权，高层领导只保留重大问题的决策权和在政策、目标、任务方面的必要控制权。从职权运动的方向来说，它意味着下级部门自主性和独立性的加强，许多职权从上级向下级分散，这种分权化的趋势是自上而下逐步发散的。

在图书馆管理活动中，集权与分权是辩证的统一。首先，集权和分权各有利弊，因此必须互相补充。在图书馆管理过程中，关键是要把握好集权和分权的度。过度集权，什么都管，不仅上级决策的正确性不能保证，还会扼杀下级工作的积极性和主动性；过度分权，什么事情都撒手不管，则可能使上级对下级失去控制。其次，集权与分权在一定条件下互相转化。这种转化一般有两种形式：一种是被动的转化，即在过度集权或过度分权的管理阻碍图书馆各项业务活动发展的情况下，由过度集权向分权或由过度分权向集权转化；另一种是主动的转化，即在问题出现之前就注意调整集权和分权的关系，在动态中把握二者变化的度，及时消除偶然出现的过度集权或分权现象。

（五）管理的权威与服从

权威是指管理过程中使人信赖和服从的力量和威望。在图书馆管理过程中，权威是非常必要的。没有权威就不能有效地指挥和协调图书馆各项业务分工和协作中的复杂关系，图书馆管理活动就会陷入混乱。

服从是指管理过程中尊重并执行权威意见的行为。服从并不是盲从或屈从，因为人们在管理活动中只能服从正确的意见，这是服从的实质。

在图书馆管理活动中，权威和服从的辩证关系表现为：首先，二者相互依存。权威以服从为自己存在的前提。没有服从就无所谓权威，强行建立起来的权威也形同虚设，因为这种权威是“光杆司令”。同样，服从又以权威为自己存在的前提。滥用权威造成的不是服从，而是屈从和盲从。其次，权威和服从在一定条件下相互转化。权威代表被人服从的一方，但是权威只有在服从群众正确意见的时候才能被人们服从，只有在服从真理时才能获得权威。在上述两种情况下，权威都必然转化为服从。服从是权威的反面，但权威的正确意见正是来自服从一方，因为真理在群众手里；权威的行使又必须体现服从一方即群众的意志。在这两种情况下，服从一方都是权威一方的真正权威。

（六）管理的有序与无序

有序与无序是标志组织协调程度的矛盾范畴。有序是指管理系统的各个要素之间相互联系、相互作用和相互转化中有规则的、有秩序的状态和运动趋势；无序是指这种联系、作用和转化中无规则、无秩序的状态和运动趋势。

图书馆系统中的有序和无序标志着管理组织的协调程度，这种协调程度是管理主体有意识的自觉活动的结果。图书馆系统的各种要素并不能自发地形成具有管理功能的组织。要形成组织，就必须通过自觉的组织活动，把各种相互之间无规则、无秩序的要素（主要是人）在一个统一目标、统一行为规范和统一的结构形式中组合起来，这种组合也就是把各个要素由无序状态转变为具有一定规则和秩序的有序状态。有序是图书馆系统的一个本质特征。图书馆就是通过设立共同目标来协调馆员各不相同的无秩序的目标；通过明确的责、权、利的规定来协调各个部门和馆员之间不确定的相互作用方式；通过规章制度来协调馆员无规则的行为；通过有效的管理工作来协调复杂多变的人际关系和不同的心理情感。这样，图书馆中各个部分之间就能够按照规范准则统一意志，按照共同目标统一方向，按照规章制度统一行动，整个图书馆呈现出有规则、有秩序的状态，这即是有序性。因此，图书馆就是通过有意识的主动管理行为，使无序的因素组织成为有序的系统。在这个意义上说，图书馆管理就是通过协调来达到有序结构的实践活动。

然而，在各种组织结构中无序也总是存在的，任何图书馆中都存在着一种反抗协调而自发趋向无规则、无秩序状态的力量。图书馆中的这种无序一般有两种表现形式：一是受控的无序状态。在统一的图书馆系统中，每个人都扮演不同的角色，有着自己的利益、目标和爱好，外部环境又总是给予一些随机性的干扰，这些因素是图书馆的协调活动不可能消除的。同时，图书馆中必然存在的分权和结构软化、简化的运动，不可避免地增强图书馆中各个部分和个人的自主性、独立性、竞争性的运动趋势。这样，有序的结构中就必然会产生对原来确定位置的无规则、无秩序的偏离，形成一种无序的涨落。这种涨落一般总是在一定限度之内进行，有效的控制总是会把偏离度过大的因素重新拉回到合理的范围之内，使它不致形成失控状态。这种受控的无序状态是保持一个图书馆的活力所必需的，也是一个有效图书馆系统所必然存在的，所以是一种良性的无序。二是失控的无序状态。如果图书馆自身的组织结构不合理，管理者决策或指挥失误，或者外界环境急剧恶化，造成了对图书馆的巨大冲击力，都有可能使图书馆的协调和控制失效，原来的组织目标、规章制度和职权结构失去了对各个因素相互作用的制约力，图书馆中无规则、无秩序的运动趋势大大加强，再也无法把这种涨落控制在合理的范围内，这就是失控的无序状态。这种无序，轻则造成效率低下，管理混乱，图书馆目标难以实现；重则致使整个图书馆分崩离析，管理完全失败。这种失控的无序是一种恶性的无序，对图书馆有极大的危害，所以必须极力防止。

图书馆系统中的有序和无序还标志着管理运动程序化的程度，这种程序化是管理过程中各种机制和职能有机联系和转化的结果。一个相对完整的管理过程是以决策为中心，包含了计划、组织、领导、控制和评价等一系列阶段的职能和过程的统一体，这些职能和过程相互有机联系和转化，形成了图书馆管理运动的一定程序。这个程序规定了图书馆系统在达到目标的过程中所应该遵循的行为步骤和秩序，使管理运动的整个过程表现出一种在时间进程中的规则和秩序，这就是管理过程的有序化。一个有序的图书馆管理过程必然表现为各种管理活动瞻前顾后，井井有条。当上一阶段尚未完成，条件尚未具备时，不轻易进行下一阶段的工作；而当条件具备时，又不失时机地把管理过程推移到新的阶段，做到管理过程间断性与连续性的辩证统一。在每一阶段中善于抓住重点，顾及全面，突破难关，带动其他；而当内外环境发生变化时，又能适时地转移工作的重心，整个管理过程呈现出主次适宜、轻重得当，有节奏、有规律地向前推进，做到管理过程起伏性和前进性的辩证统一。这就是图书馆管理运动的程序化。

然而，图书馆管理运动又具有非程序化的一面，即存在着管理过程的无序。这种无序同样有两种情况：一种是由于外界环境和图书馆系统内部各种关系的随机变化，使原来固定的程序不得不被打破，出现错位、扰动甚至颠倒的情况。例如，在开始实施图书馆计划之后，发现计划与客观实际严重不符，或者客观情况已经发生了重大的变化，这就必须停止原计划的执行，重新返到修改或重新制订计划的阶段。这就是要求保持管理过程的良性无序，这种无序即是灵活性，是任何成功的图书馆管理运动所必须具有的性质。另一种管理过程的无序就大不一样。这种无序的根源是图书馆管理者主观思维与客观实际发生严重背离，它表现为原来制定的程序本身严重失误，与实际情况的变化根本不相适应；或者是图书馆管理者在执行程序时掉以轻心，严重失职，完全不顾眼前现实的管理情境。这种无序只能造成整个管理程序完全被打乱，管理运动严重失控，管理过程处于一种被动应付、穷于招架、目标不清、方寸全乱的完全随机漂移的境地。这种管理过程的恶性无序只能导致图书馆管理的失败。

因此，从质的规定性来看，图书馆管理的有序和无序有两种形态：一种标志管理组织的协调程度，即组织结构的有序性；一种标志管理运动程序化程度，即管理过程的有序性。前者是空间结构规则性和秩序性的反映，后者是时间结构规则性和秩序性的反映。也可以说，有序和无序是图书馆系统在时空结构中的规则性和秩序性程度的综合反映。

（七）管理的稳定与改革

稳定和改革是图书馆系统在其发展的历史过程中两种不同的状态和趋势。稳定是指图书馆系统在其发展过程中总体的状态和趋势保持不变，即处于相对静止的状况；改革是指图书馆系统总体的状态和趋势发生重大变化，即处于显著变动的状况。

图书馆管理的一切要素、一切过程都具有稳定性，否则，图书馆管理活动就无法正常进行，也无法对管理要素和过程进行研究。但是，图书馆管理活动的相对静止和相对稳定是有条件的、暂时的。首先，当我们说某些管理要素处于稳定状态时，只是相对于一定的管理系统和时间、地点而言。在某一特定的图书馆系统中，管理者和被管理者的划分是稳定的，但离开这个特定的系统，进入其他管理系统，情况就会发生变化。其次，稳定包含管理活动中的量变。当图书馆管理过程的某一阶段、某一种管理模式或体制仍然保持着它们自身的性质、没有发生质变的情况下，我们就认为它们是相对稳定的。但与此同时，它们在性质不变的情况下还发生着其他变化。例如，计划过程在没有向组织过程发生飞跃前，内部发生着由初选目标向预测、预算、决定方案的量变，这并没有改变计划过程的性质，我们就说它是稳定的。某一管理模式中的内部矛盾还未尖锐到炸毁这种体制的外壳时，我们就说这种管理模式是相对稳定的。

改革是图书馆管理活动中的质变，确切地说是指一种管理模式或管理体制向另一种管理模式或管理体制的飞跃。改革是由图书馆内在矛盾推动的自我发展和自我否定。一方面，它是旧的管理模式向新的管理模式的质变，体现了图书馆管理活动发展的阶段性；另一方面，它继续保留并改造了旧的管理活动的积极成果，作为新管理过程存在和发展的基础，因而把新旧管理过程联系起来，体现了图书馆管理过程发展的连续性。

图书馆管理中的稳定和改革是辩证统一的。首先，稳定和改革相互包含、相互渗透。在图书馆管理模式的全面质变发生之前，图书馆管理活动虽然处于相对稳定状态，但局部的改革总是经常不断的。任何一个具体的图书馆管理过程中间都有改革。例如，控制过程对组织过程来说就是改革组织管理，控制过程对计划过程的反馈也是改革。改革是动态管理的基本特征，而一切有效的管理本质上都是动态管理。所以，一方面，稳定中有改革的因素；另一方面，改革中也有稳定的因素。改革不是一阵风、一股浪，它是一个持续稳定的过程。改革要有一定的步骤，改革中推行的政策、组织体制、管理方法等需要一定的稳定度，以便观察、评价和控制，并在改革过程中巩固自己的成果。其次，稳定和改革具有相互转化的趋势。管理模式的相对静止、管理过程的量变使整个图书馆管理活动在一定时期呈现出稳定状态，似乎一切都在按部就班地正常运转。其实不然，这背后孕育着各种矛盾。当通过改革建立起新的管理体制后，这种管理体制下的管理活动基本上是适合各项业务活动发展需要的，这时就需要保持管理体制的稳定来巩固改革的成果。总之，“稳定—改革—稳定”是管理体制发展的实际过程，这个过程的不断推移就是图书馆管理活动的进化和升级过程。

总之，图书馆管理的范畴是图书馆管理活动中个人与组织、组织与环境这两个基本问题的具体展开，作为矛盾统一体的每一对范畴在现实的图书馆管理活动中并不是孤立存在的，而是紧密联系并和图书馆管理的运动规律相互结合综合地发挥作用。当我们用这些范畴去分析现实的图书馆管理活动及其矛盾时，应该注意这些范畴之间的相互联系和相互转化，注意它们在反映图书馆管理的本质和规律中的特殊性和普遍性，注意它们与活生生的图书馆管理现实运动及蓬勃发展的图书馆管理学的有机结合。

第四节　图书馆管理方式的改革

必须通过科学的计划、组织、协调、控制和创造，才能使管理达到最佳效果和预定目标。公共管理理念的快速发展，对图书馆的管理有着积极的影响。图书馆作为公共知识中心，是社会的公共知识设施与知识保障体系的实体表现，其馆藏内容是人类的公共知识资源，其管理活动的实质是公共资源的管理，最大的特点是服务性和非强制性。

21 世纪是高科技发展的信息时代，这一时代的突出特征是知识倍增、信息爆炸、书刊数量急剧增长。生活在信息时代的人们常把获得科学知识宝库、信息的传播站——图书馆，誉为“没有围墙的大学”，作为图书馆工作人员紧扣时代的脉搏，与时俱进，改革图书馆的管理方式，以一个高素质的良好形象出现在读者面前，是办好这所特殊“大学”的重要前提。

一、图书馆管理中存在的问题剖析

第一，管理思想落后。图书馆的管理思想一直停留在传统的观念上，落后于现代社会的发展。传统管理思想主要注重财、物两个方面，忽视了文献资源的开发利用，忽视了图书馆管理关键是调动人的积极性、创造性，忽视了开展图书馆流通服务工作及与本地科研生产部门配合开展科技实践活动。

第二，现行管理体制不合理。目前我国整个图书馆管理体制处在条块分割的局面中，特别是图书馆没有一个统一的管理职能部门对各类型图书馆进行有效的控制、协调、管理。现行的管理体制往往造成上级与下级图书馆之间没有很好地合作，各类型图书馆各自为政，馆与馆之间不能相互制约。具体反映在业务管理与行政管理的不协调，工作中碰到具体问题无人管。

第三，计算机系统不够完善。图书馆最大的特征就是图书资源较多，内容丰富，管理人员管理压力与管理难度较大。为了能够有效提高图书管理效率，方便人民群众完成借读活动，快速检索图书馆相关资料，管理人员必须借助计算机技术开展多样化办公活动，但是大部分图书馆存在两个问题：其一，计算机设备较为老化，无法满足数字图书馆管理算力，使得线上数字化图书馆经常会出现问题，严重降低了线上图书馆的使用效率；其二，部分图书馆管理人员信息素养较差，对于信息技术的使用并不了解，即使拥有较强的计算机设备，还是会采用传统工作方式，限制线上数字图书馆建设，无法达到理想的图书馆管理改革的最终目的。

第四，管理制度相对落后。在信息化时代，部分图书馆管理人员仍然沿用传统管理办法，限制了线上数字图书馆的发展，对于大数据技术与人工智能技术的应用效率较低，无法帮助借阅人员快速寻找到具有较高价值的信息，在一定程度上，降低了图书馆管理效率。在信息技术的加持下，图书馆管理工作发生翻天覆地的改变，传统的管理工作与管理制度已经无法满足时代发展的实际需求，为此，图书馆管理人员应该正视制度优化问题，否则在将来会使得传统制度与全新管理技术发生冲突，导致大数据图书管理工作发生冲突或是不兼容的问题。

第五，缺乏定期培训人才的观念。图书馆的人员管理有待于进一步加强。在图书馆工作的诸种因素中，人是核心的因素、决定的因素。为了保证每个工作人员按自己的职责有秩序、高效率地进行工作，必须充分调动人的积极性，激发起人们在工作中持久的、内在的动力。发挥人的聪明才智，除了做到管理有序外，更重要的是应该重视人员素质的提高，抓好人员的培训工作。

二、图书馆管理方式改革的必要性与时代性

（一）图书馆管理方式改革的必要性

图书馆发展面临新形势，为图书馆管理带来了现实挑战。图书馆作为社会的重要组成部分，负着以高质量、高水平的姿态服务社会公民的重担。在新形势下，图书馆必须调整管理结构、创新管理途径，不断创新形成适合图书馆发展的新型管理模式，更好地发挥自身作用。从这个层面讲，图书馆管理创新是从图书馆的新要求出发，是为了更好地适应新形势的现实需要。

1. 适应图书馆发展战略的现实需要

图书馆管理创新是为了更好地适应图书馆发展战略的现实需要。面临经济全球化和实现社会主义现代化的新形势，必然要求把图书馆做强，注重服务质量提升和人才质量提升。图书馆在面临图书馆新发展战略的现实背景下，必须加快创新管理进程，以更好地适应新的时代要求，应对新的知识信息时代对图书馆提出的新要求和带来的新挑战，为用户提供更高质量、更高水平的服务，否则图书馆必将落后于知识经济时代发展步伐，被知识经济所淘汰。

2. 适应外部经济环境的需要

图书馆管理创新适应外部经济环境需要，是由图书馆经费投入相对不足的现状决定的。尽管近年来国家每年向图书馆建设方面投入的经费呈现每年稳定递增的趋势，但是从全国整体水平来看，图书馆经费依然显得左支右绌。我国加入世界贸易组织之后，图书馆经费投入相对不足，加剧了图书馆经费紧张的态势。因为入世之后，按照国际通行的知识版权规定，我国购置国外文献资源，尤其是一些核心期刊、必备期刊等一些质量较高的信息资源，价格较入世前增长了 10 ～ 15 倍。在经费投入不足的状况下，一些图书馆迫于经费压力不得不推迟或取消国外部分期刊的购置计划。

经济的发展和知识需求的增长也给图书馆带来新挑战、提出新要求。在我国经济飞速、稳定发展的同时，受图书市场价格增长和经费短缺等因素的影响，图书馆在发展过程中也面临重重困难。因此，图书馆必须从更好地适应知识经济时代发展角度，不断克服诸多不利因素，尤其要加大管理创新，更好地推动自身又好又快地发展。

3. 适应外部科学技术环境的需要

图书馆管理创新是为了更好地适应外部科学技术环境的需要，伴随着科学技术的

飞速发展，图书馆在管理过程中大量运用了现代计算机信息技术、存储处理技术和信息通信技术，大量先进科学技术手段在管理方式上的使用，让图书馆的发展产生质的飞跃。网络化、移动端、数字化等高科技手段的飞速发展，在很大程度上改变了图书馆文献资源分类、存储、传递和利用信息的方式。科学技术的突飞猛进，使得图书馆在网络信息技术条件下呈现出新特征：首先，是图书馆馆藏的多元化，既注重实体馆藏，又注重虚拟馆藏，按过去传统的片面注重实体资源到现在的实体资源和网络虚拟资源的并重；其次，是图书馆在业务管理中全面开展自动化，图书馆无论在探访、采购、审阅、登记、储藏，还是在分类、咨询、查阅等各个流程和环节，无不体现着高度自动化的趋势；最后，是图书馆管理的技术环境标准化和规范化程度日益加深，尤其体现在文献资源的收藏方面，在现代化技术支持下，图书馆全面实现了文献资源存储的数字化。

（二）图书馆管理方式改革的时代性

图书馆是一个社会的文献信息中心，与信息技术联系最为密切，对信息技术的变化的反应速度也最快。在当前时代快速发展，数字化、信息化、网络化进程不断加速的背景下，图书馆的规则、职能、要素都要因时而变。如果图书馆依然因循守旧，不能从自身找出信息化时代条件下与之相背离的环节，依然我行我素、因循守旧，而不是采取积极主动的态度去探索和创新，那么图书馆的作用和职能也就无从谈起，也必将成为影响图书馆发展的重要障碍因素，图书馆实施管理创新、更好实现自身内部要素整合，是由以下几个方面因素决定的：

第一，图书馆传统文献管理模式。很长时间以来，受图书馆管理特有体制性因素制约和影响，管理思想中一直延续着相对分散的文献管理模式；尤其是现在一些体制内图书馆的思想意识仍十分陈旧，没有跟上时代发展的步伐。图书馆现有的文献资源管理模式在一定时期、一定条件下对科学研究以及阅读活动起到积极推动作用，但是伴随着信息技术时代的到来，图书馆文献资源管理模式已经不能很好地适应社会发展需求、不能适应广大读者的信息需求；尤其是在信息网络化推动下，虚拟图书馆、数字图书馆方兴未艾，在文献资源管理模式上再不实施创新，那么图书馆的生存问题也会成为一个巨大的考量，渐渐会失去存在的必要性。图书馆要改变管理模式、创新文献资源管理模式，必须紧跟经济社会发展的新形势，按照信息时代的具体要求不断变革，逐步摒弃传统条件下“重藏轻用”的管理思维，从推动图书馆信息资源共建共享的高度，努力实现文献信息资源的基础性建设，强化信息整合力度，转变服务观念，实现文献资源管理的社会化和信息化。

第二，馆藏资源是图书馆最核心、最重要的一环，为图书馆的生产发展提供了支持、奠定了基础。馆藏资源建设在任何时期、任何时间都被视为图书馆发展工作的重中之重。

现代技术的飞速发展，在向图书馆提供种类繁多和数量巨大的信息资源的同时，也实现了图书馆信息来源多元化的格局。在现代化信息技术的影响下，即使同一内容的文献资源，由于所采取的出版形式和所利用的技术手段不同，在呈现方式上体现多样化的趋势。

面对信息时代条件下图书馆馆藏资源发生的深刻变化，图书馆必须敢于创新、必须积极主动创新，不能故步自封，不能依然享受“体制内”的“温床”。图书馆基于自身在社会发展中的重要职能和特殊地位，需要实施全面化和多元化的馆藏资源收集和储藏方式，不断根据时代和读者要求更新文献资源，更加需要自身不断整合先进的工作手段，更好地提高工作效率，更好地发挥自身职能担当。

第三，当前图书馆人力资源管理发生了变化，知识经济时代条件下，人才资源是第一资源，任何行业、任何领域的发展都离不开人才。同样，知识经济为图书馆发展带来难得历史机遇的同时，也为其深入发展带来了巨大挑战；其中挑战的最主要、最直接的来源之一就是人才。当前各个图书馆均不同程度地存在专业技术人才缺乏、现代化高水平的网络信息技术人才难以引进、图书馆馆员整体素质有待于进一步提高。纵观当前图书馆管理层，真正科班出身的具有工商管理硕士或公共管理硕士学位的专门管理人才凤毛麟角；除此之外，一些图书馆的人力资源队伍中仍然存在与图书馆管理专业无关的工作人员，不少图书馆工作人员或者管理人员缺乏专业的职业素养，也对图书馆管理知识知之甚少。伴随着知识经济的深入发展，对图书馆馆员的知识素养、专业能力、工作组织结构提出了更高的要求。与此同时，图书馆工作人员自身也发生了变化，希望能实现物质及精神方面的提高与进步。因此，图书馆要不断创新，实行贴合时代特征、读者需求、馆员要求的管理制度。

三、图书馆管理方式改革的有效路径

（一）建立健全管理机制

图书馆要建立健全管理机制，为管理方式改革创新提供制度保障。通过问卷调查或者征求专家学者的意见，把握时代发展的潮流，明确发展方向；与国务院管理部门沟通，增加财政拨款，或者与公益组织、企业沟通，获取资金支持，通过这些方式减轻财政负担，并根据实际工作需要开展基础设施建设，积极引入信息化技术，购买相关软件及信息系统，建立图书管理信息平台，实现数字化发展；根据实际情况，制订文旅融合发展规划，然后分解为阶段性目标，按照图书馆各部门的职能分配工作任务，明确工作职责，提高执行力；进行文献资料搜集活动，丰富馆藏资源，并组织专业人才进行整理、研究工作，挖掘文化内涵，整理成册后由专人看管，避免文献资料散页、遗失，同时，利用信息技术，将纸质文献资料数字化，方便图书管理工作；建立健全奖励机制，搜集工作人员及社会大众的意见和建议，及时完善管理流程。这一过程中，图书馆管理层要坚持实事求是原则和社会主义民主制度，减少决策失误。

图书馆管理制度需要结合信息技术的特点，建立完善的图书馆管理制度，对于相关技术工作进行适当的引导，避免工作人员由于自身原因导致线上数字图书馆资源浪费。因此，管理人员需要根据信息技术以及实际情况制定“线上线下一体化管理方法”，制定出具有较强的实施性的优化意见，改变传统管理制度与优化方式，加大对于信息技术的应用力度，同时结合人民群众的实际需求，形成一套切实可行的管理优化方案。

（二）培训管理人员

为了能够促使图书馆管理人员重视信息技术，提高管理人员信息素养，使得图书馆管理人员能够认识到线上服务的优势，图书馆负责人需要定期对于管理人员开展教育培训工作，帮助工作人员解决工作问题与困难。在培训过程中，组织培训人员需要加强与工作人员进行交流沟通，了解图书馆管理人员实际工作内容与线上数字化图书馆服务标准，寻找出管理人员在工作过程中存在的不足，并寻找出相关问题，制定具有实践意义的教育培训内容，让管理人员在接受培训过程中，能够清楚地了解自身存在的不足，同时能够获得更加专业的指导意见，从而提高对于图书馆管理工作改革的认识，促使管理人员能够更加积极、主动地融入工作之中。

（三）与时俱进，提高管理水平

图书馆功能是随着时代的发展而发展，而作为图书馆管理人员，只有跟上时代发展，与时俱进，才能充分发挥其知识宝库的功能。时代的发展对图书馆的管理人员提出了新的、更高的要求，对现代图书馆的管理人员的要求，具体表现在技术领先、管理智能化、工作网络化、通信自动化。读者是最好的“评判官”。这就要求图书馆的管理人员要加强自我教育，本着“干什么，学什么；缺什么，补什么”的原则，主动参加各种业务培训班，有关图书情报专业、计算机专业、心理、教育学等诸方面，拓宽知识面，充实理论，提高图书馆的管理水平和服务质量。此外，还要重视学术研究，因为学术研究能力和业务水平的提高是相辅相成的，一定的学术研究水平在一定程度上反映了管理水平和服务水平。因此，要改变图书馆以“藏”为中心的传统观念，切实树立以人为中心的新观念。图书馆的阅览环境必须舒适安全，人在书中，书在人旁，查阅方便，交流简捷，成为读者喜闻乐见的重要信息基地、信息中心、文化知识活动中心。

（四）提高素质，更新观念

图书馆工作人员的业务工作是十分辛苦的，工作人员长期从事一些单调的，甚至枯燥乏味的重复劳动，这种毫无怨言的奉献精神，却被一部分人看成是查查资料、借借还还的低层次的、简单的重复劳动。在一部分图书馆的工作人员的思想上对自己的工作感到厌烦，产生压抑、苦闷、怨恨、忧郁等情绪，无形中对工作失去应有的兴趣和热情，加重了他们的屈尊感、失落感。面对种种偏见，要坦然乐观，不断提高自身的水平和素质。图书馆的工作人员必须以读者需求为服务中心，不断更新自我，进而消除人们对图书馆工作人员的种种偏见。

新的形势和社会环境要求图书馆管理人员要有创新意识，具有加工、整理、开发、研究与利用文献的能力，要真正做到：有效地学习，培养文献信息产品生产和经营的能力；高效率的工作，在工作中勤于思考，不断进取；发扬“甘当人梯，默默奉献，服务第一，读者至上”的敬业精神，充分利用现有文献资源，多渠道、全心全意地服务于读者、服务于社会。

第二章　图书馆的文献信息管理

第一节　图书馆普通文献的管理

一、图书馆文献资源建设

“图书馆是搜集、整理、收藏图书资料供人阅读、浏览的公共文化机构，是社会知识、信息和文化记忆场所。”[①] 文献资源收录和整理的过程严格遵循图书馆的发展理念，紧密围绕发展目标，牢牢把握读者的诉求，经过综合分析与系统归纳，将各种文献资源进行选择、分类、整理，最终形成规模庞大、具有收藏意义的藏书体系，这也是图书馆工作中十分重要的一个环节，是确保图书馆服务质量提升的有利条件，是保证资源质量的基本前提。无论是当下人们所熟知的国家图书馆、武汉图书馆、陕西省图书馆、北京市图书馆等一些规模较大的图书馆，还是在历史上产生重大影响力的崇文苑、文雅阁、诗雅殿、澹生堂，都蕴含着较为丰富的资源，其中，也包含着不少特色资源，聚集了类型多样的珍贵资源，它们在当地有着较大的知名度，利用好这些资源有利于后续的交流和深入的研究。

文献资源与其他资源类型有着较大的区别，它是一种较为特殊的资源，集智力、智慧等资源于一体，它需要人们去主动搜集、分类整理，最终形成一定的积淀。文献资源建设需要从两个方面着手去完成：一是完成对文献的搜集、归纳、整理和存储等；二是与各个图书馆之间建立联系，将各自的优势发挥出来，不断进行协调，彰显合作优势，构筑更具自身特色的、系统完备的馆藏机制，在一定的范围内构筑更具系统性的文献资源体系，让读者在这里能够找到自己需要的资源，为国家的发展提供基本的保障，为社会发展保驾护航。

---

① 赵忠尧，丁燕．图书馆文献资源建设路径创新与保障［J］．河南图书馆学刊，2022，42（01）：112-114.

二、图书馆文献采访与收集

（一）文献采访的原则

图书馆在文献采访时，要遵循以下原则：

1. 坚持社会主义先进文化前进方向

要坚持社会主义先进文化前进方向，把图书馆打造成为先进文化的建设高地。凡是与社会主义先进文化前进方向不符的文献不予收集，主题、内容、版本与社会主义先进文化不一致的文献，一律不予收集。相反，体现社会主义先进文化前进方向、传递正能量、促进社会经济发展、展现全国人民良好精神风貌等主题和内容的文献，要大力收集。对传承当地优秀文化、特色突出的地域文化，要系统地收集，长年累月地收集，形成地方文献资源库。

2. 体现办馆宗旨和文献资源建设方针

要体现办馆宗旨和文献建设方针，建特色馆藏。办馆宗旨是图书馆建设与发展的灵魂，是全体馆员共同汇集的价值理念、行为规范和奋斗目标，具有前瞻性、导向性、继承性、发展性等特点；文献建设方针是指导图书馆文献资源建设的总纲和根本指南，是每个文献资源建设者和馆员长期坚持的工作方向和工作任务，每个文献资源建设者时时刻刻要把建设方针体现在每天具体的文献采访工作中，使每个图书馆都有自己的馆藏文献特色，不是千篇一律、照抄照搬。

3. 合理建设馆藏结构

要合理布局馆藏结构，构建丰富而有特色的馆藏文献体系。要深度挖掘文献来源，充分了解读者需求，合理建构馆藏构成。要注重文献类型比例，比如，纸质文献与数字文献的结构，传统文献与多媒体文献的构成，图书与报纸、期刊的结构，数字文献与纸质文献、缩微、实物文献的结构，古代文献与近、现、当代文献结构，文学与社会科学、自然科学的结构，一般读者需求的文献与特殊读者需求的文献结构；语种结构，中文文献与外国语文献结构，中文文献与少数民族语言文献的结构，外语文献与英文文献的结构，休闲文献与发展文献的结构等，都要广泛而深入地认真研究。

4. 规范采访

要规范收集各类文献，合法收集各类图书。规范收集文献主要体现在三个方面：

一是渠道规范。要通过国家正规出版社的订购渠道、国家邮政部门的发行渠道、国家正规数字资源部门举办的体验展销会、新闻出版发行单位举办的图书展销会、现场采购会、订购会等。

二是内容规范。文献内容绝对不能出现反动、低俗、媚俗、传播封建迷信等方面的内容。

三是版本规范。绝对不收集非法出版物，慎重接受个人捐赠文献，对一些版本存有疑虑、拿不定意见的文献，不要着急进入流通环节，待专家们审定权威部门认可后，再决定是否进入流通外借环节。

（二）文献收集的方法

图书馆收集文献的方法很多，主要有购买、接受赠送、接受呈缴本、馆际交换、文献传递、复制、征集等形式，但常见的只有三种：采购、接受呈缴和捐赠。这三种方法在具体的工作中受多种因素的影响和制约，归纳起来有两大因素，一是图书馆外部因素，主要有：当地经济社会发展水平、当地领导的重视程度、当年财政拨款额度、交存单位的积极性、大众捐赠的踊跃程度。二是图书馆内部因素，主要有文献资源建设方针与文献资源建设政策的执行力度、纸质文献与数字文献比例、大码洋图书与一般文献的采访比例、采访人员的敬业精神、工作态度和业务熟悉程度，如何激励当地出版社交存各自出版的文献，如何发挥大众捐赠图书的积极性等。这就需要图书馆认真思考、趋利避害，把文献收集工作做好。

（三）地方文献的收集

地方文献是记录某个地方历史地理、政治经济、风土人情、民族宗教、文化习俗、社会发展的一切文献。是地方文化的灵魂，是当地文化的文脉，是祖先留给今人的宝贵财富。它以图书、报刊、光盘、图片、磁盘、数据库等形式表现出来，对研究地区历史、传承地方文化、推动经济发展、保护地方文脉具有重要意义，具有区域性、连续性、广泛性等特征。图书馆要通过收集、整理、典藏、流通、校勘、编纂以及书目索引和参考咨询等工作，向社会各界广泛征集地方文献，形成完整的有特色的地方文献资源库。具体的收集方法有以下几种：

一是引起领导关注。只有党政机关对文献工作有足够的重视，地方文献事业才能够更好地推动和发展。数据研究证明，如果没有地方政府各个方面的支持，如果部门之间的配合是低效的，要将文献工作完成好，难度系数极高。由于地方一般通过特定的方式进行采访与资料的搜集，这也决定了他们的行为需要有地方政府的支撑。政府部门应该从观念上意识到地方文献对当地经济发展、政治建设的重要作用，有针对性地制定可以操作的各项措施，确保任务能够由上到下落实好，每个人承担起应尽的责任。同时，还要从财政资金中设置专项资金，为当地的文献工作做出重要的支撑。

二是设置专门的地方文献管理部门，主要负责地方文献的整理、分类以及工作分配。组建专职化领导小组，设置专属的办公地点。可以选择图书馆作为专门的办公室，设置专员进行文献的搜集、分类、编目、后续服务等，让相关工作的开展更加正式、更为规范、更为标准。

三、建立并公开馆藏文献信息目录

在对各种合法方式取得的文献进行整理后，图书馆应当按照有关标准建立馆藏文献信息目录，并通过网站、微信或其他方式向社会公开。

（一）文献目录认识

目录是知识的“导览图”，是揭示、识别、检索图书馆入藏文献的工具和依据，是将文献按照一定的逻辑顺序依次排列，清晰揭示文献特征，有效阐明文献信息，清楚体现蕴含知识，从而成为更好地帮助读者了解文献内容、方便读者检索、引导读者借阅的服务手段。

目录是知识的精要。馆藏目录是图书馆各种书目数据、各类文献目录的总称，是图书馆的核心价值，是图书馆的宝贵财富，是通向人类知识海洋的桥梁，是打开知识宝库大门的金钥匙。图书馆的规模越大，文献藏量越多，馆藏目录的种类和数量就会成比例增加。

我国图书馆目录发展历史悠久、成就非凡，产生了《别录》《七略》《汉书·艺文志》《隋书·经籍志》《崇文总目》《文渊阁书目》《明史·艺文志》《四库全书总目》《四库全书总目提要》《四库全书简明目录》《郡斋读书志》《直斋书录解题》《经义考》等目录著作，也产生了《通志·校雠略》《校雠通义》等总结目录学经验的著作。这些著作连同浩瀚的中华古籍，承载了中华文化的内核和内涵，健全了中华文化的学科体系和知识体系，体现了各门学科的学术源流和发展脉络，为传承中华优秀传统文化，振奋民族精神，培育社会主义核心价值观，确立中华文化在世界舞台的应有地位做出了重要贡献。

（二）文献编目的过程

文献编目就是依据一定规则进行文献著录和目录组织及文献加工。整个过程包括以下七个部分：

一是文献验收。对待编文献进行开包接收、核对、清点和验收。

二是文献前期加工。贴磁条、贴馆藏信息条形码。

三是文献查重。将待编文献与已有文献进行查重，以确认是否为复本、多卷书或新进图书。

四是分类编目。这一部分工作包含了两个层面：一是采用特定的格式和规定的语言对待编文献进行外部特征描述和书目著录，也就是编目；二是对待编文献的内容依据一定的体系进行提示和标引，业内称之为分类标引和主题标引。这两个方面一般被称为分类编目。

五是数据审校。对已完成分编的文献和书目记录进行审校、核对、确认后入书目数据库，进行目录组织和自动化控制。

六是文献后期加工。书标的打印与粘贴，加盖馆藏章、分类上架等。

七是典藏、调拨好已分类、编目、加工的文献到入藏地点，并按馆藏地进行调拨入库和财产管理。每个编目员“一条龙”完成文献编目工作。

经过上述全部流程后，才能归到图书馆的文献书目体系，该文献才能在体系中有自己相应的检索位置。计算机文献编目特别是计算机联机编目是一种新型的图书编目方式，它是利用计算机网络，由多个图书馆共同参与，共同编目，共建联机书目数据库，实现书目数据共享，从而成为套用书目数据、提高编目效率、加快数据传递的最佳方式。

第二节　图书馆古籍的管理与保护

一、古籍的定义及类型

古籍是中华文明的重要载体，是中华民族宝贵的精神财富，代表着中华民族独特的精神标志和深沉的精神追求，凝聚着中华文化卓尔不凡的东方智慧和气度神韵，是人类文明的瑰宝，是中华民族绵延数千年、一脉相承的基因密码，是传承中华优秀传统文化的宝贵资源，是实现中华民族伟大复兴的智慧源泉。

（一）古籍的定义理解

古籍的定义很多，但比较权威和流行的定义有三种：第一种是《新华字典》的定义。在新华字典中“古籍”的基本意思就是古书，古代的书籍称为古籍；第二种是从印刷角度去定义，古籍是指未采用现代印刷技术印制的书籍；第三种是从时间角度去定义，古籍是指1911年辛亥革命以前，以手工纸为文字载体，并采用中国传统书籍装帧形式印制的书籍。三种定义各有所长、都有一定的合理性，但笔者对第三种定义更加认同，既有第一种解释的内涵，又有第二种解释的维度。同时，要明白古籍具有不可再生性、稀缺性和增值性等特征。现在所讲的典籍其实就是古人所用的图书。不仅供人们阅读，同时还兼具文书、档案的作用。

（二）古籍的类型

在众多的古籍中有多种分类。从版本角度来分，主要分为两大类：抄本（写本）类和刻本（印本）类。这两类典籍的区别在时间上基本是以雕版印刷的发明时间为界。

在雕版印刷发明之前，书籍主要是靠手抄写来流传，这类书籍叫抄本或写本，包括抄写、抄录、誊写、摹写、誊录等，抄本又分为传抄本、影抄本等。

在雕版印刷发明之后，印书事业有了很大发展，逐渐成为时代的主流。准确地说，我国的雕版印书业始于初唐，成于五代，盛于两宋，延续于元、明、清，时间跨度为1300多年。在这一千多年的历史长河中，产生了不同风格不同形式的版本。这些典籍按刻书时间分，有宋刻本、辽刻本、金刻本、元刻本、明刻本、清刻本等；按刻书机构分，有官刻本、私刻本、坊刻本等；官刻本里面又包括国子监本、武英殿本、内府本、府学本、州学本、县学本、各地书院本；按刻书地区分，有浙本、蜀本、朝鲜本、日本等；按雕版印刷效果和印刷量分，有精刻本、写刻本、单刻本、丛书本、道藏本、原刻本、翻刻本、影刻本、初印本、后印本、递修本、百衲本等；按字体、装订大小分，有大字本、小字本、巾箱本等；按印刷的颜色分，有红印本、蓝印本、朱墨本、三色（或五色、六色）套印本等；按内容多寡、评注分，有足本、增订本、删节本、批点本、评注本、配本等；按活字材质分，有泥活字本、铜活字本、木活字本、铅活字本、铁活字本、瓷活字本等；按其价值或使用价值分，有孤本、珍本、善本、校本、进呈本、底本、残本等。直至清朝末期，随着现代印刷技术传入我国，雕版印书业才日益衰落。

二、古籍保护的方法解析

（一）原生性保护法

原生性保护有着较为严格的要求，它既要保证原件的基本特征，同时，也不能改变原有的载体形式，在此基础上实现修复的目的。从当前的保护措施来看，这是最常见的一种。常见的保存途径有：构建系统化、规模化的藏书室，保证古籍存储所需要的最适宜温度；对古籍进行常规保养，消除其在常规保养的过程中存在的灰尘、霉斑、菌丝等。修复加固有两种方式，一是对受到损坏破坏的古籍进行修补，恢复其原貌；二是对古籍本身或装古籍的函套因受破坏而重装。原生性保护要从硬件收藏环境入手。

1. 古籍书库的建设标准

建好古籍书库是做好古籍原生态保护的第一步，也是最重要的环节。而建设古籍书库必须按照《图书馆古籍特藏书库建设标准》进行设计和施工，对于一些特别珍贵的文献，要采取标准的上线或高于标准进行建设。古籍书库要重点建设八套系统：防火灾自动报警系统、防水灾自动报警系统、防盗报警系统、气体灭火系统、门禁系统、监控系统、恒温恒湿系统、空气清新系统。根据《图书馆古籍特藏书库基本要求》，古籍书库的建设要达到一级防火等级，在古籍书库和阅览室之间要设置防火墙，在保护古籍的过程中，一定要保证屋顶没有搭建水管之类的管道，避免漏水等问题的出现；古籍阅览室、古书库、浏览室等的重要区域内，尽可能做到监控全覆盖，也可以选择安装电子锁或者是防盗门。室内应该安装空调，保证温度能够随时调节，常年将温度保持在 22℃以下、16℃以上。古籍库室内的湿度要求也是比较严格的，应该保持在 50% 左右，最高不超过 60%，湿度的恒常性要好；古籍库内的窗帘也不能随便安装，要避免紫外线射入古籍库，减少光照对书籍所带来的损害，避免纸张快速老化，避免纸张变硬；必要时可以配备空气净化设备，使得污染物对书籍的损害减少，保证空气的正常流通，保证古籍库内有适宜的环境，避免使纸张酸化严重，老化问题加剧。

加强人员值守，做好交接班制度，实行双人值班或钥匙多人保管制度；要做好文献的出入库制度，遵守重要文献不出门的原则，实行有限借阅制度。

2. 古籍的日常养护

对待古籍，我们要带着对古籍的热爱、带着对前人的尊重、带着一颗虔诚的心，去精心呵护前人的智慧成果。在建好古籍书库、特藏书库以后，我们的工作人员除了为读者做好服务工作以外，还要做好古籍文献的保养工作。

要定期检查各种设施、设备、仪表、线路，要像做好普通文献保护一样，做好“十防”：防火、防水、防盗、防尘、防有害气体、防霉、防虫、防鼠、防光、防震等。要熟悉和掌握古籍特别是善本珍本的保存技巧，要定期翻晒，让纸张也“透一下气”，打开柜子，让空气适度流通，呼吸新鲜空气；每年定期要“晒书”两次，秋天和冬天是“晒”古籍善本的最好季节，这两个季节吹的是西北风，西北风空气干燥，气温低，最适合“晒”古籍善本。请注意这里所说的“晒”，并不是在烈日下暴晒，而是放在室内通风之处“晒”。“晒”也有讲究，在特别潮湿的时候，不能“晒”古籍，因为古代的纸张一般都是竹纸或绵纸，并且是用石灰水打的纸浆，造出来的纸吸水性强，在潮湿的环境中更容易发霉生虫。在特别潮湿的时候，尽量避免打开书柜。

还要掌握一些简单的保养技巧，如何除掉留在古籍上的脏手指印、油迹、墨渍、字迹、霉斑、苍蝇便迹和蚊虫污迹，如何驱除古籍虫害等，这些方法是古籍管理人员、工作人员应当掌握的知识。古籍在借阅的过程中，有些读者并没有按借阅要求戴手套翻阅，在古籍上留下脏手印，这是一个最常见的问题。要除去脏手印，最简单的办法就是用肥皂。先用肥皂轻轻蹭去手印，再用湿布擦去肥皂迹，最后在书页间衬上吸水纸，把水吸干，就完美了；也可用洗衣粉或洗洁精去手印，具体的方法就是用棉花球蘸用温水冲兑的洗衣粉或洗洁精液轻轻擦拭，再用清水擦洗，最后将水分吸干，就去掉了。

3. 古籍修复的方法

修复古籍首先要了解古籍的破损情况。古籍常见破损情况有：断线、破皮、书口断裂、鼠啮、虫蛀、烬余、水浸、霉蚀、糟朽、糨糊失效等。其中鼠啮、虫蛀属于“外伤”“硬伤”，书页虽破，但修复相对容易；霉菌腐蚀及纸张老化是“内伤”，是古籍的“致命伤”，修复的难度要大得多。一本古籍如果只须更换书皮、订线、修补前后页，破损书页数量在 25% 左右，书页破损面积不超过 20%，则属于轻度破损；如果一本古籍的破损书页的数量在 50% 左右，或纸张糟朽，全部书页都需要溜口的，则属于中度破损；如果是整本溜口，破损书页数量在 80% 左右的，则属于重度破损；如果古籍的全部书页破损或糟朽，则属于严重破损。要掌握古籍破损的鉴定标准，不同的破损程度采取的修复方法不同。

（二）再生性保护

1. 古籍再造

古籍再造是古籍再生性保护的措施之一，是古籍整理出版工作的一种方式。古籍再造就是选择好古籍底本后，再通过翻印或影印，即对底本进行扫描或照相制版后出版古籍的办法。它以古籍底本为基础，按照古籍原来的装订形式进行装订，最大限度地保留原书的特征和风貌。古籍再造能使古籍最大限度地保持原始信息、古文字、版式、文献价值和文物价值，并使它们得到了再生，较好地解决了古籍“藏”与“用”的矛盾。

古籍再造的主要形式是影印本。影印本的优势在于不需要校勘、标点和注解，但一定要选择有价值的底本，并且检查是否缺页、漫漶①等。如果有缺页和漫漶情况，还要做好配补、修复等工作。目前我国的影印本大致分为三类：一类是必备书、常用书，如《十三经注疏》等，以满足读者和研究者的需要；二类是工具书、资料书，主要用于研究者考证或学术研究作为参考；三类是善本、孤本，主要用于保存和留传。2002 年，国家启动了“中华再造善本工程”。这是我国迄今为止最大的一次有组织、有计划的善本古籍再生性保护行动。工程的目的是通过大规模、成系统地复制出版，合理保护、开发、利用善本古籍，使其化身千古，为学界所应用，为大众所共享。该工程集聚了我国一大批顶尖的专家学者，经过五年的艰苦努力，共推出古籍善本 1300 种左右。

古籍数字化、古籍缩微、古籍再造、古籍影印成了古籍再生性保护的重要内容。古籍的再生性保护推动了古籍保护意识由“抢救性修复”向“预防性保护”的转变。同时，对古籍进行再造、数字化、缩微加工、修复、点校、汇编、目录索引等构成了古籍的整理与开发。

2. 古籍的宣传推广

在做好古籍保护工作的同时，努力做好古籍的宣传推广工作。要充分利用现代信息技术、新媒体技术，构建古籍文献资源平台，大力宣传古籍知识。在微信、QQ 等平台上，广泛开展古籍知识讲座、推介展示、版本介绍、古籍修复演示等活动，定期举办古籍主题巡回展览，营造学习古籍知识、关注古籍保护的良好氛围。

举办古籍实物展、古籍数据库演示、古籍修复体验活动，让读者深入活动中，接触古籍、知晓古籍、了解古籍修复技艺、熟悉古籍修复技巧，激发对古籍的热爱，增强古籍保护意识，从而爱上古籍，热爱中华优秀文化。

---

① 漫漶是指书版、石刻等因年代久远遭磨损而模糊不清。

加强对古籍保护人才的培养，提高古籍保护人员的思想素质、专业知识和业务水平，端正他们的工作态度，激发他们的奉献精神，增强使命感，强化爱国情，继承中华民族的精神血脉，延续中华文明的文化基因，系统研究，深入总结，去粗取精，去伪存真，由表及里，由此及彼，全心全意地把中华民族的文化典籍保护好、传承好、活化好、利用好，为中华文化走向世界舞台添砖加瓦。

第三节　图书馆读者信息与隐私管理

一、图书馆读者信息概述

（一）读者个人信息

1. 个人信息的界定

个人信息通常能够将个体特点彰显得淋漓尽致，与个人息息相关，也能够对相关活动有较为完整的呈现。个人信息能够被单独识别，也能够将自然人的真实特征进行反映，我们将上述要素称为个人信息。

个人信息不仅包括个人身份、工作单位、家庭概况、财产收入、身体健康等方面的信息，而且还包括个人出入各种场合、参与社会活动的轨迹信息。特别是随着大数据和智能化时代的到来，任何人参加社会活动的行踪轨迹都是公民个人人身权利的体现，也是一种宝贵的数据资源。每个公民在学校、医院、银行、景区、商场、文化场所等领域所产生的信息都应该得到保护。

《信息安全技术个人信息安全规范》（GB/T35273—2017）对个人信息进行了明确的规定，它以电子方式呈现出来，能够通过信息对自然人进行识别，将他们的真实情况反映出来。主要指的是姓名、辨识特征、出生日期、联系方式、联系地点、个人信息、征信情况、个人行动轨迹以及身体状况等。

2. 读者个人信息的内容

读者个人信息指能够单独识别或者与其他信息相结合识别读者身份或阅读活动的信息，主要有四种：读者身份信息、读者账户信息、网络互动信息和网络存储信息。

读者身份信息主要包括：读者姓名、性别、年龄、籍贯、工作单位、电话号码、身份证号、家庭住址、电子邮件、教育程度等基本个人信息，这部分信息通常是读者在办理图书馆读者证、读者卡时留下的信息。

读者账户信息主要包括注册账号、密码、读者证功能、状态、类型、二维码等，主要是指读者在注册图书馆账户或者办理读者证的账户时留下的信息。

网络互动信息记录的是读者通过互联网所进行的一系列交互行为背后所涵盖的信息，包括阅览地址、IP 数据、搜索记录、位置线索、社交情况、移动数据等，这些数据能够真实反映出读者的个人诉求，也能实现更加精准的推送，保障其精准性。然而，类似的信息中包含了读者的个人隐私，读者并不知道自己已经留下了这些数据，他们是完全无意识的，数据的私密性较强。

网络存储信息指的是读者在互联网上所留下来的个人信息，包括个人账户、联系人、发表的日志、个人日记、发送的邮件、影像以及音频等，这些信息通常是完全私密的，不能对外公开，也不能随意泄露，否则，就会产生极大的负面影响。个人信息泄露可能会侵犯个体的权益，因此催生了保护的诉求。

（二）借阅信息

借阅信息指读者在图书馆检索、咨询和借阅文献时所留下的各种信息，主要包括读者的检索记录、咨询记录、文献借阅种类、文献借出时间、文献归还时间、某个时间段内的借阅次数、借阅结果、到馆历史、电子资源借阅情况以及由这些信息而推理分析出的阅读爱好、阅读兴趣、职业方向等信息，甚至包括读者参与阅读推广活动的信息，包括读者参与阅读推广活动所留下的报名信息、活动反馈、活动调查、活动偏好等信息。

（三）隐私信息

隐私是个体需要保护，不愿意将其透露的一些事情，这些消息往往不便于公开，它具有较高的真实性，也是极为隐蔽的。自然人为了保证自己的生活质量，他们不愿意被外界所打扰，因此，隐私是自然人的人格权。

隐私权就其本质来说，是特殊的民事权利，它体现出公民对自己信息所享有的一种特殊权利，也体现了他们对生活的规划。隐私权可以细化为保密权、个人行为决定权以及生活独立权。

读者隐私指的是一些读者不愿意公开的事情，他们不想被他人知晓，因此，这也是读者人身权利的最好体现。读者隐私信息，指的是那些不涉及公共利益的、读者希望被隐私化保存的信息。例如，对图书馆发展的一些个人建议，读者渴望参与的一些志愿服务、对图书馆某些方面工作所进行的投诉、读者用公共网络所留存下来的个人信息等。

隐私权充分体现出个体被社会的重视程度，它是个体尊严赖以依存的重要根基。从读者的角度而言，隐私权可以被看作是人格权当中十分重要的一种，也就是读者是否拥有支配自己信息的某种权利。换言之，它指的是读者对于自身信息的使用方式和途径是否有着绝对的话语权和知情权。

二、读者信息与读者隐私的保护对策

读者信息不仅是图书馆对外开放、服务读者的联系方式，也是图书馆和相关机构分析读者阅读兴趣、阅读爱好、阅读方式、阅读特点、阅读规律，提供针对性服务、开展全民阅读研究、做好全民阅读工作的第一手资料和素材，要收集好、利用好、保护好读者的个人身份信息、个人借阅信息、个人活动信息甚至读者的隐私信息。

读者信息与读者隐私有很多重合或者交叉的地方，甚至可以说读者隐私包含了部分读者信息。读者不愿意公开和不便公开的个人信息也就成为读者隐私。特别是随着智能手机的普及、移动技术的发展和流量资费的降低，微信、微博、微视频、微小说、微娱乐等快节奏的微信息越来越普及，各种微服务凭借新媒介平台随时、随地、随身为读者提供各种资源服务，不同的媒体需要不同的注册账号，不同的账号需要提供不同的信息，导致读者的许多信息存储在计算机里，存储的信息越多，泄露的可能性就越大。妥善保护读者信息和读者隐私可以从以下方面入手：

（一）不能采集过量的读者信息

图书馆要为读者服务，就要和读者建立联系，就必然要求读者提供个人相关信息，也就是图书馆必然要采集姓名、性别、年龄、联系电话、邮箱和联系住址甚至身份证号码等。这些信息对于服务很有必要，但也存在泄露读者信息的风险。图书馆在采集读者信息的时候，一定要坚持最小限度原则。不能过度采集读者信息，不要采集太多的无用信息，不能采集过量的读者信息。有的图书馆在读者申请读者证或读书卡的时候，罗列了太多项目，有的项目与联系读者、保证读者信用没有半点儿关系。在收集读者信息时，无论是纸质申请表还是电子申请表，都要在底端用黑色粗体字写明“读者信息保护声明”。并承诺以上信息未经读者本人允许，绝不泄露给第三方。当留存的读者信息失去保留的必要时，图书馆要定期及时销毁。

（二）完善保护读者信息与读者隐私的制度

要尊重读者的人身权和人格权，制定好保护读者信息和读者隐私的各项规章制度。认真履行告知义务和提示义务，努力营造保护读者信息、保护读者隐私的氛围和环境。要在读者证申请表、读者卡申请表、读者注册页面、读者账号申请页面的底端，注明“保护读者个人信息和个人隐私”的提示；在总服务台、办证处等地张贴“保护读者个人信息和个人隐私”的提示语；有的图书馆在门户网站上发布关于读者隐私的保护声明；有的图书馆还发布免责声明。

（三）强化读者信息与读者隐私的保护手段

要高度重视读者权益，提高保护读者信息和读者隐私的意识。要设专人专管读者信息，管理员的思想素质和业务能力都要比较突出，不会因某种诱惑而出售读者信息。

保存读者信息的载体通常是两种：纸质和电子。对于纸质的保存方式，可以定期清理和处置个人信息。对收集到的留有读者信息的申请表保管一段时间之后，分类分期进行裁剪销毁处理。每个图书馆都要有自己的具体规定，读者在注册时所填写申请表的有效期一般为1～3年，期内图书馆会完好保管，期满后将会进行裁剪处理，并及时清除系统中的相关数据。如果读者需要办理有效期延长手续，旧的申请表会保管至新的申请表申领成功后，再进行裁剪处理。对于文献预约信息、座位预约信息、图书续借信息、咨询信息、失物招领信息、超期处罚信息、参加读者活动信息、参加志愿者活动信息等，也要在保管期结束后，立即销毁，并清除相关数据。

读者的信息在很多情况下是以电子的形式被留存下来的，我们要对其进行详细的分类。读者的个人信息、联系方式、登录账号以及密码等，要使用一定的方式将信息变形，可以通过压缩、粉碎以及泛化等路径来实现，确保读者的所有信息不被公开，完全匿名。在确定读者身份时，可以完善认证机制，采取互联网隔离的方式强化认证管理，同时，可以采用当前十分先进的加密技术来控制访问的权限。此外，也可以设置互联网防火墙，装置病毒隔离软件，一旦病毒入侵可以在第一时间进行预警，确保防御的安全性。对第三方的信息要进行绝对的保护，完善监督体系，坚决防止黑客的信息窃取，保护数据的安全性。

（四）健全读者信息和读者隐私权的相关法律与政策保护

健全的法律保护对于保障读者信息安全和读者隐私权至关重要。积极借鉴世界发达国家的经验，建立一套完整的隐私权保护法律体系，是保护读者信息和读者隐私权的关键，加快隐私权专门法的出台；充分发挥图书馆学会的行业主导作用，制定图书馆行业读者隐私权保护标准或保护规范，使读者信息和读者隐私权保护有法可依、有章可循。

第三章　图书馆的不同资源管理

第一节　图书馆人力资源管理

人才和文献是图书馆事业的两大基础，也是构成图书馆生产力的基本要素。所谓人力资源管理是指组织为实现其一定时期的战略目标而对其人力资源实行科学合理的更新、配置、使用、开发和激励的一系列管理过程。

图书馆人力资源通常是那些既能够为图书馆带来持久性效益，又能够使图书馆价值得到显著提升的群体的总称，如团队意识、个人魅力、技能、知识、经验等。除此之外，还可以理解为连续不断地对知识进行获取、积累、利用和创造的组织能力。作为图书馆科学管理中能动性最高的资源类型，人力资源呈现出明显的活跃性、积极性和主动性特征。以投资人力资源为前提，促进人力资源存量和特定技术结构的形成，并以组织要求和目标为依据来激励使用、整合配置、协调控制不同形态和专业化功能的人力资源，能够使人力资源保值增值。

一、图书馆人力资源管理的理解层面

从人力资源管理的角度对图书馆人力资源管理概念进行理解主要包括微观和宏观两个层面，以下分别阐述：

宏观层面的图书馆人力资源管理是指在图书馆管理活动中，管理者和决策者进行的规划人力资源战略以及人力资源发展方针政策的制定、图书馆人力资源存量与需求的分析与预测、对人力资源利用情况进行控制与评价的管理过程。从宏观层面来讲，图书馆人力资源管理的决策者和实施者均为国家主管部门和机构，针对某些图书馆人力资源管理的内容进行系统化管理，需要与社会人力资源管理进行有机融合，并在社会发展管理政策的作用和对社会管理力量的动员下开展，如围绕图书馆专业人员开展的资格培训与认证工作。

微观层面的图书馆人力资源管理是指图书馆管理活动的完整过程，如对图书馆人

事管理制度及相关政策方针的具体制定、对人员编制的确定、对人员业务职称标准和考核标准的规定、对薪酬制度和岗位要求的明确、对图书馆工作人员的配备与培训、对图书馆各部门人力资源关系的协调等。如果将对图书馆人力资源使用的社会环境进行营造作为宏观层面图书馆人力资源管理工作的重点，那么与之相对应的微观图书馆人力资源管理则更加重视制定与运用录用、选拔、培训、使用、考核与奖惩图书馆工作人员的具体指标。图书馆的人事管理部门通常是微观层面图书馆人力资源管理的主要执行者和完成者。

作为图书馆人力资源管理必不可少的重要内容，从某种意义上讲，微观层面的人力资源管理和宏观层面的人力资源管理对社会与图书馆、图书馆与部门、部门与个人之间的互动关系具有决定作用，同时也直接影响着图书馆事业的未来发展趋势。

从长远的角度来讲，图书馆人力资源管理旨在通过合理调配与培训人力资源，来完成图书馆组织机构与工作人员之间良好互动关系的建立工作，进而促进图书馆人力资源与其他资源类型之间结合状态的最优化。而这一点，主要取决于图书馆员是开展图书馆服务，利用、操作和配置各种图书馆资源以及塑造图书馆形象的实现对象。作为图书馆可持续发展的坚强基石，优化配置人力资源可以显著提高图书馆的核心竞争力。

二、图书馆人力资源管理的主要内容

人力资源的控制和激励、人力资源的开发和利用、人力资源的分析与评价是构成图书馆人力资源管理的三个主要板块。依托于对图书馆人力资源的信息管理、招聘、调配、控制、培训等手段，为求才、用才、育才和留才等管理模式的实现提供保障，进而确保图书馆工作和图书馆员之间状态的最佳化。

第一，人力资源规划。以图书馆的工作计划和发展战略为依据，对人力资源需求进行系统化、全面性的分析和确定的过程，比如，对人力资源的现况及未来的发展形势进行评估，对人力资源供求的信息和资料进行收集和分析，对人力资源供求未来的发展形势进行预测，以及立足现实情况对图书馆的人力资源培训与发展计划进行制订等。

第二，工作分析。作为图书馆人力资源管理中最基础的内容，工作分析主要是考察与分析各个工作岗位，从而对其职责、任务、工作条件、任职资格和享有权利，以及相应的教育培训情况等予以明确，最终以工作职务说明书的形式呈现出来。

第三，馆员招聘。以人力资源规划和工作分析的要求为依据，馆员招聘主要涉及计划、招募、测评、选拔、录用和评估等活动内容。从聘任形式上，既可以通过内部招聘的形式，又可以通过社会公开招聘的形式展开，但无论哪种人才招聘形式，都需要坚持平等就业、择优录用的基本原则。

第四，馆员培训与发展。业绩评估、馆员发展、馆员职业生涯规划是构成馆员培训与发展的主要内容。培训馆员，一方面，可以提高馆员的工作效能，使其对图书馆的归属感得到进一步强化；另一方面，可以使图书馆事故发生概率得到降低，同时实现经济效益和工作效率显著提高的目标。

第五，馆员激励。馆员激励就是以使馆员得到有效激发、使馆员的行为得到引导和强化为目标，运用各种元素对馆员的工作积极性进行进一步调动，以促使馆员表现出积极实现图书馆目标的具体行为。

第六，绩效管理。所谓“绩效管理”，指的是依据特定的绩效标准或工作目标，以一定的考评方法为手段，来评价馆员的工作表现和工作成果。为了使馆员的积极性得到有效调动，同时确保图书馆人力资源管理工作运行得健康高效，需要对绩效不同的馆员采取不同的政策，即以物质和精神奖励来激励绩效突出的馆员，以相应的批评，乃至惩罚来对待那些表现差的馆员。

第七，薪酬管理。作为图书馆人力资源管理的重要内容，薪酬管理同样关系着图书馆能否广泛吸引和吸纳人才，因而是人力资源效能得以充分发挥的有力的杠杆之一。所以，图书馆要综合考虑馆员的资历、职级、岗位、实际表现和工作成绩等内容，充分发挥其对馆员努力工作的激励作用。

第八，职业生涯管理。职业生涯管理主要表现为职业生涯决策、设计、发展和开发等内容。作为个人和图书馆对职业历程的规划、对职业发展的促进等一系列活动的总和，职业生涯管理对于个人人力资本投资收益的提高、职业通道改变成本的降低以及图书馆整个事业的发展发挥着重要作用。

第九，人力资源保护。劳动关系的各个方面，如劳动争议、劳动保护、劳动报酬、劳动时间、劳动用工等内容，均与人力资源管理直接相关。为了使图书馆馆员在工作过程中的安全与健康得到进一步保障，图书馆应当立足国家劳动保护法的有关条款中的相关规定，确保其对相关劳动关系的处理合乎法律规定。

三、理想的图书馆人力资源管理模式

组织绩效、组织战略和人力资源管理开发之间存在着密切联系。因而，必须以有效的人力资源管理模式来实现组织竞争力进一步增强的目标。作为一个组织，图书馆工作绩效的提升，也与有效的人力资源管理分不开。简而言之，求才、用才、育才、激才、留才应当成为图书馆人力资源管理工作最理想的管理模式。

求才：以良好的图书馆形象来吸引人才关注应当成为图书馆人力资源计划制订、统一化选才标准设计和双向选择机制建立的基本前提。

用才：基于对图书馆员工的尊重与信任，对人才施以关心并大胆任用，以让所有人才的才能得到最大化发挥为前提，带动良好用人环境的创造和人才优势的发挥。在这个过程中，要坚定以人为本管理思想的指导作用。

育才：育才的关键在于形成一整套经营即教育的管理哲学，为此，就需要以更为系统化的图书馆员工培训教育体系来对个人潜力进行开发，从而有机结合个人的职业生涯开发和图书馆的组织开发。

激才：激才的基础和核心在于对企业文化凝聚力的依靠，其目的在于使人才的积极性得到有效激发。为此，一方面，要健全良好的激励机制，采取多元有效的激励措施；另一方面，要提高目标管理和配合考核、评估、奖励等制度的普及度。

留才：留才的核心在于使图书馆员工的需要得到最大化满足，为此，要贯彻落实以人为本的思想理念，珍惜人才，使图书馆员工获得职业理想实现的可能。

第二节　图书馆物力资源管理

图书馆的人力资源重点在于“人”，而图书馆的物力资源重点在于“物”。人们在图书馆中阅览的图书、文字、符号，看到的图书馆的书架、桌椅、指示语、各种装饰，乃至于图书馆的建筑楼体等，只要是图书馆中的客观存在的物体都属于图书馆物力资源的范畴之内。

一、图书馆物力资源的类别

图书馆物力资源可以归纳为传统性资源、现代性资源和辅助性资源。

（一）传统性资源

随着时代不断进步，图书馆主要分为传统性图书馆和复合型图书馆。传统性图书馆以传统性资源为基石，这就决定了传统性图书馆的藏书和文献资料都是纸质型。传统性图书馆的图书借阅不同于复合型图书馆，它需要借阅者亲自到图书馆浏览图书，选中需要借阅的图书后凭借借阅卡通过人工登记完成图书借阅过程。为了方便当代人的阅读需要，复合型图书馆增加了与传统性图书馆不同领域的著名文献、类型不同的期刊、科研成果论文、工具用书和年鉴史等。

（二）现代性资源

图书馆中的现代性资源是图书馆在传统性图书馆资源的基础上，适应社会现代改革而形成的资源类型。图书馆现代性资源主要依托于现代社会中正快速发展的计算机技术、多媒体技术、网络化技术等技术成果，将图书馆中的纸质型藏书、文献资料、不同种类的期刊论文、编年史、工具书等实现电子化、数据化，再通过储存整理，最后上传至线上图书馆、网络图书馆、虚拟电子图书馆等借阅平台。人们可以足不出户，通过线上借阅服务平台完成线上浏览、借阅的过程。

（三）辅助性资源

辅助性资源虽然不同于传统性资源、现代性资源存在价值那么明显，但是它可以使传统性资源和现代性资源实现价值最大化。辅助性资源在图书馆中无处不在，元素种类繁多，大到图书馆楼体建筑，馆内的各个学习区域、阅读区域、资料保存区域等，小到馆内的桌椅板凳、墙上张贴的文字图画、地上摆放的宣传展板、角落贴着的指示语、桌上摆放的个性化小物件等。这些元素在人们走进图书馆的那一刻开始就在不经意间影响着人们的感受。这是图书馆的一种具有隐蔽性的资源。

二、图书馆物力资源建设的要点分析

为了推进图书馆与时俱进，图书馆的物力资源建设要充分发掘传统性资源所蕴含的人类文化力量；要继续加强现代性资源快速便捷的传播效用，搭建更智能的图书服务平台；要继续加强辅助性资源的情景营造作用，加入更多人们接受度高的辅助资源元素。

（一）大力发挥传统性资源的人文优势

图书馆传统性资源储存了大量的藏书文献，其中不乏具有重要参考价值的历史资料，宝贵的诗画孤本等是一座强大的人文宝库。随着计算机网络技术的飞速发展，图书馆传统性资源曾经一度被人们轻视。随着新时代不断提高对人文精神的重视，人们开始认识到传统性资源蕴含着强大的人文精神力量。图书馆开始呼吁人们阅读纸质书，以激活传统性资源的人文素养塑造力量。

（二）大力发挥现代性资源的知识存储、传播和平台建设功能

人们的诉求直接影响着知识的保存和传输形式。在新的社会形态下，人们更喜欢通过网络来获取知识，满足学习、研究、生活等方面所需。依托于现代计算机网络技术的图书馆的现代性资源可以根据实际条件开拓更多的传播途径，搭建更优质的线上信息咨询服务平台，让用户的知识获取更快捷。现代性资源还可以借助网络技术拥有平台管理和服务技能。图书馆人员可以进行线上图书馆资料管理，人们可以建立属于自己的电子图书馆，图书馆可以更好实现资源宣传和网络咨询服务。图书馆为了向用户提供优质、便捷的阅读服务，就需要保证网络管理服务平台与时俱进。

（三）大力发挥辅助性资源的情境强化功能

走进图书馆的人在潜意识中都存在一个自己喜欢的图书馆的样子。当人们真正进入图书馆的时候，会不自觉地将所看到的、所听到的、所感受到的信息和自己预想的图书

馆进行比较，当两者相同或者相近，或者超出想象的时候，人们在图书馆吸取知识的意念和身体动作表现就会更加强烈。图书馆的隐性资源就是为此而产生的。图书馆为了实现隐性资源塑造情境作用的最大价值，就必须重视图书馆外部和内部的因素，从图书馆选址开始，审视所在位置是否便于人们出行，建筑外貌是否同周边环境相协调，图书馆内的馆区设置是否满足人们的实际需要，图书馆的内部设施装修是否营造出了浓厚的人文环境等。隐性资源就是要辅助人们体会到畅游干净、宽敞、书香四溢的文化知识海洋的精神感受。

三、图书馆物力资源管理的整合模式："一主两翼"模式

图书馆物力资源内容丰富，稍有运用不当就会得不偿失，因此建立一套科学合理的整合运行模式至关重要。图书馆物力资源的管理主要借鉴企业资源整合的管理经验。整合过程中加大量的投入，分清主与次，重新搭建内部系统结构，实现现有资源的科学合理分配，优化系统运作程序。为了实现管理目标，图书馆可以从总体设计构成和整理模式搭建开始操作，此种方式也可以简称为"一主两翼"式物力资源整合方式。

人们的诉求始终是图书馆进行资源管理的首要指向。图书馆物力资源管理采用的"一主两翼"式整合方式的整体机构就是以人们诉求为指导，把现代性资源作为结构中轴，再将传统性资源、辅助性资源作为两翼，从而开展物力资源整理组合。图书馆资源整理组合首要参考人们喜欢从哪种类型的平台收集知识、人们喜欢收集哪些类型的信息。人们通常是想便捷安全地搜索到自己需要的学习、研究、日常的种种信息，图书馆的现代性资源才能满足这些诉求。

之所以把图书馆的现代性资源作为结构中轴，是因为现代性资源的信息储存和传输渠道恰好能够满足人们的诉求爱好。现代性资源也须紧跟人们需求变化，进行平台优化和技术提升。作为图书馆物力资源管理整合中必不可少的"两翼"，传统性资源的文化底蕴和辅助性资源的情境塑造功能为"中轴"现代性资源提供着强有力的支持。假如没有传统性资源的文化底蕴和辅助性资源的情境塑造功能的支持，专家们设想的网络图书馆、电子图书馆，都将深陷功利主义和技术主义中不能自拔。

四、图书馆物力资源的相互融合

图书馆物力资源中的三大组成部分，即传统性资源、现代性资源和辅助性资源，虽然各有特色，但是并不能独善其身。在"一主两翼"的前提下，三者互相融合才能达到最好效果。

第一，根据人们对阅读内容的喜好，优秀的线下纸质阅读资料可以转变为线上网络阅读资料，从而增大传统性资源的传播范围。同时，颇受好评的线上网络阅读资料可以印刷成线下纸质版阅读资料，从而将一部分网络阅读者转化为纸质阅读者，进一步强化

人们的阅读素质。

第二，辅助性资源可以把具有较高文化价值的碑帖、字画等传统性资源融入进来，这样既可以增强图书馆的人文精神氛围，还可以提高传统性资源的人文影响度。

第三，现代性资源运用现代技术制作各种阅读、浏览、搜索终端，融入辅助性资源中就容易打造出颇受当代人青睐的轻松、直观的阅读体验。

第四，图书馆将图书利用线上平台，如个人电子图书馆、查询咨询服务平台、自助搜索界面等三种资源信息互相融合。微博、微信公众号、QQ群宣传推介传统性资源和辅助性资源内容。图书馆中的服务指南、展览板等也能对另两种资源进行介绍宣传。三种资源互推互宣不仅提升了资源使用率，还加强了人文素养熏陶、信息支持、情境塑造功效。图书馆的运行状态不断优化，人们的阅读感受也越来越好，从而实现图书馆物力资源管理的最终目的。

第三节　图书馆财力资源管理

一、图书馆财务管理活动概述

图书馆是非营利性组织，它的主要职能是为社会提供信息服务。图书馆的建立并不是为了追求利润而是向社会提供公益性服务。追求利润并不是图书馆建立的初衷，图书馆的资金来源、资金支出以及资金的合理分配问题是图书馆能否顺利运行的保障问题，也是图书馆能否正常运行的基础问题。针对图书馆的财务管理情况，在日常的生活中，图书馆的管理人员需要遵循资金流通的正常规律，对图书馆的日常财务活动进行有效的管理。

图书馆财务管理活动包括以下几项：①资金的日常筹措；②资金的合理分配；③合理制订财务计划；④做出严谨工整财务预算；⑤设定专门的财务管理部门；⑥财务计划实施过程中要进行监督。以上活动的最终目的是让图书馆钱花得性价比高，不仅能维护好图书馆财务情况，保证图书馆的正常运行，而且可以为图书馆的基础服务提供更好的物质保障，让图书馆能够更高质量地运行。

二、图书馆财力资源管理的主要内容

针对图书馆财力资源管理问题，重点强调资金的分配、筹集、使用以及经费的支出是否合理，是否符合图书馆预期。其包括的主要内容有图书馆收入、支出、预算、资产经费，等等。

图书馆收入具体包括财政补贴、上级补贴以及经营收入、事业收入、附属单位上缴的其他收入，是图书馆开展业务和活动所依法取得的非偿还性资金。

图书馆支出包括事业支出、经营支出以及自我建设支出，对附属单位补助和上缴上级的支出，是开展业务及相关活动所发生的资金损失。

图书馆预算指的是收入预算以及支出预算，收入预算包括财政补助收入以及非财政补助两个方面，支出预算包括经营支出、事业支出、基本建设支出、对附属单位的补助支出等方面。

图书馆资产指的是图书馆目前所拥有的以货币为计量的经济资源，包括各种权利和能够以货币为计量的资产债券，其中大多属于固定资产、无形资产和流动资产。

三、图书馆财力资源管理的基本原则

图书馆的财力资源管理原则来源于财务管理工作实践，是在图书馆理财实践过程中抽象出来的并且在实践中证明是正确的行为规范。

图书馆财力资源管理的原则是在图书馆财务管理工作中，工作人员所应遵循的基本规范，是对图书馆具体的工作提出的基本要求，也是衡量图书馆财务管理工作质量的标准，反映着图书馆理财的要求。图书馆的各种理财活动应严格遵守图书馆财力资源管理原则，确保图书馆财力管理工作的质量，严格开展图书馆财力资源管理工作，有利于图书馆实现财务管理的目标。

简而言之，图书馆财务管理原则包括以下内容：依法理财，勤俭节约，量入为出，遵守效益，正确处理国家、图书馆和个人之间的利益关系，切实履行图书馆责任。

第四章　图书馆危机管理与安全管理

第一节　图书馆危机管理

随着信息环境的数字化、网络化不断发展，人类信息获取方式正在发生前所未有的变化，人们的服务意识也空前提高和觉醒，人类正面临“信息爆炸性增长与知识贫乏”的悖论困境。社会信息环境的剧烈变化和图书馆自身矛盾运动引发的各类问题，都要求我们强化图书馆的危机意识，加强对图书馆的危机管理研究，促进图书馆适应环境的发展要求并进一步实现跨越式的发展。

一、图书馆危机管理概述

所谓图书馆危机管理，实际上就是针对图书馆发展演化过程中可能面临的各种危机制订各种危机管理预案，并对图书馆运行中出现的危机因子和危机事件从发生到消亡全程全面监控处理的管理理论与管理实践。从这个定义可以明确地看出，图书馆危机管理是对图书馆危机事前、事中、事后进行全面全程监控处理的连续链条，是一个非常系统的工程，它不等同于单一的危机处理，也不等同于危机公关。

（一）图书馆危机管理的特征

对图书馆危机管理的定义进行分析不难发现，该定义明确体现了以下几个方面的特征：

1. 系统性

它既涉及危机产生前根据系统矛盾运动的分析预测及危机处理预案制订问题，也涉及图书馆实际运行中的危机征兆识别和已经出现危机的处理问题，必须对图书馆危机进行系统分析与统筹安排，否则就会出现管理方面的疏漏。

2. 动态性

不同时间、不同地点、不同实体图书馆的危机类型应该也会体现出不同的特点，尤其是随着时间的不断推移，不同阶段所表现出来的危机更是有着非常大的区别。因此，在进一步对图书馆制订危机管理方案的过程中，必须在一定程度上能够适应这种动态性的变化要求。

3. 全程性

所谓的全程性，实际上就是对图书馆危机事前、事中、事后所进行的有针对性的、较为全面的、全程监控处理的一种具有连续性的系统，可以说这是一个非常系统的工程，它并不等同于一些单一的危机处理，当然，从一定程度上来说，也不等同于一些较为简单的危机公关。

4. 实效性

所谓的实效性不仅应体现在危机事件出现时，更要体现在危机还没有爆发时，它主要包括危机管理的组织、制度、流程、策略、计划、决策等，涉及培养危机意识、组建职能部门、侦测并处理危机因子、建立危机预案和预警系统、处理危机事件、危机恢复、事后总结经验并学习改进等诸多方面的内容。

因此，图书馆在有针对性地进行危机管理时，不仅要从一般危机管理理论与实践中汲取非常充分的营养，同时还必须要考虑到关于图书馆危机管理自身具有的独特性，制订出符合图书馆自身实际的危机管理预案，构建相应的危机管理系统，从而实现危机管理的有效性。

（二）图书馆危机管理的原则

危机是由于形象、管理、信誉、服务、设施、待遇、不可抗力等因素引起的可能对图书馆造成负面社会影响的突发性事件。不同诱因／动因、不同类型／性质、不同趋势／演变的危机有不同的处理方法，应对策略不可能千篇一律。但是，任何危机的发生、发展、平复都有些许共同的特点与可资遵循的科学原则，这些原则构成了图书馆危机管理的策略架构。随着网络技术的飞速发展，我国图书馆面临着读者流失、运营不畅等诸多的问题。基于现代信息的环境，明确阐述图书馆面临的危机管理原则，并相应地提出一系列关于图书馆危机发生的对策，具有一定的现实指导意义。

1. 遵循统筹安排原则

图书馆危机管理是一个系统工程，单个危机事件的出现都可能涉及千头万绪的矛盾累积。因此，解决任何一个危机问题都不可能也不应该是“头痛医头脚痛医脚”的管理策略，而应该采取系统方法，综合地统筹安排，才有可能把危机解决得较为彻底，并符合图书馆本身的发展要求。

一般来说，从系统角度考虑图书馆危机的解决方案，应做到以下几点：首先，要明确危机的产生根源是什么，主要矛盾是什么；其次，要弄清楚与危机产生相关联的因素、因素间的关联作用以及这些因素的可能发展变化；最后，从系统的总体目标入手，把危机作为启动系统创新发展的契机，制订危机的长远解决方案。

在统筹安排图书馆危机解决过程中，一定要贯彻“提升危机意识、预防为主”的基本策略。图书馆应该重视在危机发生前从机制上做好防范工作。在危机的诱因还没有演变成危机时将其平息，而不是等到危机对图书馆组织形象、公共关系造成损害的时候再采取行动。如果是那样，图书馆所付出的代价就是十分惨痛的。要做到对危机有效地预防，就需要有“防患于未然”的危机意识。这种危机意识的树立，不仅是对图书馆领导层来说的，还必须从上至下贯彻到图书馆的每一个员工，并要将这种意识上升为组织文化，使之成为全馆上下的自觉行为。有了这种忧患意识，有了这种对国家财产和读者利益高度负责的社会责任感，就一定能激发危机管理的自觉行动，就能在危机管理的全过程一丝不苟地做好机构设立、预案准备和完善、人员培训、安全监测、安全监控等全方位工作，使“预防第一”真正落到实处。

2. 遵循重点差异原则

图书馆事业的发展过程中，单个图书馆实体由于各种条件的差异，因而产生的危机也是千差万别的。有的危机主要来源于管理制度的缺陷，有的可能来源于经费的紧缺，有的可能来源于技术上的瓶颈，有的可能来源于优秀人才的流失，有的可能来源于资源结构的不合理，有的可能来源于服务水平与服务内容的短缺，还有的可能是诸多可能原因的综合，如此等等。

因此，图书馆在进行危机预案研究时，必须清楚本组织的主要矛盾是什么，与此矛盾相关联的一个或多个因素是什么，然后按照重点差异原则进行分析，对不同的危机给予不同的关注度，并有针对性地设置不同的危机预警等级，从而实现区别对待不同危机的处理模式。

在重点差异原则的指导下，要注意的是对微小的危机不予重视的极端，树立“正视任何问题，积极主动”理念。事情无论巨细，只要成为危机，图书馆首先要做的事情就是必须意识到危机已经发生了，要采取积极的态度正视问题。

当危机发生时，无论面对的是何种性质、何种类型、何种起因的危机事件，图书馆都应该正视存在的问题，积极主动地予以处理，即使起因不在己方，也应该首先消除危机事件所造成的直接危害，从舆论上、心理上赢得社会公众的认同，为危机的妥善解决营造良好的氛围。

3. 遵循因地制宜原则

图书馆危机产生的根源不同，即使是相同的根源在不同时间、不同地点所表现出来的危机形式也可能千差万别，因此要根据实际情况，具体问题具体分析，因势利导，具体问题具体处理。为此，在制订危机预案时，我们一方面要充分借鉴早期已经发生的各种危机的处理办法；另一方面应该结合本馆的实际情况，制订切实可行的危机预案，并且留有一定余地，为危机的灵活处理预置相应空间。

当危机已经发生时，具体因地制宜地处理危机时，要树立以下一些基本理念：

第一，及时果断和快速反应理念。即当危机爆发时，图书馆除了在态度上要表现得积极主动、正视问题外，在行动上也必须做到迅速有效，在短时间内及时对危机事件采取有力措施予以处理，避免由于延迟可能给图书馆带来更大的损失。

第二，真诚沟通理念。即图书馆在遭遇危机时，应该积极与外界（尤其是各类媒体）保持信息畅通，及时回应各种报道，不能弄虚作假、遮遮掩掩，否则会出现欲盖弥彰的形势，不利于危机局面的控制，同时要注意发布的各种信息必须保证前后一致。

第三，公众至上理念。即在危机处理过程中，图书馆应该将公众利益置于首位，更多地关注图书馆用户的处境，而不是考虑如何摆脱危机给图书馆带来的影响，这是由图书馆的公益性质决定的，同时也是图书馆重塑组织形象、及早从危机中恢复过来的有效对策。

第四，注重后效理念。注重后效理念．包括两个方面：一方面，既要着眼于当前危机事件本身的处理，又要考虑到图书馆良好形象的树立和未来的长远发展，不能只关注眼前利益的维护，采取“头痛医头脚痛医脚”的权宜之计，而应着眼于全面的、整体的、未来的高度进行处理；另一方面，在危机过后，图书馆要对危机的影响进行评估，总结危机处理的经验教训，从危机中认识图书馆自身系统的弊端和局限性，从而提升管理的科学性和规范性，并从危机管理中取得多重效果和长期效益。

4. 遵循互助协作原则

图书馆危机的具体产生可能是图书馆的某一部门，如读者服务部门、图书馆典藏部门、图书馆咨询部门，但危机的具体处理应该是图书馆各部门共同协作解决。因此，互助协作原则应该是图书馆危机处理的基本策略。

建立全国性的图书馆危机管理协作互助组织，整合行业的力量来共同防御、应对危机，减轻危机对图书馆人员、馆藏等造成的损害。同时，要对遭遇危机的图书馆施以援助，帮助其迅速从危机中恢复过来。危机过后，要对危机管理的经验教训进行总结与分享，这对其他图书馆防控类似危机的发生、检查内部管理缺陷也具有十分重要的意义。在这一过程中，图书馆学会、学术团体、联盟机构等应该发挥自身的领导组织作用，积极组织并参与互助活动，为图书馆危机管理合作的开展提供组织上的保障。

此外，图书馆还应该积极参与多元主体共同组建的危机管理协作网络。无论是发生在某个具体图书馆的危机事件，还是大规模地波及整个社会的恐怖袭击、疾病、自然灾害等威胁，除了作为主体的图书馆要积极投入危机应对工作以外，还需要来自图书馆外部其他组织机构的相应帮助，如交通运输部门、物资供应部门、电信管理部门、灾害处理专家等。

二、现代信息环境下图书馆危机管理及应对

图书馆属于公益性服务机构，需要不断与外部发生作用以得到良好发展。进入现代信息环境，网络技术和计算机技术得到了深入发展，使得图书馆逐渐向着数字化、网络化、多元化发展。但是，图书馆在现代社会也面临着信息安全危机、版权危机和服务危机等问题，严重制约了图书馆的科学发展，阻碍了图书馆朝着数字图书馆方向迈进。基于此背景，本节探讨了图书馆危机管理应对策略，期望能够促进图书馆公益性、文化性的稳步发展．使读者能够享受图书馆提供的便捷服务。

（一）图书馆管理面临的主要危机

1. 来自安全危机的威胁

随着全球信息化建设的深入推进，使得各种信息安全事件频繁发生，网络环境存在着诸多安全隐患。

图书馆的信息安全威胁主要来源于内部网络，包括读者个人信息的窃取、馆藏信息的篡改和期刊的恶意下载等。这是由于图书馆内部工作人员缺乏安全意识和有效的应对方法，不同的工作人员也没有严格的权限制度进行把关，很多图书馆工作人员经常在内部网络的计算机终端上随意插拔外部移动设备，甚至恶意盗取大量宝贵的读者隐私信息。外部不法人员则采用非法入侵的方式，将计算机病毒植入图书馆内部网络的计算机终端上，自动窃取数据信息。这些信息安全危机带来的问题不仅涉及个人隐私权益的保护，严重的还会威胁到国家和社会的安全稳定。

由此可见，虽然我们享受着网络技术带来的快捷和方便，但是周围随时存在着多种信息安全威胁，使得图书馆处于信息安全危机之中。

2. 来自版权危机的威胁

公共图书馆在采购图书的过程中，经常由于工作人员的失误使得馆藏图书和文献存在各种版权问题。由此使得图书馆在提供服务时会出现侵权行为。而且，人为因素更促进了盗版图书和文献市场的发展，严重侵害了版权人的根本利益。

因此，公共图书馆在采购图书的过程中应该严格遵守各项规章制度，防止将盗版图书和文献收录到馆藏资源中，同时应该加大检查管理的力度。如果发现盗版图书的存在，应该立刻对其进行处理。公共图书馆的资源共享系统在建设过程中也容易出现版权危机，非法传播盗版电子图书和期刊文献的现象较多，图书馆之间互借音像制品、非法刻录音

像制品都容易引发版权危机。为了有效防止公共图书馆版权危机的出现，图书馆主要采取的是加强自身管理的方法，提高工作人员的版权意识，但是对于读者借阅图书文献的行为却无法控制。

普通读者并不具备良好的图书馆专业知识，自身也缺乏版权保护意识，一些无意行为经常给图书馆带来版权危机。例如，很多读者会在短时间内大量下载学术文献，或者下载一本期刊的全部文献，这些都属于恶意下载行为，甚至导致图书馆不能使用期刊数据库，给公共图书馆带来了较大的负面影响。

3. 来自服务危机的威胁

图书馆的服务危机，主要指的是在某种特定情况下，一些因素制约了图书馆的服务发展，转变了图书馆的服务理念，使得图书馆没有始终处于读者第一、服务至上的运行状态中。

目前，很多公共图书馆确实存在服务质量较差的情况，这是由于部分图书馆工作人员职业素质不高、服务意识较差、工作态度不积极等原因造成的。服务危机在图书馆领域普遍存在，尤其是在现代信息环境下，导致图书馆的服务危机出现了更多的问题。满足读者的各种需求是图书馆的服务理念，但是，现代科学知识创新发展速度飞快，读者已经远远不满足于学习书本上的知识。特别是随着平板电脑和笔记本电脑的出现，读者对于电子图书资源的需求日益增加。图书馆的电子图书资源丰富，信息检索方便快捷，成为众多读者的第一选择。

然而，很多读者仍然无法满足图书馆提供的传统服务，由于互联网具有便捷性和开放性等优势，逐渐受到了更多读者的青睐，读者可以通过博客、论坛等通信工具随时随地进行交流沟通，这些都是图书馆传统服务不能提供的。

（二）图书馆危机发生的应对策略

1. 安全危机的应对策略

由于网络安全危机的传播速度快，短时间内就会导致安全事件范围扩大。由此，公共图书馆的网络危机应对需要较强的专业知识，设置专门的机构和人员负责管理图书馆内部网络安全，由专门人员负责预防网络危机，并在网络危机发生时及时采取应对措施。由于网络危机随时随地都有可能发生，涉及公共图书馆日常运行管理的各个方面，而且图书馆部门和科室设置较多，一旦出现了危机问题难以分清责任，容易出现互相推脱的现象，如果设置专门机构负责管理信息安全危机，就会有专门的技术人员负责管理和维护，从而有效避免网络危机发生时各个部门相互推脱责任的情况出现。

当图书馆发生网络危机问题时，关键的不是当危机发生时能够采取有效的应对策略，而是应该在危机初期就能够消除安全隐患。由此，图书馆的信息安全管理部门应该对内部网络进行实时监测，尽量在危机初期或者还未形成危机时就将安全隐患完全清除。

公共图书馆的信息安全管理部门对内部网络的监测除了要保证防止计算机病毒和木马程序的入侵之外，还要定期查询相关网站，抑制网络危机苗头的产生。通过各种搜索引擎定期对图书馆的服务类型和服务内容进行关键词搜索，查阅相关网络评论信息，一旦发现问题要及时上报图书馆领导，避免负面信息在互联网中广泛传播，引致网络危机的发生。同时，信息安全管理部门还应该及时更新防火墙系统和相关网络设备，升级杀毒软件系统，保证图书馆内部网络的安全稳定。

2. 版权危机的应对策略

公共图书馆不仅应该对内部工作人员加强版权教育，还应该积极向社会群众普及版权保护知识。图书馆可以设置单独的版权咨询部门，定期到社区开展图书版权保护教育讲座，使群众能够广泛了解版权保护知识和相关法律法规。图书馆可以聘请部分版权法律师到社区讲解典型图书版权案例，逐步加深社会群众的版权保护意识。

因此，图书馆对于版权问题应该非常重视，对新入职的员工要组织开展专门的版权知识教育活动，在投入实际工作之前就使他们拥有良好的版权保护意识。研究证明，公共图书馆对新入职的员工和社会群众开展版权教育培训活动，能够有效防止图书馆版权危机的发生。公共图书馆版权危机问题不能够全部归结于法律法规的不健全，也不能完全归结于个人的私利目的。图书馆应该及时检查图书馆相关制度的设立是否合理，是否能够抑制或减少版权危机的发生，并不断完善图书馆相关制度规定。

目前，我国法律法规对于版权保护问题非常重视，图书馆应该单独建立版权管理部门，由专门的工作人员负责处理版权问题。由于版权问题经常涉及多个领域，因此，版权管理部门要多向法律专家、计算机技术专家咨询，积极为图书馆的版权危机管理工作提供有效帮助。

3. 服务危机的应对策略

解决图书馆的服务危机首先要对内部工作人员进行服务危机教育，使工作人员充分认识到自己的岗位职责，加强服务意识，树立危机观念，积极主动地为读者提供相关服务，及时帮助读者解决在公共图书馆遇到的各种问题。

由此，不但能够有效提高公共图书馆的工作效率，还能够帮助图书馆树立良好的社会形象。当工作人员面对读者提出的相关建议和意见时，应该虚心接受、友好回应，将问题及时反馈到领导层，使读者在短时间内能够得到满意的答复。

因此，提高图书馆工作人员的危机服务意识是进行服务危机管理和应对的基础条件。要保证图书馆的科学发展，必须提高其服务创新意识，创新意识也是保证图书馆提供良好服务、取得优势地位的关键。因此，公共图书馆应该采取一些方法，使图书馆的服务方式逐渐向多样化、个性化方向发展，尽可能满足每一位读者的需求。

同时，图书馆还可以组织开展图书推荐活动、读者论坛活动和学术讲座活动等，活动的开展也不能仅限于图书馆内部，而是要主动走向社区居民，主动贴近普通大众，使每个人都能够到图书馆吸收科学知识，为社会群众提供一个相互交流、相互学习的平台。公共图书馆除了要提供丰富的服务类型，还要满足每一位读者的个性需求，这就要求图书馆工作人员要积极与读者沟通和交流，分析读者的图书阅读习惯和个人喜好特点，利用网络技术和庞大的资源信息满足读者的个性化需求。打破传统公共图书馆只注重个别重点读者的需求，只要是到馆交流学习的读者，工作人员都要竭尽可能满足其切实需求。随着信息技术的飞速发展，图书馆之间也产生了激烈的服务竞争，这也带动了图书馆服务方式的创新发展。

综上所述，现代信息环境下，我国科学技术得到了前所未有的快速发展，但也使得图书馆面临着各种各样的危机问题。通过对图书馆信息安全危机、版权危机和服务危机进行深入研究，总结了危机产生的原因和带来的影响，提出了针对以上几种危机的管理建议和策略，具有一定的现实指导意义。

第二节　图书馆安全管理

“图书馆作为公共文化服务场所，其安全工作关系到文化资源财产和人民群众的生命健康，加强安全管理对图书馆至关重要。”①

一、图书馆文献的安全管理

图书馆不仅要加强文献资源建设，更要注重文献保护，即加强文献的安全管理。保护文献安全是图书馆和图书馆人的责任，还负有对珍贵文献采取特别保护和对易损文献采取专门保护的责任。在众多的文献种类中，纸质文献占了图书馆文献种类的绝大多数。图书馆的文献保护，以纸质文献的保护为主。在常温下，纸张含有 7% ～ 8% 的水分。由于纸张的生产原料主要是植物纤维和非植物纤维。在植物纤维中又以树木、树皮、树枝等为主的木本植物，以麦秆、秸秆、稻草、芦苇、竹子、芒秆、龙须草、高粱秆、蔗渣等为主的草本植物，以亚麻、黄麻、洋麻等为主的麻类植物，以及棉花、棉短绒、棉破布、废纸等，所以，纸张的主要成分是纤维素、木质素和半纤维素，本质上讲，它就是植物形体的另一种表现，所以在保护文献安全的时候，首先是要防火、防水。同时，由于纸

① 苏国武．简谈如何抓好图书馆安全管理工作 [J]. 云南科技管理，2015，28（2）：45-47.

张在其生产过程中，加入了少量的果胶、淀粉、灰分、金属离子、漂白剂、染色剂、荧光粉等，这些物质在一定程度上，使纸张呈酸性；再加上在印刷、书写过程中，纸张上的字迹含有酸性物质，文献保存时空气中的酸性气体以及灰尘中的酸性物质都会吸附在纸页上，而酸本身是一种腐蚀剂，在条件合适的时候，特别是环境潮湿、水分含量增大时，能水解纤维，使纸张变质，如果继续水解最终变成葡萄糖分子，产生有害生物；加上空气中还飘浮着各种霉菌孢子，其他载体中还存在多种昆虫幼体、虫卵等，都为滋生霉菌，产生有害生物提供了条件，在保护文献安全的时候，还要注意防尘、防有害气体、防霉、防虫、防鼠。

此外，图书在保存和使用的过程中，过度的光照也容易使纸张纤维脆化，所以，在保护文献安全的时候，还要防光、防盗、防震等。

归纳起来，保护文献安全重点做好以下工作：

（一）防高温

温度是表示物体的冷热程度指标。文献的保护温度通常是指保存和保护文献库房或阅览室空气的温度。适宜的温度是保存和保护文献的基本条件，也是保存和保护文献最重要的因素之一。当环境温度升高时，文献本身的温度也会随之升高，就会对文献带来四个方面的破坏：

第一，使文献的纸张变干变脆，耐折度降低。纸张的主要成分是纤维素，纤维素是碳氢氧化合物。在温度恒定的状态下，化合物是相对稳定的，然而，在温度不断上升的情况下，分子的运动就会发生剧烈的变化，水分就会以更快的速度进行蒸发，这样就会使纸张的形状发生改变，脆化的现象变得更为明显，纸张的耐折性大打折扣，泛黄等问题就会更加严重。

第二，文献外形会发生明显的变形。在温度急剧上升的情况下，纸张的水分就会明显减少，纸张内的空气会产生一定的扩张。鉴于文献是由纸张和黏胶黏合而成的，每种材料的扩张度有着较大的差异。在外界环境发生明显的变化时，材料就会发生明显的收缩和扩张，文献也会因此受到破坏。

第三，促进微生物的生长繁殖。一般而言，微生物的新陈代谢需要以果胶、纤维素等作为代谢养料，通过分解已经损坏的纸张，可以加快其繁殖速度。众所周知，温度是影响微生物生长繁殖最重要的因素之一。当温度升高到一定高度时，特别是达到22～30℃的最佳发育温度时，霉菌等微生物的发育速度就会明显加快，繁殖数量、代数和密度就会明显加大，分泌出大量的各种各样的酶，增加纸张的酸性，在图书、报刊等文献上形成大量的霉斑，使纸张黏结，产生相当大的破坏。

第四，促进了昆虫、啮齿类动物的繁殖。昆虫、啮齿类动物对温度有着严重的依赖。温度对它们的生存和繁殖有重大的影响。当温度降低时，它们的新陈代谢就会变慢，繁殖力就会降低。当温度升高时，它们的新陈代谢就会旺盛、加快，繁殖力就会加大，而昆虫特别喜欢啃食纸张中纤维素、淀粉等，不断蛀蚀图书、报刊等各类文献，使图书、报刊等各类文献孔洞从生甚至化为纸屑，同时，代谢出大量的排泄物污损图书，产生严重后果。

要对文献的储存温度进行严格的把控，首先，要严格遵循《文献存储以及档案管理的保存细则》（GB/T 27703—2011）中的具体要求，将内室的温度保持在一定的范围内，也就是对于大多数文献来说要比 26℃低得多，对于需要长期存储的文献而言，要将温度保持在 24℃以下。要将库房温度设置在适宜的范围之内，每天的温度差不能超过 2℃。其次，要充分考虑室内的通风，要避免过于潮湿，远离火源。要保持南北的通风性，要有较好的采光，对于墙面进行较好的防水处置，对于地面要进行特殊的处理，要做好防潮工作，在保证工作顺利开展的情况下，要尽可能少地使用人工光源，减少光照对于书籍的破坏。最后，要完善基础设施，配备灭火器以及空调等。在温度发生变化时及时进行温度的调整。必要的情况下，可以打开门窗进行较好的通风，适当调节温度，保持最适宜的温度，让文献的使用年限不断延长。

（二）防潮防水

空气具有干湿的差异，通常用湿度进行表示，也就是在温度恒定的状态下，在体积固定的情况下，水汽的含有量越大，湿度就越大，湿润度越高；水汽的含有量越小，湿度就越低，湿润度越低。在就湿度问题进行深入研讨的过程中，需要掌握好和湿度密切相关的几个概念：饱和湿度、绝对湿度与相对湿度。饱和湿度指的是恒温状态下，一定容积的空气所含有的最大水汽量，换言之，它表示的是一定体积内所包含的最大水汽量。在超越一定的数值后，其余的水蒸气就会发生凝结现象，结成滴状。在这种状态下，空气湿度就已经完全饱和。绝对湿度指的是体积为固定值的情况下，水蒸气质量的大小，一般用克 / 立方米来表示。相对湿度表示的是上述两种湿度的相对比值，也就是绝对湿度与饱和湿度之间的比例。一般所讲的是室内或者是读书室中的相对湿度。

湿度与文献既统一又对立。由于图书馆的大多数文献是纸质文献，纸质文献的主要成分是纤维，所以纸质文献既离不开一定的湿度，又怕超过一定的湿度。湿度对文献的影响比较大，主要集中在三个方面：一是缺少湿度，容易脆化。在常温下，纸张含有 7% ～ 8% 的水分，性能才是最佳的。在湿度偏低的情况下，纸张当中的水量就会缺失，进而造成纸张卷曲、变硬、变脆，有时就会在整页出现纹裂。二是空气中水分过多的情况下，纸张内的纤维就会不断粘连，对文献产生较强的破坏。三是潮湿环境中会含有更多的水汽，这为气态污染物的扩散提供了生存的土壤，提升了纸张的酸性，也促进了纤维素以更快的速度溶解，文献的当中的字迹就会变得更加模糊，一些图案的颜色也会淡化，部分字迹我们甚至完全无法辨认。四是湿润的环境为纸张内的生物繁殖提供了足够的水分，生物繁殖速度明显加快；在达到一定的数值时，霉菌繁殖就有了最佳的环境，它们会从纸张所含有的淀粉、果胶、纤维等当中汲取足够的养分，进而获得更快的繁殖，书籍当中也会因此会出现不少斑点，在沉积物堆积到一定的程度后，书籍就会因代谢物而黏结为“纸砖”。

文献保护时首要的因素就是严格控制湿度，应该注意以下几点：一是选择合适的位置，要远离江河，要尽可能选择在地势较高的地方。否则，就会因为排水不畅而造成文献湿度过大。同时，还要确保库房的湿度保持在一定的范围之内。二是按照《信息与文献图书馆和档案馆的文献保存要求》（GB/T27703—2011）的规定设置湿度标准。《信息与文献图书馆和档案馆的文献保存要求》规定，保存短期文献的相对湿度小于60%，保存长期文献的相对湿度保持在 45% 至 60% 之间，保存永久文献的相对湿度保持在 35% ～ 45%。每天库房的湿度应保持相对稳定，日较差小于 5%。保存期小于 50 年的文献称为短期文献，保存期大于 50 年小于 100 年的文献称为长期文献，保存期大于 100 年的文献称为永久文献。文献的保存期是根据文献的价值确定的。三是设置湿度监测仪，记录库房湿度的变化情况，随时采取相应措施。四是做好文献库房的防水工作，防水等级不能小于一级。随时检查墙体、屋顶、门窗等挡风避雨和渗漏雨水的情况，预防雨水损毁文献。五是设置在地下层的文献库，应设高度不小于 0.3m 的架空层，同时做好底层、各楼层地面、墙身的防潮工作，使底层、各楼层地面、墙身不返潮、不结露、不渗水；不能在屋面上直接放置水箱等蓄水设施。六是地下文献库一定要设置水灾自动报警装置。在水灾发生时，及时报警并采取紧急措施进行抢救。

（三）防尘防空气污染

保存文献的库房或阅览室应当保持空气洁净。良好的大气质量对延长文献的使用寿命非常有利。空气对文献的污染，主要有两类污染物：一是有害气体，如二氧化硫、二氧化氮、臭氧、一氧化碳、氧化氮等；二是微粒物质，主要有焦煤灰、硝酸盐、灰尘、煤烟、固态氧化物等。这些污染物通过通风设备、自然通风和墙壁门窗缝等途径进入室内，给文献造成四个方面的危害：一是有害气体进入文献内部后，吸附在具有多孔性结构的纸张上，并与空气中的水蒸气或纸中的水分反应，生成硝酸或硫酸，造成纸张老化、变质、损毁；二是微粒物质进入文献后，立即会污染纸张、胶片、磁带、磁盘等文献载体的表面，划伤、磨损文献载体，极大地影响了文献的文字、声音和图像效果；三是微粒物质的化学成分复杂，含有程度不一的酸、碱和氧化剂，会不同程度地降解纸张、胶片、磁带等材料，使文献上的字迹、墨迹褪色、蜕变，载体损坏；四是微粒物质中含有多种有机物和无机物，有机物和无机物是霉菌生长繁殖的培养基，当它与空气中的水汽凝结形成小水滴时，更为霉菌等有害生物的繁殖、生长提供了适宜的条件，加重了有害生物对文献的破坏。

要切实做好空气污染的防护工作，一是做好文献的密闭工作。提升文献库房的密闭程度，堵塞门窗缝隙和通风孔洞，增加过滤网，提高室内空气洁净度，广泛运用档案箱、档案柜、档案盒、档案袋、塑料袋，层层密闭重要文献，改善存放小环境，阻止有害气体渗入，减少有害气体对文献的破坏。二是定期监测室内空气，随时采取相应措施。三是搞好周围卫生。四是做好环境绿化，广泛种植绿色植物，增强绿色植物对有害气体的吸收功能，减少对文献的损坏。

（四）防霉菌

霉菌[①]的危害是极大的：随着霉菌的堆积，会产生一系列的色素，这些色素会不断沉积，对文献产生极大的污染，它们一般很难被清除；在一定的时间内，菌丝还会引起黏液的分泌，造成纸张之间不断粘连，最终形成硬块，产生板结；一些霉菌不仅仅使得纸张变黑，还会使纸张酸度明显提升，书籍霉变问题更加严重，纸质严重变黄，变脆；一些霉菌还会分解出各种各样的木质素、果胶等，对书籍的危害是极大的，一些文献展柜也因为是木质而被损坏。

防霉治霉的方法主要有通风防霉法、密闭空调系统防霉法、“翻扫”防霉法、辐射照射防霉法。通风防霉法是一种既简单又实用的办法。它主要是通过通风这种方式来洁净空气，防止有害生物入侵，降低文献的保存温度和减少室内湿度，从而达到破坏霉菌生长环境的目的。这种方法既可以有效除霉，又环保节能、安全方便。在实际工作中常常被广大图书馆人所运用。南方不少省份都会受到梅雨的影响，密闭空调防霉法最适合这种环境。内室温度较高的情况下，室内空气湿度会明显提升，在这时如果打开空调，温度就会下降，还能实现除湿的目的，霉菌的生存环境被破坏，它们无法继续生存。春秋季节，最常用的方法是“翻扫”法，这个时候的温度适宜，空气湿度偏低，使用这种方式能够实现“既翻又扫”。可以选择已经装订好的那个方向，连续不断地进行抖动，这样可以把其中夹杂的杂质和生物清除出去，为了保证打扫的质量，可以再次手动使用软刷进行清理。通过这种方式，书籍中的灰尘被清理出来，一些虫体也被打扫干净。此外，还能够将一些潜在的问题解决掉，必要的时候可以进行及时补救。辐射防霉法的使用范围是比较有限的，它主要针对的是孤本清理，一般选择的是钴 60 辐照法。这种方法有效利用了射线进行穿透清理，对一些有毒物有很强的杀伤力，能够将微生物进行彻底的清除，也不会对书籍带来更多的损害，也不会引起污染问题。在具体操作过程中，可以选择集中处理的方式，也能通过辐射灯或者区域辐射的方式来进行清理。这种方式虽然会使纸张老化的速度提升，然而灭菌效果较好。

① 霉菌亦称“丝状菌”，属于真菌类微生物。广泛存在于空气和多种载体中，危害文献的霉菌主要有曲霉、青霉、根霉、毛霉、木霉、葡萄状穗霉、镰刀霉、毛壳霉等。

（五）防光

光是由发光体发出的一种电磁波。光一般分为两类：可见光和不可见光。可见光就是人的眼睛能见到的光，其波长 400 ～ 760　nm；不可见光就是人的眼睛看不到的光，主要有两种，波长超过 760 nm 的红外线光和波长小于 400 纳米的紫外线、X 射线、γ 射线等。光对文献造成的破坏非常严重，会引起文献字迹、墨迹、染料、颜料的褪色与变色、纸张的脆化，甚至变成粉末等。这是因为当光照射在文献上时，会引起文献内部的电子振动，使图书发热，温度升高，水分蒸发，进而发生氧化反应，生成容易粉碎的氧化纤维素，从而使图书脆化甚至呈粉状。

要加强对文献的光保护，防止光对文献造成损坏。主要做好两项工作：防止日光直射和紫外线照射。收藏文献的馆舍要南北两面采光、通风，避开西晒，要做好西墙隔热和楼顶隔热的处理；库房南北两面应开狭长的“目”字形窗户，窗口应避开书架；窗户上悬挂防光窗帘等遮阳物。书库及阅览室均应采取措施，消除或减轻紫外线对文献资料的危害，尽可能使用低功率绿色节能灯，降低光照强度，在采用荧光灯时，应用无紫外线灯或有过滤紫外线功能的灯。

（六）防虫

昆虫属节肢动物门中的一个纲，身体由头、胸、腹三部分组成。多数昆虫都经过卵、幼虫、蛹、成虫等发育成长阶段。

昆虫类型多样，然而，并非所有的昆虫都会对文献产生危害，能够对书籍产生危害的昆虫数量大约有 40 种。和其他昆虫比较来看，它们在任何温度下都能够生存，有较强的耐湿性，它们有着极强的繁育力，在较短的时间内就能够实现繁殖。它们会在纸张上不断蛀蚀，进而在纸张上产生各种各样的小洞，使得字迹无法辨认清楚；一些害虫还会在文献封装线处、文献封页上蛀食，书籍因此发生解体，原来的装订被严重破坏；一些害虫会在书籍中排泄，这会对文献产生极大的污染，使得文字变得模糊，有时还会散发出难闻的味道。

预防害虫有三种方法：一是化学消毒，施放杀虫药剂进行消毒。二是用冷冻法保护图书。严格按照《图书冷冻杀虫技术规程》（GB/T35661—2017）的要求进行冷冻杀虫，先将书装进一个封口的聚乙烯袋子里，再放在特制的书车上推进冷冻室；图书进入冷冻室后一个半小时，温度便可降低到 -29℃，这样冷冻三天至一周便可有效杀死各种昆虫。三是薄膜覆盖法。通过发挥聚乙烯膜的作用，能够有效保护文献。聚乙烯膜燃点较高、无色、密闭性较好，正是因为它具有以上特点，即便是将其覆盖在书籍上，字迹依然十分清晰。同时，它也有效阻止了植物的侵害。此外，通过植物的方式实现驱虫的目的也是一种不错的选择，常见的植物有樟树、米兰、紫薇、丁香等。

（七）防鼠

老鼠繁殖迅速，种类甚多，全世界有500余种，我国最常见的有褐家鼠、黑家鼠、黄胸鼠、小家鼠、田鼠、冠鼠、仓鼠、竹鼠等。破坏文献最严重的是褐家鼠、小家鼠、黄胸鼠等，它们以其锐利的门齿啃咬图书、期刊、书盒、书柜、书架，甚至咬坏电缆、电线，造成短路、停电，破坏通信线路和计算机系统，乃至引发火灾。防鼠灭鼠很重要，方法通常有四种：一是环境整治，经常清除图书馆及书库周边的杂草、树叶、脏水、垃圾、污染物，堵塞鼠洞，消除老鼠的生存环境。二是建立防治设施：食堂、快餐室、食品小卖部等应远离书库，不能将食物带入阅览区、活动区。在排水沟要安挡鼠栅栏，在通风口安装小于1.3毫米孔径的铁网，食物储藏柜前应安放0.6米高的挡鼠板，门和框要密合，缝隙要小于0.6毫米。三是尽可能用粘鼠板、鼠夹、鼠笼等物理方法灭鼠并及时清理。四是用投放毒饵、诱饵、灭鼠药等化学方法灭鼠。在投放饵料、采用化学方法灭鼠的时候，一定要加强药物管理，千万不要让婴幼儿读者、青少年读者误拿误食，宠物误食，造成严重后果。

图书馆的文献存储形态是多种多样的，除了纸质文献之外，其他形态的资料也十分常见，如硬盘、录像、音频等，这些都是宝贵的资料存在形式。按照所针对的对象的差异，需要选择不同的防护措施，确保可落实、有效果，保障资源能够得到较好的存储。

（八）防火防盗

防火是图书馆工作的重中之重。火是文献的“天敌”。由于图书馆的大多数文献是纸质文献，纸质文献主要是由纤维素组成的，加上储藏文献的家具大多数也是木质家具，易燃是它的特点。

除以上八项措施外，处置剔旧文献、非法出版物、复本等文献时，一定要遵守规定，按程序处理，不得随意处置和不当处置。

二、图书馆安全保卫管理

（一）图书馆安全保卫管理的特点

第一，图书馆文献馆藏量大，贵重仪器设备多。图书馆防火防盗等任务非常艰巨。因为经常对外开放的文献资料和仪器设备等大都是可燃物品，尤其是印刷型文献资料这类不可再生资源，对于社会的价值和意义难以估量，所以如果发生火灾，救火速度其实是赶不上它的燃烧速度的，一旦燃烧损失难以弥补，会导致珍贵的绝版孤本书籍、稀缺书刊、科技文献、历史文化资料等化为灰烬，有些甚至会危及读者生命安全；并且，违法犯罪分子也因其实用性强、价值高这一特点而将其作为盗窃的对象，图书馆馆内的珍贵书籍如果被盗取，全馆的发展将会受到严重影响。

第二，读者流量大，具有相对不稳定性，安全教育及管理难度大。之所以图书馆是广大读者学习、交流的重要场所，是因为它是文献资料和文化信息中心。读者不仅人员繁杂，而且流动性大，具有不稳定性。导致安全教育及管理难度较大，主要是源于小部分读者没有较好的自控能力，淡薄的法治意识让他们容易受到不良风气的影响，而各行各业的人员素质参差不齐，欠缺一定的安全防范知识。

（二）图书馆保卫工作的职责和任务

第一，防火、防水、防盗、防破坏、维持公共秩序，并积极协助公安机关展开打击犯罪分子的破坏活动就叫作安全保卫工作。因为“水火无情”，所以防火工作是安全保卫工作的重中之重。图书馆部门的防火工作必须保证万无一失，一旦疏漏，就会造成无法弥补的损失，故它与档案部门和博物部门的防火工作具有的特点有一些类似的地方。

第二，防止重大刑事案件、火灾、爆炸、严重盗窃等重大事故发生是协助公安机关搞好内部综合治理的方法，这样既可以让图书馆的各项工作得到正常开展，又可以避免国家集体的财产受到破坏和损失。

第三，搞好图书馆馆内的防火、防盗、防破坏以及正常开馆的安全保卫工作，认真学习内部保卫及消防知识，掌握安全保卫工作的技能，不断增强管理能力，提高管理水平，确认和保障图书馆长时间的安全稳定，就是安全保卫工作的第一任务。

（三）加强图书馆安全保卫工作的措施

第一，加强领导，成立机构。全馆的安全保卫工作需要设立专门的安全保卫机构去负责，一般是保卫处或者保卫科，这需要选择能够服从图书馆的领导、有政治觉悟、认真负责、遵守法律法规的人参加。

第二，明确任务，责任到人。为了保证各项任务的完成，首先，可以制定岗位责任制，让每一个职工都清楚自己所在岗位的任务和责任，各司其职，各自发扬自己的长处；其次，可以增加一些相应的奖励与惩罚措施，以此来激发职工的工作热情。

第三，完善制度，奖惩分明。之所以在保证图书馆开放、方便读者的原则下，制定完善可行的防火、防盗、门卫、夜间与节假日值班巡视等制度，是因为“无规矩不成方圆”，有了规章制度，行动才能受到规范，行动的前进也有了方向。保卫人员按时上岗，不迟到、不早退和中途不得离岗，遵守国法和馆内各项规章制度，对待读者要有礼貌，处理问题要讲究方法都是最基本的要求。保卫人员也应不断加强对图书馆内外的巡逻，每时每刻都注意馆内外的情况，发现问题后及时向上级领导汇报，必要时保护现场并向公安机关报告等。管理者应该对认真工作、努力负责，有效预防或制止重大事故的人员予以表彰和奖励；对不坚守岗位所造成损失或不良影响的要予以批评、惩罚或制裁。在监督、激励机制下，调动员工对工作的热情。

三、图书馆防火管理

（一）建立健全相关规章制度

图书馆一定要建立健全每一项安全管理制度和操作规程去保障消防安全并实施透明原则，把它公布出来，在大众的监督下更有利于制度的贯彻落实。消防安全教育、培训；防火巡查、检查；安全疏散设施管理；消防（控制室）值班；消防器材设施维护管理；用火用电安全管理；燃气、电气设备的检查管理都是单位消防安全管理制度囊括的内容。

（二）实行防火安全责任制

消防安全的第一责任人是图书馆馆长，作为第一责任人，馆长应全权负责图书馆的消防安全工作，指定各个部门不同岗位的员工负责各个岗位的消防安全，让防火责任落实到具体的人身上，还需要为图书馆设立义务消防队并定期组织图书馆的全体员工开展有关消防知识的学习和培训，让员工既能了解关于消防的基本常识并掌握应该怎样灭火，又能学会很多关于在遇见火灾时应该怎样逃脱的方法。

（三）电气设备的安全管理

预防和减少火灾的重要因素是规范地设计和安装电气设备，事实上很多火灾都是由于电器短路、故障等因素导致的。平时根据法律法规加强对电气设备的管理也是必不可少的。

1. 遵循“四个严禁”，确保用电安全

第一，严禁在书库的电闸下堆放容易燃烧爆炸的物品，防止在合闸时火星落到上面而引发火灾，且书库内应配置配电盘。

第二，严格禁止使用有故障的机器设备。预防发生漏电、短路、超负荷等情况。

第三，严禁同一线路上连接多台大功率电器，私接乱拉各种临时线的做法更是不可取的，不能使用接线板串联接电使用，所以如果需要长时间使用就要考虑在该地点设置一个专门的线路，并且电插座应避免接近火源和水源。

第四，严禁在书库内使用高温发热照明设施和家用电器，如碘钨灯、电炉等。

2. 做到重点部位重点防范

图书馆的书库应采用金属套管保护的芯线来设置库房的电器线路，因为书库是图书馆防火的重点部位。书库内照明灯应采用距可燃物保持 50cm 以上的距离吸顶白炽灯，走廊的上方是布置灯座的最佳位置，灯座上的灯如果是荧光灯那就不能直接固定在容易燃烧的物品上面。用完电器以后应该及时拔下插头，关掉电源以后再离开库房，如果有一些设备不能断掉电源，那么一定要做好定期检查的工作。

3. 根据季节特点采取相应措施

随着季节的变换，图书馆馆内的安全隐患也是不同的。虽然冬季天气寒冷，但是用火炉等明火取暖、电炉等电器设施取暖的方法也是万万不可采用的；而夏季天气多雨，环境潮湿，为了防止设备在淋到雨以后发生短路，造成火灾，应该在下班后关好门窗，及时拔掉用完的电插座插头，且插座最好是用不会燃烧或者难以燃烧的物品垫离地面10cm 以上。

（四）图书馆的火源管理

1. 加强对烟火的管理

图书馆内的书库和阅览室等场所应不允许把火种带在身上，并且加强对一切可能产生明火的物品的管控。不仅应每天安排专门的人巡逻检查遗留火种等火灾诱发因素，而且在晚上也要派人进行定时巡查，在图书馆内设置醒目的禁烟禁火标志。

消防控制室应落实 24 小时有不少于两人的工作人员值班备勤，火灾自动报警系统一旦发出警报，一个人应留守岗位，另一个人则迅速地去报警地查看情况，搞清楚警报发出的原因，进行报警登记。看一看是不是误报，如果是，就解除警报，如果不是，就应该及时拨打消防电话，并通知相关领导，组织灭火自救。

2. 建立动火申请制度

动火申请制度就是指施工前，施工单位应该根据用火管理制度办理相关审批手续，为了杜绝无证上岗，保卫部门应对施工人员的资质进行审查，同时制定清除现场周围的可燃物、配备足够数量的灭火器并派两名以上保卫人员现场盯护直至施工结束等措施以防患于未然。现场保卫人员还应该监督动火施工人员的行为是否违反消防安全规定，一旦发现其有违规操作，就应该马上让施工人员停止工作，防止事故发生。这也是为了为确保馆内的焊接、切割等施工的安全。

四、图书馆 IP 及网络管理

随着数字化的建设，图书馆的计算机越来越多，任何上网的计算机都离不开 IP 地址，IP 地址就像身份证一样，在图书馆的网络中扮演着非常重要的角色。如果对其进行很好的规划管理，可以做到事半功倍的效果，否则将会给以后的管理带来巨大的麻烦和不便，并带来安全隐患。

（一）IP 地址的构成及分类

IP 地址跟 IP 不是一个概念，IP 是多个计算机用于交换信息的基本格式，也有人将 IP 称为网络协议。IP 地址是连接在基于 IP 的互联网上每个系统的每个接口都必须分配的唯一的32位的值，即Internet协议地址。在Internet上有上亿台主机，为了区分这些主机，人们给每台主机都分配了一个专门的地址，称为IP地址。通过IP地址就可以访问到每一台主机。IP地址由四部分数字组成，每部分数字对应于一个8位二进制数字，各部分之间用小数点分开。由于地球上的人口总数已经超过60亿，再加上最初IP地址设计上的缺陷，因此产生了下一代的IP协议地址IPv6。

固定IP：固定IP地址是长期固定分配给一台计算机使用的IP地址，一般不改变地址，因此固定IP一般是给特殊的服务器使用。

动态IP：因为IP地址资源非常短缺，通过电话拨号上网或普通宽带上网用户一般不具备固定IP地址，而是由ISP动态分配暂时的一个IP地址。普通人一般不需要去了解动态IP地址，这些都是计算机系统自动完成的。其他，还有公有地址和私有地址等。

（二）图书馆网络的划分

1. 图书馆网络划分的原则

图书馆网络的核心是主机房的网络设备机提供各种服务的服务器、存储设备，以及这些设备承载的各种应用系统。根据图书馆服务的性质，原则上可将图书馆划分为三个子网：图书馆业务工作子网、电子阅览室系统子网、无线网子网。

在图书馆业务工作子网内各种服务的服务器、存储设备应设置防火墙以防止外来黑客攻击。电子阅览室系统是向读者提供数字文献服务的，应与业务工作子网分开，无线网子网主要是向到图书馆自带笔记本电脑的读者提供开放性服务的，也应独立于以上两个子网。子网络分段划分是一项保证网络安全的重要措施，同时也是一项基本措施，其指导思想在于将非受权用户与网络资源相互隔离，从而达到限制用户非法访问的目的。

2. 图书馆网络划分的安全要求

随着数字图书馆的建设，图书馆计算机应用系统越来越多，根据服务性质有图书馆业务集成管理系统；镜像在本馆的各种数据库，在图书馆网络中，不同的系统对用户身份、安全性认证和使用权限的要求都是不同的。为了防止数据信息遭到破坏、病毒扩散和黑客恶意攻击，必须将以上多个应用系统划分到不同的网段中加以隔离，对不同网段的访问设置不同访问限制。

（三）图书馆IP地址规划

图书馆局域网与ISP的商业化网络相比，网格规模小，复杂程度也低，IP地址的管理任务量较小，但是如果在IP地址的分配和使用方面不注意遵循一些基本原则，网络调整和维护的难度会不断增大。地址规划要遵循几个原则：第一，体系化原则；第二，可持续发展原则；第三，公有地址与私有地址相结合的原则；第四，为IPv6的应用做好准备；第五，固定IP与动态IP相结合原则。

（四）图书馆网络规划的工作文档

在规划完整的图书馆局域网后，还必须给所有的联网设备分配的地址做好记录，建立完善的文档资料。

在网络规划的过程中，绘制一幅准确的网络拓扑图、建立工作文档是不可或缺的。准确的网络文档对于日后的升级和分析问题是非常重要的。

在实际的网络维护与管理过程中，会遇到各种各样的实际问题，针对不同的问题采用不同的解决办法。

第五章　图书馆服务理论及环境分析

第一节　图书馆服务的概述

一、图书馆服务的定义及特点

（一）图书馆服务的定义理解

服务一直是图书馆讨论的主题，在某种程度上也是永恒的主题。当阮冈纳赞提出图书馆学五定律和刘国钧论述图书馆学要旨时，他们都是围绕着图书馆的“服务”展开的，因为服务是图书馆的灵魂、服务是核心、服务是基础、服务是一切工作的出发点的价值观和理念。

学者对图书馆服务的定义有很多，但从各位学者对图书馆服务的各种界定分析，图书馆服务具有几个共同的结构因素：一是图书馆的服务对象——以读者为主体的社会各种组织和个人组成了图书馆服务的用户，其中某些个人和单位可能还不一定是图书馆文献信息资源的利用者。二是图书馆资源，也可称为图书馆服务资源，它是图书馆开展服务的基础条件，包括文献信息资源、人力资源、设施资源以及其他一切可以为社会和个人所利用的资源。三是图书馆服务对象以文献信息为主，包括其他各种形式的服务需求。四是为满足社会和用户需要的各种服务手段和方式，它是服务实现的前提条件。因此，图书馆服务就是图书馆为了满足社会和用户的文献信息等多方面需求，利用自身的资源，运用多种方法所开展的一系列服务活动。这样一个定义，既符合目前图书馆服务工作的实际，又符合图书馆服务功能开放性发展的趋势，具有一定的前瞻性。

（二）图书馆服务的主要特点

随着社会与科技水平的发展及计算机和网络快速普及，图书馆的服务呈现出新的特点，其主要有以下方面：

1. 服务虚拟化的特点

随着现代信息网络技术的广泛应用，建立在虚拟馆藏资源和虚拟信息系统机制上的新型信息服务模式逐渐形成。这种虚拟化的服务彻底改变了以文献信息资源为主线的传统图书馆服务模式。图书馆的服务始终处于一个动态和虚拟的信息环境中。通过网络传输，图书馆既可以利用自有或自建的数字化馆藏资源，又可以利用电子邮件资源、网络新闻资源、FTP 资源、WWW 资源、Gopher 资源等多种互联网资源，这种无形的、即时的虚拟化信息服务突破了时空限制，使得图书馆为读者提供无所不在的信息服务成为可能。因此，服务虚拟化包括服务资源的虚拟化（即信息资源的数字化、虚拟化）和服务方式的虚拟化（即由面对面的阵地服务转变为面向虚拟读者、虚拟环境的服务）。其实质是图书馆由向具体人群提供实体文献服务，转变为向非具体化读者提供虚拟的数字服务。

2. 文献多样化的特点

随着数字资源的急剧增长，图书馆为读者服务的文献信息资源已呈现出印刷型文献与联机数据库、电子出版物、网络化信息资源并重的格局。信息载体多样化的发展打破了纸质文献一统天下的格局，也改变着读者利用文献的习惯与观念。读者对信息载体的需求已不再局限于印刷型文献，单一的纸质文献及其传递方式已不能满足读者多元化的信息需求，读者的信息需求越来越多地转向各种类型的数字资源。同时，以现代视频技术为手段而大量涌现的数字视频信息资源，也为人们获取丰富的多媒体信息创造了条件。因此，文献多样化使得图书馆在文献保存、信息交流和教育的基础上，极大地拓展了服务空间，信息服务保障能力得到极大提升。

3. 服务多元化的特点

图书馆通过计算机技术、远程通信技术和网络信息处理技术有机结合建立的网络服务平台，从根本上改变了图书馆的信息资源开发、组织和控制调度状况，使读者可以方便地按主体客观需求在网络环境下集中获取所需信息，即在网络中将各类信息获取方式融为一体，实现信息交流、查询、获取、阅读和发布的一站式集成化服务。在空间上，用户不仅可以到图书馆享受比以往任何时候都优越的读者服务，更可以不用亲自到图书馆，在家里或其他任何有网络的地方通过注册就可进入图书馆网页，查阅信息资源，变远距离为近距离，跨越空间的界限；在时间上，读者可以在任何时间通过有线或无线网络访问图书馆，也可以在同一个时间段内同时检索和借阅注册过的多家图书馆的资源，通过搜索、筛选，获得他认为最需要、最合适的信息资源，方便快捷。图书馆服务呈现出多元化、立体化、全天候的特征。

二、图书馆服务标准

（一）图书馆服务标准的制定

服务标准是服务质量标准的简称，指社会上某一服务行业或机构用以指导和管理其成员开展服务行为的质量规范。图书馆服务标准是指图书馆行业用以指导和管理本行业为所有社会成员开展信息服务行为的原则和质量规范。图书馆服务标准主要是相应转换有价值信息，通常情况下是通过读者服务以及宣传推广活动时了解、收集客户群体的信息，进而满足读者需求。它可以有效提升图书馆的整体秩序及服务效率。通常情况下，图书馆中的服务人员需要按照对应的服务标准为读者提供服务，针对性的服务可以提升资源的利用率，节约时间，让读者在整体服务中更加满意。综上所述，图书馆服务也是评判图书馆整体水平的一个标准，通过这一标准要求可以大幅提升图书馆的整体服务质量。

图书馆的服务标准影响着后期图书馆的发展，因此图书馆需要根据实际情况制定相应的服务标准，来维持图书馆正常运行，促使图书馆不断前进。图书馆服务标准制定具有非常深远的影响：第一，通过深入研究图书馆服务可以很好地调动图书馆管理人员的积极性，主动寻找问题，提高服务标准；第二，制定并创新图书馆服务标准在一定程度上可以促使图书馆整体制度更加合理化，科学合理的服务可以有效增进阅读者的阅读情感，因此，整合图书馆的问题及需求，建立前瞻性的服务体系具有重要意义，促进后期图书馆的创新建设与服务形式多样化，更符合客户需求；第三，图书馆在建立相应服务标准的时候也会涉及图书馆中其他相应领域，对各项目以及各资源管理制度均有指导意义，通过现代化的服务标准使图书馆服务逐渐走向高标准；第四，图书馆服务标准实际上也是图书馆健康快速发展的一个标准，图书馆通过健康引导可以更加深入了解本身的发展目标。

（二）图书馆服务标准的内容

1. 图书馆服务资源

图书馆服务资源是图书馆在开展服务过程中所拥有的物力、财力、人力等各种物质要素，主要包含了以下四种资源：

（1）硬件资源。图书馆的硬件资源中已形成的具体标准和指标有馆舍建筑指标、建筑功能总体布局标准和电子信息设备数量指标三个方面。在图书馆选址设置中应按照图书馆建设用地指标执行，总建筑面积和阅览室座位数应按照图书馆建设标准执行。对在馆内与局域网或互联网连接的计算机网络接口数量规定：阅览室的信息点设置应不少于阅览座位的 30%；电子阅览室的信息点设置应多于阅览室座位数；有条件的图书馆应提供无线网络服务。

（2）管理与工作人员。图书馆中的管理与工作人员均需要接受相应培训，通过培训建立良好的专业体系与职业道德观念，在进行相应服务时，平等公正对待每个读者，同时，保密读者的信息以及学习资源等，喜欢图书管理工作，可以为读者提供非常专业的服务。当然，根据图书馆规模情况，图书馆工作人员的数量也有相应要求，通常情况下会根据本图书馆的服务人口来确定；除了数量要求，工作人员的专业技术也需要达标，一个图书馆中的相关专业技术人需要占整体人员的 75% 以上，对于少数民族地区的图书馆还需要了解相应民族语言，方便后期服务。另外，图书馆随着经济文化的发展在前进，相应图书工作人员也需要紧跟时代的步伐，定时进行相关培训。培训经费必不可少，工作人员的培训教育经费应为工资的 2% 左右，教育时间必须在 72 小时以上。同时，图书馆的志愿者也是重要组成部分，图书馆应加强志愿者服务机制，让更多人参与其中，壮大图书馆志愿服务队伍。

（3）馆藏文献资源。每个图书馆中的文献均非常珍贵，在采集珍藏时需要制定相应规定。图书馆的整体文献资源中还需要有相应比例的少数民族文献，以供公众参阅，当然，对于少数民族的图书馆更需要收藏本地区的语言文献资料。另外，呈缴本也需要有相应制度，呈缴本进入图书馆时需要符合相应的入藏制度，其相应的数量以及品种等的占比均需要高于地方出版物的 70%。也需要保存、收藏本地区政府所出版的刊物，建立相应的公共信息查询位置，以供我国公民了解公共信息，增强图书馆公共服务。

（4）经费资源。图书馆经费资源主要指文献购置经费，由各级政府承担，确保专款专用。省级馆年人均文献购置费应达到 0.52 元以上；地级馆年人均文献购置费应达到 0.3 元以上；县级馆年人均文献购置费应达到 0.18 元以上。文献购置经费应与财政收入的增长同步增加。在文献购置经费中安排电子文献购置经费，并根据馆藏结构和文献利用情况逐年提高或不断调整与印刷型文献的比例。

2. 图书馆服务效能

图书馆服务效能是指图书馆投入的各项资源在满足读者和用户需求中体现的能力和效率，主要规定了基本服务、拓展服务和服务效率等指标。

（1）基本服务。图书馆的基本服务包括文献信息资源的检索、阅览、外借，咨询服务，举办读书会、报告会、讲座、展览等读者活动三个方面。

图书馆的服务时间也有相应规定：通常情况下省级图书馆一星期需要控制在 64 小时以上；地级的一星期需要在 60 小时以上，县级的一星期需要在 56 小时以上。很多地区有独立的儿童图书馆，对于此类针对少年或儿童类型的图书馆每星期的开放时间需要控制在 40 小时以上。为了更好地促进全民阅读，增加阅读者，图书馆在开展活动时不能只局限于图书馆内，还需要建立相应流动站、小型阅读区域或外借服务等，促进图书馆阅读的推广与延伸，增强流动服务，扩大公共教育。

（2）服务效率。图书馆的服务效率通过文献加工处理时间、闭架文献获取时间、开架图书排架正确率、馆藏外借量、人均借阅量、电子文献使用量、文献提供响应时间、参考咨询响应时间等指标体现出来。

针对图书馆中文献的加工时上架时间等均需要进行相应计算，通常情况下报纸会在当天上架；期刊之类的通常为 2 天；图书的上架时间相对不同，通常情况下省级为 20 天，地级图书馆为 15 天，县级的图书馆为 7 天。对应的下架时间以及阅读者的借阅时间规定：已经闭架的文献借阅时间在半小时之内；外围的文献资源需要 2 天内归还。开架的书籍文献资源等需要分类，按顺序摆放，通常要符合《中国图书馆分类法》规定。整体书籍排架的错误率因图书馆规模不同也有所差别，省级图书馆错误率须在 4% 以内，地级须在 5% 以内，县级须在 6% 以内。对于文献提供的相应时间，通常为 2 天，一般按照阅读人员的请求时间到图书管理人员的回复时间为准，回复阅读者时需要告知具体的时间。对于公众对文献的相应咨询，图书馆需要建立完善的咨询体系，为客户提供更好的咨询服务。咨询服务的形式相对较多，比如说现场咨询、电话咨询、邮箱咨询等。其中咨询时间上面有相应介绍，一般是按照发出时间到接到回复时间计算。当然，对于现场咨询及电话咨询一类的，需要在最短的时间内回复；2 天的响应时间适用于其他方式的咨询服务。

（3）拓展服务。图书馆的拓展服务分为以下两类：

第一，远程服务，互联网飞速发展时代，图书馆可以充分利用现有的网络资源及公共平台作为传播载体，让阅读者在查找或阅读时不受时间与空间的限制。

第二，图书馆个性化服务，除了面向公众外，图书馆还可以针对个人或企业等提供服务，且灵活多样，具有针对性。

3. 图书馆服务宣传

在图书馆服务宣传方面，对导引标志（方位区域标志、文献排架标志、无障碍标志）、服务告示（告示内容和方法、闭关告示）、馆藏揭示和活动推广等方面加以具体规范。

（1）设立相应导引以及标志。图书馆中的导引及标志等需要使用我国通用文字来说明，标志标准需要符合国家标准 GB/T10001.1 标志中所列示的公共信息图形第一部分；所使用的符号必须是通用的，大型主体建筑之间需要有对应的导向牌等，图书馆的入口地方也需要有明确划分；各个楼层之间也需要有整体的布局图样。图书馆的阅读区及文献资源分类等地方设立相应标志，当然，也需要标注出无障碍设施。

（2）图书馆服务告知原则。图书馆中的服务告知需要让读者了解相应的服务内容及范围等，书籍及资源的使用原则、基本要求等均需要遵守。当因图书馆本身故障导致图书馆无法为公众提供服务时，需要向相关行政部门报批，并提前一周向公众公布相应情况。例如，网络问题、安全问题、关闭时间、关闭区域等均需要提前告知公众，发布相应公告。

（3）馆藏揭示。现如今网络发展迅速，图书馆对馆藏需要建立相应的管理机制，和计算机网络相融合，归类划分电子与纸质等各种载体的资源，建立相应索引，并向公众揭示。对应的作者、书名及主题等均可以通过索引找到，为公众提供更加方便的阅读服务。当然，相应的网站宣传、资料展示等也必须有，可以通过这种形式向公众推荐最新的资源。

（4）图书馆活动推广。图书馆需要一定的读者，因此需要通过互联网或报纸等途径进行相应宣传，让公众了解图书馆基本资源与服务，吸引读者参与阅读中，提升整体公民的阅读意识，增强基本素质。

4. 图书馆服务监督与公众反馈

图书馆的服务监督与公众反馈等方面均需要有相应规定，比如，图书馆需要有相应的意见箱，且需要摆放在显眼的地方，预留给公众监督电话以及网络监督邮箱等。当然，如果可以的话还可以加入相应的馆长接待时间，开设监督讲坛或创建监督组织等；图书馆管理人员在处理监督反馈时需要充分考虑实际情况，并针对意见或投诉及时回复。

当然身为图书馆，定期进行公众满意度调查也十分有必要。图书馆应每年至少一次对公众进行相应调查，可以让图书馆工作人员调查，也可以委托相关机构调查，调查时采用随机形式为公众发放对应调查表格，且不能干预被调查者的主观意思。调查表的数量根据图书馆规模以及受众多少有所差别，省级调查表数量须在500份以上，地级的在300份以上，县级的在100份以上，且所收回的调查表必须高于80%，对应的公众满意度也不能低于85%。另外，调查完毕以后还需要汇总分析相应的数据，了解公众的意见，切实运用到图书馆中，加以加强，最后将相应的数据建档并保存。

（三）图书馆服务标准的发展

第一，与时俱进、不断优化。制定的标准与执行程序并非一成不变，时代在进步，需要将相应的标准与执行程序不断地完善与优化。图书馆存在于社会中每时每刻均面临着新的挑战，只有不断创新，积极改变，有问题及时修正，与时俱进方可发挥标准的作用，执行起来方可更具效率。想要建立与时俱进的制度则需要持续地去进行，贴近客户需求，贴近经济发展实际，努力打造符合现代公众文化及思想的标准方可不断发展。另外，影响图书馆服务标准的并不单单只有一方面，比如说社会发展、技术革新、图书馆自身发展方向等，均会在一定程度上影响服务标准，当然其中的用户需求、业绩期望值、公众力量等也是重要的影响因素。

第二，保证弱势群体的权利。每个公民都可以使用图书馆中的资源。每个公民都是平等的，不会因为年龄、性别及种族语言等的不同而发生改变。残疾人受身体方面的制约可能导致其文化程度不高，在我国针对此种情况，在完善服务标准时需要将对应的制度纳入其中，使弱势群体也有相应权利。例如，需要在建筑设施及阅读空间上保证弱势群体可以正常进入馆内阅读，资源以及服务等也需要满足弱势群体的阅读需求，增强文化涵养。

第三，适合国情的服务标准。相对来说，我国的图书馆服务方面的意识与创新研究等均比较少，一直沿用传统的图书馆服务，对读者的需求重视程度不够，在评估时也多侧重于图书馆的整体条件，长期如此并不利于图书馆服务的发展。图书馆服务标准的制定并非千篇一律，还需要充分考虑地域及公众分布等，充分发挥服务标准的作用。

我国地域相对较广，人口众多，每个地域均有独特的特点，人口分布及社会经济发展情况均不同，因此想要制定出高质量的图书馆服务标准，则需要充分考虑当地受众的需求以及当地的社会经济情况，结合地域实情，不可千篇一律，需要不断吸取经验改进、完善，创立出符合我国国情的服务体系。另外，图书馆下的流动图书馆服务也不可能掉以轻心，这也是提高图书服务的关键之一，可以快速地将图书馆内部的服务传播出去，让公众了解图书馆服务体系的同时发展我国偏远地区及农村的阅读文化。

三、图书馆服务的工作体系

在图书馆的各项业务工作中，围绕服务形成了一个内容丰富的完整工作体系，主要包括以下五个方面：

（一）研究读者

研究读者是图书馆服务发展的基础，主要从两个方面研究读者，一是读者的文献需求；二是读者的阅读规律。读者是图书馆服务的对象，是图书馆存在的基本。读者对图书馆文献信息的需求和利用最直接、最具体，能切实反映社会信息需要，正是因为有读者的存在，才让图书馆有了生存的土壤，图书馆的工作要围绕读者展开。

开展读者调研，有助于图书馆管理人员整体了解读者的需求，了解读者性质和读者需求的规律，要大幅提高图书馆服务的相关性，正确引导读者的阅读动机，不断提高和扩大图书馆服务的内容，完善服务方式，拓展读者服务领域，提高图书馆服务工作质量。

（二）组织读者

组织读者是图书馆为实现服务和管理目标而实施的与服务运营相关的管理行为。其主要任务是组建和发展读者群，确定好读者服务内容，明确读者服务范围和服务优先级、制订和规划发展计划、做好读者开发和注册工作、细分读者类型、识别读者心理需求、组织和协调读者等内容。

组织读者要根据图书馆工作的变化及时变更，要持续不断地研究读者的情况，掌握读者的变化。只有了解读者的阅读习惯及需求，才能不断使图书馆服务与读者的需求匹配，图书馆服务管理方式的变化应该有规律，要同步读者需求的变化一起进行。组织读者也是改进图书馆服务、提高图书馆管理工作水平的有效途径。

（三）组织服务

在深入研究的基础上，通过多层次、多方位的综合服务配置，最大限度地利用图书馆的多样化资源，准确识别读者需求，最大限度地提高读者的满意度，让图书馆实现社会价值和最终服务目标。

组织服务工作的内容也包含多个方面，其中，主要包括让服务方式更高效、让服务范围更全面、让服务内容更多样、让服务水平更有质量。图书馆为读者服务的方式主要取决于图书馆的性质、规模和服务对象需求，并在不断变化中。

互联网已经在日常生活中普及，计算机技术也显著提高，这在图书馆中也有体现，互联网信息技术在图书馆中得到广泛应用，导致现代图书馆将服务模式从传统向现代数字服务转变。因此，在现代图书馆的服务中，通过网络来提高图书馆服务是发展方向。该领域的服务包括资源搜索与下载、资源自借、在线完成读者调查、资源导航、电子资源数据库、上传与共享资源、开拓个人学习空间、收集用户反馈等内容。

总之，图书馆服务的构成受到多方面因素的影响，除了图书馆的具体情况外，还有社会发展水平。对于图书馆服务总体要求是在时间成本和投入成本最少的情况下，为大多数读者提供最合适的信息资源。

（四）读者宣传辅导

读者宣传辅导工作是非常重要的一部分，充分体现了图书馆教育职能。读者宣传辅导工作主要包括以下三个方面的内容：

1. 读者宣传

读者宣传是图书馆科学管理读者的主要方式之一。宣传都有自身独特的作用，目的是了解和调查读者的阅读需求，积极向读者公开和征集信息资源，让读者了解图书馆的形式和内容，传播先进思想、传播科学知识等各种文化信息。同时，以各种形式向读者传播最有趣、最必要的信息，满足读者的信息需求，让这些信息可以在合适的时间呈现在读者面前。读者可以通过使用图书馆的众多资源和服务满足自身需要。

2. 读者辅导

读者辅导是根据读者的具体情况来回答读者提出的问题，及时解决读者的问题。为了更好地辅导读者，图书馆员必须充分了解图书馆内的各种信息资源、不同信息资源的特点、图书馆的服务流程、读者的行为习惯，以及读者对信息的需求。在读者熟悉图书馆的各种服务程序的情况下，了解读者行为、阅读习惯和信息需求心理，在读者使用图书馆服务的过程中，帮助读者选择资源范围，引导读者选用正确的信息资源内容，帮助他们学习如何使用信息资源和图书馆。读者辅导要为读者提供信息技术服务，让每位读者可以更好、更高效地获取知识，提高获取信息效率和阅读效果。

3. 读者培训

读者培训是指根据不同读者的共同需求，通过讲座等多种活动方式，帮助特定的读者群体提高图书馆和资料的使用能力，让图书馆资源可以得到更高效的利用。读者培训主要以两种方式开始：一方面，它是可以是让读者一直学习的地方，在这里，各个年纪的人都能获取图书资源。通过有效培养读者的情报意识，让读者对使用图书馆有更大兴趣，让读者可以将图书馆当成好老师和乐于助人的朋友。另一方面，鼓励读者使用图书馆资源，通过图书馆的信息检索技术学习，获取自己所需要的信息资源，充分发挥出图书馆的教育价值，鼓励更多读者使用图书馆资源。

（五）服务管理

服务管理是一项组织管理工作，主要是围绕馆内读者工作部门的业务活动进行，主要包括三个方面的内容：一是针对读者服务主体管理；二是针对读者服务人员管理；三是针对读者服务设施管理。这三个方面都是服务管理的重点。这包括发展读者、设立服务机构、安排工作，并做好人员分工、合理进行人员配备，明确工作职责，制定科学的规章制度，优化业务流程设计，组织图书馆活动。此外，不断改进服务方式并使用先进的技术手段，提供科学的服务体系并不断完善。服务管理的有效开展，为读者提供了更好的阅读环境，极大提高了图书馆资源的利用率，保障了图书馆服务健康发展。

这些内容都是必不可少的，彼此相互制约、影响，在图书馆的建设工作中扮演着重要的角色。其中，读者的组织和研究是一切服务工作的基础，科学构建各项服务工作，构建清晰完整的体系，构建灵活多样、充满活力的服务体系。根据读者目标开展工作，充分体现了图书馆社会价值。在图书馆中，组织开展各类宣传引导活动，开展丰富的读者教育活动，对读者素质和信息能力的提高都有促进作用，这也有效提高了读者服务效果和图书馆工作效率，并加强图书馆建设。服务管理是顺利执行图书馆工作的有效途径，也是重要的制度和组织保障。

第二节　图书馆服务的原则解读

图书馆设立的初心和目的都是为了尽可能满足读者获得信息的需求，因此，在图书馆服务读者的过程中，始终贯彻落实“以人为本、服务第一”的基本理念，以特定的原则和内涵自我要求和自我约束，并将以下基本原则作为服务宗旨：

一、坚持以人为本原则

“以人为本”就是图书馆一切服务的出发点和落脚点都应当是读者和读者需求，既要考量读者的心理特征和年龄特点来优化资源配置，又要提高资源的多样化和层次性；既要在为读者提供服务时秉持积极、认真、负责的态度和精神，又要统筹一切可能的途径和力量，为便利读者使用和调度图书馆信息资源创造条件。它集中体现了“一切为了读者”的服务理念和长远的战略发展眼光，也就是说，读者服务是贯穿图书馆服务内容全过程的重要因素，更是图书馆人员和工作的起点和落脚点。

二、坚持开放原则

作为图书馆服务的基本原则，开放与服务是唇齿相依的关系，没有开放，服务便无从谈起。坚持对外开放是现代图书馆建设的重要内容，也是时代发展对现代图书馆的必然要求。全方位的开放主要体现在资源、时间、人员、管理等各个方面的开放。

一是资源开放。图书馆的资源主要包括馆藏资源、设施资源、人力资源三大种类，资源开放主要包括两个方面内容：①最大限度地开放馆藏资源，通过开架借阅、强化图书宣传、建设完善的检索体系等方式，保障读者开放共享、平等利用所有馆藏资源的权利；②秉持资源共享的基本理念，强化馆际合作，满足读者的多种资源需求。

二是时间开放。即改变传统读者在利用图书馆获取信息方面的时间限制，提升图书馆开放时间的延展性、连续性和完整性水平。例如，实体图书馆尽量在节假日开放，保障用户的节假日图书馆资源利用权利，虚拟图书馆尽量做到 365 天 24 小时全天候开放服务。

三是人员开放。作为具有综合功能的社会文化教育中心和休闲、娱乐的自由场所，图书馆应对所有人开放服务，因此，所谓的“人员开放”就是图书馆要接纳一切有图书馆资源需求的用户，保障和尊重他们的基本权利，不因国籍、性别、身份、地位、种族等不同而区别对待。

四是管理开放。开放的管理体系最基本的特征就在于为用户开放参与图书馆管理和决策的权限，比如，设立“用户监督委员会”“馆长信箱”“读者意见箱”等，鼓励读者表达自主观念，广泛接纳读者对图书馆管理方面的建议和意见，并在用户公开、透明监督下积极进行图书馆服务的革新升级和结果反馈，同时，在特定情况下，允许用户参与管理决策。用户评价可以为图书馆查漏补缺提供科学、客观的数据来源，是图书馆升级服务质量、推进建设进程的重要保障。

三、坚持资源共享原则

对于图书信息资源而言，在社会进步和科技发展的带动下，文献出版数量逐渐增加、信息种类更加多元化，全面搜集和存储各种信息资源则显得没有必要，更加浪费经费。资源共享理念的提出和在图书馆管理中的应用，是与用户不断增长和扩大的信息需求相适应的必然选择，这样一来，多个图书馆之间的信息资源实现了共享，一定程度上减轻单个图书馆在信息资源搜集和存储等方面的压力，确保图书馆充分发挥信息资源的原有功能，可以最大限度地满足用户日渐多样化的知识诉求和信息需求。图书馆资源共享职能在继承和弘扬人类知识，并促进人类社会的进步与发展方面，发挥了不可磨灭的重要作用。因此，要不断强化和引导、促成不同级别和层次图书馆的馆际合作，只有这样，才能确保真正实现信息资源共享，实现图书馆建设得更好、更快发展，为社会主义建设和发展，并为人类宝贵知识体系建设提供动力保障。

四、坚持满意服务原则

平等享有作为图书馆服务众多原则中的核心理念，满意服务是衡量图书馆服务质量的重要标准，集中体现了用户对图书馆服务的满意度和图书馆服务的未来整改方向。从本质上来讲，“满意服务”其实就是用户在实际感受过图书馆的文献资源、工作人员、基础设施和服务方式后所获得的真实体验与心理预期之间的差距。

以现代企业管理的CS（Customer Satisfaction）理论来理解图书馆服务的满意原则，主要包括以下三个方面内容：

第一，服务理念满意度。即用户从心理层面来讲对图书馆开馆宗旨和管理策略的满意程度。

第二，服务行为满意度。是图书馆思想层面的服务理念通过外部表现出来的行为状态带给用户的心理满意程度，比如，图书馆的业务建设、规章制度、服务内容设计、服务态度和效果等。

第三，服务视觉满意度。“服务视觉”是图书馆一切可视化的外在形象，如图书馆的基础设施、环境氛围、阅读气氛、工作人员的职业形象等，而服务视觉满意度指的也就是这些显性因素给用户带来的心理感受和满意程度，是图书馆理念的视觉化呈现形式。

在图书馆管理中贯彻落实满意服务的基本理念，首要一点就在于坚持“一切为了读者”原则，只有明确认识到这一点，才能在满足用户需求方面拓展多样化渠道，并创新多方位措施，不断完善评价指标，提高反映用户满意度的层次性和精准度，才能为图书馆服务升级提供更为科学和客观的数据支撑。

五、坚持创新服务原则

创新服务原则，第一，要形成优质化、专业化、品牌化和主动化的服务理念，树立创新意识。具体主要表现为：在服务质量上追求“精、快、广、准”，让用户创新、便捷和迅速的心理得到满足；想用户之所想，加强与用户的沟通，拉近与用户之间的距离，始终与用户的需求保持一致，为他们提供更加方便和贴心的服务；通过业务规范和规则的制定，对图书馆服务执行严格管理，提高图书馆服务的专业化水平；要在图书馆服务中打造特色优势，比如特色环境、特色活动、特色馆藏和特色服务等，形成图书馆的特有品牌。第二，要对服务内容进行创新，比如，在为读者提供信息服务方面，要从以往的提供文献服务转为提供知识服务；利用互联网平台，为读者提供更多的参考咨询服务；对图书馆的各方面资源进行充分利用，让读者活动的形式更加多样化；为读者提供个性化的信息服务；在网上信息导航上增加栏目。第三，要对服务方法进行创新，比如，利用互联网平台，为读者提供网络呼叫服务、多种数据库服务、智能代理服务、虚拟参考咨询服务、知识库服务、主动推送相关服务、各种离线或在线信息服务等。

第三节　图书馆服务组织及发展

新形势下，图书馆服务工作的组织与以往有所不同。为使图书馆服务工作的持续不断地向前发展，必须对有关的组织与管理方式进行变革，由传统面向业务流程的组织转向面向具体任务服务的组织，并随服务工作的发展而不断变换，随时发挥出组织运转的最大效率。

一、图书馆组织机构设置的类型

图书馆的组织机构由图书馆业务机构和行政机构两大部门组成：业务机构主要执行图书馆的收集、加工、整理、存储、选择、控制、提供使用等职能；行政机构主要是为图书馆业务工作提供条件，支持和保证业务工作的完成。

图书馆机构的大小或层次的多少，取决于图书馆的类型及所担负的任务、藏书的数量、读者服务工作的范围与性质，以及其他某些因素。

（一）图书馆的业务机构

图书馆的业务机构，一般分为四大类型：

职能部门：在图书馆收集、加工、整理、为读者服务的过程中完成各自的职能。如采访部门、编目部门、典藏部门、外借阅览部门、馆际互借部门、书目参考部门、情报研究与服务部门。

综合部门：完成期刊、特种文献、视听资料的采访、加工、存贮，为读者服务的一切职能。如期刊部门、特藏部门、善本部门、手稿部门、地图部门、外文图书部门、视听资料部门。

专业部门：集中一定的知识学科或艺术方面的图书资料为读者服务。如专利部门、科技部门、艺术部门。

网络部门：为本馆网络或其他网络服务。如业务研究辅导部门、图书情报学研究部门、出版部门、计算机技术应用部门、图书交换部门。

（二）图书馆的行政与辅助机构

行政部门：保证和支持图书馆业务工作开展、运行的一些基本部门，它的职能就是为业务工作服务，提供保证条件。如办公室、行政管理部门、秘书部门、外事部门、公共关系部门、计划部门、人事工资部门、教育部门、财务部门、安全保卫部门、监察部门、物资供应部门、医疗卫生与福利部门。

辅助部门：它是图书馆业务工作的辅助部门，是实现图书馆基本职能的辅助机构。如印刷厂或印刷车间、装订室、照相室、复印室、图书修补保护部门。

我国图书馆组织结构，从宏观上分析，在各大系统之间呈网状结构，在各个系统内部既有网状结构，也有职能型结构。从微观上（单一图书馆）分析，目前图书馆的内部组织结构基本采用职能型结构。

任何一个部门的组织结构都不是一成不变的，随着社会变迁、技术发展、组织规模和人们需求变化等，组织结构都将发生相应的变化。图书馆作为一个为提高科学文化水平和人们素质服务而存在的机构，在社会经济发展、技术飞速进步、人民生活水平提高的大背景下，同样面临着组织结构不尽合理、亟待改变的局面。

首先，社会的发展、经济的进步对图书馆服务提出了更多、更高层次的要求。为经济、社会发展服务是图书馆永恒的主题。随着现代化社会的飞速发展，图书馆作为信息、文献的集散中心，其业务范围将有更广泛的拓展，如传递科技信息、传播先进技术，通过收集、整理、处理、数据信息为经济决策、科研项目提供参考依据，进行项目可行性研究，提供查新咨询服务，推广科技成果，提高劳动者文化素质等。但面对外界环境发生的巨变，图书馆传统的组织结构越来越表现出局限性和滞后性，这就要求图书馆必须对其组织结构做出相应的变革，以适应未来图书馆事业发展的需要。

其次，现代计算机技术、通信技术、多媒体技术、大规模信息网络的普及与发展以及在图书馆中的应用，对图书馆的传统技术和操作程序产生了巨大的冲击，影响了图书馆活动的效果和效率，而且职能部门的设置、工作内容划分、服务模式和工作人员的素质要求都发生了改变，从而成为促进图书馆组织结构变革的重要因素，也为图书馆组织结构变更提供了可能。

最后，读者对信息资源的需求正从追求简单的借阅、复印资料等文献服务向更深层次的信息需求服务发展，并呈多元化趋势。过去图书馆只具备基本的文献资料保存、借阅功能，随着技术手段的提高，收集、处理信息变得更为快捷方便，图书馆的业务范围拓展到经济、人民生活的方方面面，如传递科技信息、传播先进技术、进行项目可行性研究、提供查新咨询服务、推广科技成果、读者培训等。同时，图书馆面临着众多网上书店、中介机构、咨询公司、网络公司的激烈竞争，以往的不可替代性地位正在被撼动，面对读者深层次的需求和生存发展的需要，图书馆必须在组织结构中融入创新的管理要素，使它适应新的变化。

二、图书馆服务组织发展趋势

（一）图书馆服务组织虚拟化发展

事实上，“虚拟化”是信息时代图书馆一直追求的目标，例如，对数字图书馆和虚拟图书馆的研究。这里论述的图书馆的虚拟化，强调的是作为一种“虚拟组织”的图书馆，它与现在广为使用的“虚拟图书馆”的内涵是不同的。“虚拟图书馆”的认识集中体现了信息时代图书馆在技术手段和信息资源上的特点，信息资源可以是虚拟的，服务手段也可以是虚拟的。那么，信息时代图书馆的结构功能和运作方式是怎样的呢？现有的“虚拟图书馆”并没有为我们指出其中的答案，所以，“虚拟组织”的概念拓展了我们对“虚拟图书馆”的认识。不仅仅是技术手段和信息资源的网络化和虚拟化，它将“虚拟化”的概念拓宽到了图书馆本身的功能结构和运作方式。

图书馆走向虚拟化，并不是一件全新的事物，从某种程度上说，图书馆比其他的商业组织更早地意识到了建立“虚拟组织”的必要性，并且开展了建立“虚拟组织”的实践活动，比如联机共享编目、文献资源共享等。只是我们以前并未有意识地从组织管理的角度来看待这些过程。建立一个在结构功能和运作方式虚拟化的图书馆不能一蹴而就，但其两大着眼点却明白无误地放在我们面前，一是抛弃“大而全”“小而全”的传统管理模式，以“虚拟化”为导向，重新设计单个图书馆内部的结构功能；二是重新定义图书馆之间、图书馆与供应商之间的关系，将合作作为未来图书馆的基本运作方式。

对于图书馆来说，虚拟组织的观念向我们提供了改进效率、提高效益的所需养分。信息时代的图书馆应该追求专长化和合作化，不断努力建立能够为用户提供及时、高效服务的组织结构和业务流程。世界上许多顶级的图书馆已经开始考虑沿着这种思路改进自己的功能结构。事实上，如果将虚拟组织的概念加以推广，甚至对于矩阵式组织，都可以认为它是虚拟组织的初级形式。矩阵组织的主结构——直线职能制逐步弱化，科层减少，部门独立功能弱化，跨部门工作小组不断增加，合作化程度不断提高。

（二）图书馆服务组织协作化发展

从“虚拟组织”的特点看，图书馆未来的运作方式如果用一个词概括，那就是“合作化”。如果从“虚拟组织”的角度出发，当一个组织内部实现了专长化，那么它必然会有其他非专长的任务需要借助具有互补性的外部力量加以完成，除此之外，“合作”方式本身也能够为我们创造出巨大的价值。当然，信息时代图书馆的合作伙伴不再仅仅局限于图书馆范围之内，出版商、应用服务提供商都将成为图书馆的合作对象。

1. 建立与出版商的伙伴关系

在信息成为商品的意识形态之下，面对以利润为最终目标的商业出版界，如何在促进图书馆利益的前提下，遵循商业世界的游戏规则，保证各取所需，形成双赢？通过图书馆协作体与出版商建立伙伴关系是实现这种双赢局面的关键。事实上，如果信息供应商的利益得不到保证，图书馆的服务，用户的利益将同样得不到保证。随着各种出版物、数据库价格的不断提高，图书馆不再单独同供应商打交道，而是借助图书馆协作体的力量，增强自己的议价能力，与供应商签订集体契约。一方面，由图书馆协作体代表各个成员馆和信息供应商签订集体契约可以有效降低总体的采购成本；另一方面，同协作体合作也可以有效降低信息供应商的经营开支。以美国依利诺依州的 ILCSO 为例，供应商不必同每个成员馆单独交易，整个采购过程由 ILCSO 出面，向各个成员馆收取货款之后，统一支付给供应商。ILCSO 还为供应商的产品提供一部分的技术支持，而当供应商同每个图书馆单独交易时，这些服务必须由供应商提供。此外，对供应商来说，通过游说图书馆协作体，有可能间接地提高成员馆对新产品和服务的兴趣，事实上协作体很多时候在不自觉地帮助供应商进行市场营销活动。此外，随着电子信息资源的发展，各种版权许可协议变得越来越复杂，通过图书馆协作体对各种许可协议的集中管理，避免了供应商在同各个图书馆单独签订许可协议时巨大的重复劳动。

图书馆和其他文献提供机构的重要作用之一就是保存文献以备今后使用，随着电子出版的盛行，图书馆将不再实际拥有各种电子信息资源，它们拥有的仅仅是获取这些资源的用户名和口令。在电子环境中，沿袭传统出版物的管理规则，无论是由图书馆等文献收藏部门还是由出版商单独承担电子出版物的保存职能是不可能的。图书馆必须与出版者分担电子出版物的保存职能，在电子环境中建立新的关系与了解。运行新的信息管理规则，才有可能达到保护电子出版物信息并长期存取的目的。

2.ASP：图书馆新的合作伙伴

ASP 是 Application Service Provider，即应用服务提供商的缩写，就是通过网络为用户提供托管、管理应用程序及相关服务的网络服务商，ASP 是与业务外包相对应的信息技术承包商。

从用户角度来看，ASP 可看作是一个应用计算供应源。ASP 运营商利用 Web 的特殊优势，将应用及应用的计算过程集中到web服务端的大型服务器上，而不是购买ASP服务的某个组织的内部服务器上。用户采用“租借”的形式，来享受ASP运营商拥有的应用所提供的计算结果。利用ASP的好处是不言而喻的：用户不必自己去投资购买复杂解决方案，也不必耗费大量资源来建立和管理自己的Intranet，ASP有效降低信息设备总拥有成本；降低信息系统对软件的依存度并可以即时获得最新功能；减轻对硬件终端设备的依存度、延长现有信息设备的使用周期；避免对软件开发等进行投资。避免了软硬件平台升级和改动所带来的风险。

ASP目前主要集中在互联网应用，最简单的应用是电子邮件、论坛、BBS系统等。ASP的一个好处是，许多服务几乎是免费的，而收取一定的费用后，我们则可以获得更好、更快、更安全的服务。我们甚至可以获得基于WEB的轻量级数据库、日程管理程序、办公软件、财务软件等。

制约ASP发展的主要问题在于如何设计出一种有效的商业模式，降低用户成本，同时ASP自身也能获得盈利。尽管如此，作者坚信基于WEB的应用程序租用模式将成为有效降低图书馆的运营成本和运营风险的有力工具。

第四节　图书馆服务环境分析

随着现代社会迅速发展，图书馆为满足社会需求，除了具备丰富的文献信息资源和素质优良的馆员外，服务环境的营造是一个极其重要的方面。

图书馆服务环境既包括了服务提供过程中所有的物质与设备等硬件环境，又包括了提供文献信息服务过程中所涉及的软件环境，即馆舍建筑的坐落地点与外部环境；内部装修，包括装修格调、外观、质量等；服务设备，包括智能化程度、运转的可靠性；建筑物，如建筑风格、外观吸引力、与环境的协调程度；设施、设备的布局，如服务功能区域的安排、服务路线的顺畅。另外，人本管理制度，服务理念，馆员的综合素质和技能，文献信息的管理、借阅制度，服务项目，服务层次及服务质量，馆员与读者的行为和表现也将成为图书馆服务环境的有机组成部分。

一、构成图书馆服务环境的构成要素

关于图书馆服务环境的构成要素，国内学术界目前尚未达成一致意见。有学者认为，服务环境包括物质和设备；也有学者认为，图书馆服务环境应该包含情境、资源、支持工具、人和服务活动五大要素。综观国内外学术界关于图书馆服务环境的研究成果，

结合图书馆的构成要素和网络化、信息化的时代背景，图书馆的服务环境应该包括服务资源、服务空间布局、信息技术条件、服务制度和服务活动五种构成要素。

（一）服务资源

图书馆的服务资源主要是指图书馆的人力资源、文献信息资源以及图书馆的设施设备。人力资源是图书馆服务环境中最具能动性的要素。图书馆工作人员是联系文献信息资源和读者的纽带，不仅是文献信息资源的组织者和传播者，还是图书馆服务活动的提供者，在整个图书馆服务活动中起着导航的作用。文献信息资源在图书馆的服务环境中处于基础与中心的地位，既包括现实馆藏，又包括虚拟馆藏。毫无疑问，文献信息资源是图书馆存在的最主要标志，也是图书馆开展各种服务活动的基础和重要保障。图书馆的设施设备主要包括外部环境、馆舍建筑、内部装修、导引标志以及各种电子设备、打印设备、语音设备和为残疾人提供的各种必要设施。这些，都是图书馆开展服务活动的重要物质保证。

（二）服务空间布局

图书馆的服务空间布局主要包括图书馆建筑的整体空间设计、各功能区的科学布局、设施设备的布局和摆放等。图书馆一般分设五个功能区，即书刊典藏区、书刊阅览区、电子文献阅读区、读者咨询区和读者休闲区。服务空间的布局关系到读者对图书馆的第一印象，良好的空间布局有利于树立图书馆的美好形象和读者对图书馆的利用。

（三）信息技术条件

信息技术条件主要指与图书馆服务有关的信息服务技术和网络技术。信息服务技术主要指集成平台技术、信息推送技术，信息跟踪技术、信息聚类技术、跨库检索技术以及信息交互技术等；网络技术则包括网络信息平台、网络化图书馆服务系统及网络安全技术等。它们既是当前复合式图书馆提高其服务质量的重要条件，同时也是构建信息服务平台的重要支撑。在现代社会，信息服务技术显得尤为重要。它不仅标志着图书馆的服务模式实现了由传统被动服务向现代主动服务的巨大转变，还延伸了图书馆文献信息服务的范围和功能。例如，在图书馆 Web2.0 中，RSS 和 Pod cast 就被广泛地应用于信息推送服务，从而满足了读者个性化信息的需求。作为图书馆开发与利用文献信息资源的重要工具，信息技术条件将发挥越来越重要的作用。

（四）服务制度

图书馆的服务制度主要包括国家机关制定发布或认可的有关图书馆服务活动的法律、法规及政策，同时还包括图书馆自行制定的各项服务制度与规定。图书馆服务制度的作用主要在于：第一，指引和规范图书馆服务环境的构建，保证图书馆机制的有序运行；第二，协调图书馆服务环境各种构成要素之间的关系，提高图书馆工作的效率。总之，服务制度是图书馆服务环境的重要组成部分。

（五）服务活动

图书馆是服务性机构，它的一切工作都是围绕服务而展开的，服务是图书馆的终极目标和根本目的。因此，服务活动在图书馆环境中处于核心地位。有学者指出，图书馆的服务活动主要包括服务管理、服务手段、服务方法、服务交流等。在服务活动中所体现出来的服务理念、服务态度也应包括在内。优化图书馆服务活动应该是一个系统工程，需要全方位、多层次地考虑。

以上图书馆服务环境五种构成要素之间的关系是：五种构成要素相互协调、相互作用，共同构成了图书馆服务环境的统一体系。在这个体系里，服务活动始终处于最核心、最基础的地位，它不仅为其他各要素的运行提供了前提，同时也是图书馆服务环境中最活跃的因素；服务资源是优化图书馆服务环境的重要条件，是图书馆服务活动中满足读者需求的基本保障；空间布局形成了图书馆服务环境的整体框架，为图书馆服务活动的开展奠定了物质基础；信息技术条件直接影响着图书馆的服务质量和现代化程度，为图书馆服务活动的开展提供技术保障和支持；服务制度则对各个要素起着协调和规范的作用，为优化图书馆服务环境提供了制度保障和重要条件。总之，图书馆服务环境的各种要素相互联系、相互作用，形成了图书馆服务环境的有机整体。

二、图书馆服务环境的营造

建立全新的图书馆服务环境，应以确立全新的服务理念为着力点。领导挂帅，全体馆员参与，确立以服务理念为核心的人文精神，再以此为活力，促进管理制度、服务制度、信息资源体系和信息技术系统的综合建设和整合。这并非一朝一夕可完成的事，只有制订长远的战略规划，分步实施，并坚持不懈地努力，才能实现。

（一）制订长远、全面的战略规划

长远、全面的战略规划包括：高瞻远瞩，确定目标；明确首要的中心任务和后续任务；制定分步战略进程，并做出具体的阶段性实施规划。就现在来说，我们的目标是建立一个能提供高层次、优质、高效的信息服务环境，让信息用户永远需要图书馆；首要的任务是确立全新的服务理念和人文精神；相继的任务是人员专业知识水平、综合服务技能的提高及制度资源、信息技术系统的建设和整合。

（二）明确全新的服务理念

图书馆各级领导和馆员以至读者都需要转变观念，立足于世界信息网络，通过各种方式的教育和学习，认识当今世界信息技术和信息服务业的发展状况，认识当今世界的开放性和竞争性，从而形成全新的服务理念。全新的服务理念是对服务的精辟注解，它包含着服务宗旨、服务目标、服务意识及服务创新等内容。21 世纪图书馆的服务理念应当是让用户的每一次信息需求都能得到满足，让信息用户永远需要图书馆。一个图书馆的服务理念只有得到全体人员的认同，植根于每个人的意识中，贯穿在每一个人的行动里，才会成为其服务理念。它的形成是一个渐变的过程，需要不断地灌输、学习，需要年年讲、月月讲、天天讲并不断实践，才能实现。

（三）改善图书馆的功能布局

图书馆建筑和设施设备的设计与布局，是读者能够直观感受得到的，对读者的影响也是最为直接的。优良的图书馆建筑设计与布局，首先，应该与自然环境融为一体，并具备现代化的设施设备和各种人性化的便民服务。其次，应该对各服务功能区进行合理的规划和布局，根据各功能区的特点进行装饰并设置合理的交通线路。例如，图书典藏区应该布局在楼层比较低的地方，这样既方便图书馆运送书籍，也便于读者借还图书。最后，书刊阅览区也应该布置在附近区域，以便实现书刊互补，既为读者提供了丰富的图书资料，也方便读者通过阅读期刊，获取最新的知识与信息。

总之，图书馆应该本着“以人为本”的原则，对其空间设施中的功能布局进行合理设计，以便充分发挥所藏各种文献信息资源的作用，提高读者利用图书馆的效率和水平。

（四）实现技术环境现代化

随着电子计算机的日益普及和通信技术与网络技术的不断发展，图书馆传统的工作模式已经发生了巨大的改变，图书馆的服务环境逐步走向现代化特别是技术环境现代化。复合式、一站式的服务环境需要现代化信息技术作为支撑，图书馆服务集成平台的建设也更加需要现代化信息技术。可以说，实现技术环境的现代化和自动化已成为大势所趋。为了实现技术环境的现代化，图书馆首先应重视技术设备的现代化建设，加大对现代化设施设备的投入力度。同时，应充分利用各种网络技术丰富虚拟馆藏建设，建立与完善本馆的文献信息数据库。此外，为了给读者提供更加优质的服务，图书馆还应不断探索新的服务模式，通过构建融信息资源、信息技术和服务活动为一体的信息共享空间，实现专业的知识门户站点服务、网络资源导航服务以及图书馆 Web2.0 服务，使读者能够不受时间、空间的限制，可以随时随地获取他们所需要的文献信息，以实现图书馆服务环境优化的目标。

第六章　图书馆读者服务内容的多元化

第一节　图书馆信息服务及其模式

一、图书馆信息服务的演变和走向

（一）图书馆信息服务的演变特征：知识服务

1. 注重知识服务

现代图书馆应具有雄厚的文献资源、较高的文献保存率、不断发展的现代化网络、多层次的人才以及得天独厚的自身优势和地理环境优势，使之较其他行业更具有开展知识服务的优势。随着科学技术的不断发展，图书馆具有的知识传播服务功能也在不断增强，将成为社会的信息枢纽和因特网的重要组成部分。在信息开发上，它将注重信息资源的深加工和精处理，形成信息产品，通过信息咨询、产品展示等活动，推动科技成果走向市场，并转化为现实生产力；在信息服务上，它将突破时空界限，为社会提供多功能、全方位的服务，实现信息服务社会化；在信息技术应用上，它将引用和使用未来社会信息技术领域内的一切新发明、新技术，使信息的传输容量、速度和联网规模空前扩大，真正实现全社会的信息资源共享。

2. 知识服务内容广泛、形式多样

由于网络环境的影响，图书馆的用户不再受时空、地域限制。用户地理分布更加广泛，数量不断增加，类型结构更加复杂，用户的信息需求呈多元化趋势。因此，图书馆除提供一般文献的初级信息外，更要提供以解决问题、形成方案为目的的注重内容的、针对性极强的深层服务。知识服务内容除提供专业知识外，还要提供用于完善知识结构、提高文化素养与生活品位和质量的综合性知识。知识产品形式多种多样，除传统的印刷型文献和大量的实物信息外．还有那些直观、生动、易于理解和接受的图文并茂的多媒体形式的知识。

3. 以网络为平台开展知识服务

网络化的信息环境使信息用户可通过直接上网来满足自身基本的、简单的信息需求，而图书馆等信息专业机构和人员的职责是提供综合、复杂、有序的信息，使用户获取有深度的知识内容。图书馆知识服务要重视用户需求的提高，从根本上转变传统的参考咨询工作的习惯，而更多地面向具体内容和直接的知识获取。同时，要发挥自己的资源优势，借助有关的网络技术和工具，如 OCLC 之 First Search 那样的集信息、检索、提供于一体的功能强大的信息服务系统，开展富有成效的服务。

（二）图书馆信息服务的未来走向

1. 未来图书馆信息服务的主要模式——集成化

在网络环境下，集成化信息服务必定成为未来图书馆信息服务的主要模式。它是建立在信息资源集成、用户需求变化及信息技术发展三位一体基础上的服务方式。网络使图书馆集各类资源于一身，信息载体从单纯的纸质发展为纸质与磁带、磁盘、光盘、镜像并存。集成信息服务表现为以图书馆信息资源共享的广泛集成为中心，以计算机、通信、网络和多媒体技术集成到图书馆信息服务当中为条件。图书馆通过 HTML、XML 和 PHP、JSP 等动态 Web 技术、因特网和开放 IP 地址，将全球的 Web 数据库、学术期刊、商务信息等数字化资源集成到图书馆主页供用户使用；利用智能检索、远程提交、下载、BBS 和 Web Form 等为用户提供新型信息服务。

2. 未来图书馆信息服务的归宿——个性化

如何高效全面获取所需信息，提高主动信息服务能力，满足用户个性需求，是图书馆信息服务亟待解决的问题。于是，个性化信息服务应运而生，它是一种“以用户为中心”，培养个性、引导需求的服务模式，尊重用户是其根本，用户满意是其出发点，主动服务是其基本模式，双向沟通是其成功要素。它完全符合图书馆“用户至上”的服务理念。它通过研究用户行为和习惯，与用户进行零距离双向交流、互动，设计出用户期望的个性化信息服务模型，主动提供满足用户的特色服务，从而实现用户当前、长远、潜在的信息需求。网络环境下，个性化信息服务系统可根据用户兴趣在网上搜索并存储，建立面向用户的“个性化数字信息库”（含实体数据库或网上资源指引库），使用户能直接或间接获取所需信息。当前，图书馆开展个性化信息服务较成熟的技术支撑有定制 Web 页面、Web 数据库技术、信息推送技术、网页动态生成技术等。随着未来图书馆信息服务工作的深入和信息技术的发展，信息过滤技术、智能推拉技术、智能代理技术将进一步完善。智能 Agent 技术能以完全不同的方式提供智能化信息获取和处理手段，满足用户特定需求，成为个性化信息服务的关键技术。

3. 未来图书馆信息服务的必然趋势——社区化

社区化是未来图书馆信息服务发展的必然趋势，也是图书馆员追求的目标。关键是我们如何利用先进技术扩大服务、赢得用户并充分发挥图书馆作用。事实上，图书馆的信息人才、资源、技术较其他信息机构更具优势，完全可凭已建立的网络和信息资源保障体系，挖掘潜力，服务于社会，服务于社区。随着社会信息化程度不断提高，与城市生活息息相关的全方位信息需求日益增多。西方信息服务机构对此积极回应，使社区信息服务迅速发展。从内容和适应范围分析，图书馆信息服务要满足社区对“社会文化信息、实用性信息、特殊用户信息”的需求。社区信息需求说到底是对服务的需求，图书馆作为社会文化机构，责无旁贷地要以服务公众为己任，在社会信息化的今天更应如此。

4. 未来图书馆信息服务的必经之路——分布式协作

在信息网络时代．由于图书馆资源和需求不断变化，各学科、地域、语言、文化复杂多样，要全方位、多角度、深层次满足用户的信息需求或咨询必须依靠各馆分工协作。现代信息技术为信息服务的分布式协作提供了方便，充分利用新信息技术建立分析式协作信息服务（尤其是咨询服务）系统势在必行。许多国家已经或正在建立协作数字咨询服务（CDRS）（我国也有图书馆加入外国的 CDRS）。

5. 未来图书馆信息服务发展的内驱力——营销理念

图书馆作为信息集散地，与其他信息服务企业一样受经济规律制约，必须遵循同样的经营思想。营销的核心思想——“满足顾客需求”符合图书馆用户中心原则。图书馆坚持营销理念，必须实行“让用户成功”战略。它有利于塑造图书馆新形象，增强用户对信息服务的归属感。“让用户成功”是开放、不断发展的信息服务方式，其宗旨是以提高用户成功率为根本目标。当然，图书馆的营销应将服务战略作为核心营销战略，经营中要融入更多的服务，以增加对用户的附加值，“全面质量管理”就是这种思想的集中体现。产品质量是服务质量的基本点，是服务价值的必然保证。信息服务有必要强化能力营销的地位，包括专业能力、创造能力、给用户充分信任能力的营销等，这样才能重建服务优势。信息服务还应把内部营销作为基本营销策略，因为服务效益的基础是内部员工需求的满足，只有员工需求满足了，才能有用户需求满足的可能、才会产生高效益。

6. 未来信息服务再发展和生存的灵魂——创新性

在未来信息环境下，图书馆应抓住网络发展契机，大力倡导创新精神，形成创新共识和开创信息服务新局面的动力，总之，创新是未来图书馆信息服务再发展的灵魂。网络使信息实现分布式存取，用户可不受时空限制地利用全球信息资源，因此，对信息资源直接占有的重要性相对减弱，而获取利用信息的能力益发重要。为此，图书馆服务应坚持“以用户为中心”原则，把工作重点放在对现实资源和虚拟资源的组织、整理、深加工和有效传播和利用上。同时，根据网络环境下信息服务的新特点，随时进行调整和创新，使创新理念贯穿图书馆信息服务的始终，包括信息服务的管理创新、技术创新、人才创新、方式创新等。

二、图书馆信息服务模式的变革和创新

网络技术的快速发展和普及，已经成为现代社会、经济、科技、文化发展中的重要组成部分，并深入人们的日常生活中，一个数字化网络化的信息环境正在逐步形成，这必将推动社会文明的发展进程。

图书馆信息服务是图书馆根据用户的需求，收集各种相关信息，并对信息中包含的知识内容进行整序、分析、综合处理后，以一定的手段和方式提供给用户，以满足用户信息需求的一种活动。信息服务水平是现代图书馆工作质量的重要标志，因特网的普及给图书馆信息服务带来了新的竞争压力，必然带来图书馆信息服务模式的变革和创新。

（一）建立集中型书目利用协作体

书目信息是图书馆信息工作的重要组成部分，其质量的好坏直接关系到图书馆整体功能的发挥，是读者服务工作的重要手段之一，建立集中型书目利用协作体，通过一个统一的平台，不仅是改变目前图书馆的馆藏目录数据库分散和外部利用困难状况的有效途径之一，也是实现信息资源共建共享的重要举措。

联机书目检索系统不但能实现信息资源的共建共享，而且可以大大节省读者的机会成本、时间成本。目前国内的联合书目建设起步较晚，覆盖率不高，重复建设和条块分割现象仍很严重，而且建成的联合书目检索系统数据库的数据更新较慢，不能很好地反映各馆馆藏状况的变化，对于书目信息服务的组织，首先要规范服务内容，为本地或远程服务建立一个统一的服务模式。传统图书馆的服务模式以藏、借、阅、咨的分离为特征，一般图书馆对多种文献类型载体（图书、期刊、电子出版物）采取分别管理的体制。这种管理体制势必造成图书馆服务与用户需求之间在某种程度上的脱节，使对同一用户的服务被人为地分割开来，用户无法得到系统提供的完整服务。一要在全国加强电子信息的开发与宣传力度，二要实现知识信息服务基础建设与书目信息网络服务的同步发展，从而有效实现书目信息服务的社会化共享，通过建立我国的集中型书目利用协作体，可以形成一个书目信息的“超级市场”。互联网、局域网、联机检索、光盘检索和各种基于数字信息的系统早已纳入图书馆书目服务工作中，用户理所应当享受到这些新手段所提供的集成化的服务。

（二）建立健全文献传送系统

文献传送系统是利用文献传递服务弥补各信息服务机构、图书馆馆藏文献不足，实现真正意义上的资源共享的有力保障，它把文献搜索、文献传递、参考咨询等多种功能

集为一体，以海量的文献资源为基础，为用户提供切入目录和全文的深度检索，以及部分文献的全文试读，用户通过阅读文献的部分章节来判断自己对文献的需求与否，再通过文献传递来获取他们想要的文献资源，实现真正意义上的知识搜索。

目前，国内不少高校图书馆已经开展为校内外用户提供本馆以外的原文文献复制和文献传递业务。部分图书馆馆际互借和文献传递服务已经全面实现系统管理，建立健全文献传递系统，实现互联互通，资源共享是图书馆信息服务的模式之一。

读秀知识库是全球最大的中文文献资源服务平台，含有众多图书馆无馆藏的图书资源，它利用文献传递服务弥补了馆藏文献资源的不足，实现了真正意义上的知识资源共享。

（三）开展网络信息服务

在数字化、网络化的21世纪。图书馆大力发展网络信息服务将是大势所趋，也是图书馆信息服务的主要模式。从20世纪90年代初开始，Internet进入了全盛的发展时期，Internet的发展时至今日，已不仅仅应用于军事、科教领域，它已变成一个巨大的商业贸易网、文化娱乐网、出版发行网、广告网和新闻网。Internet不但可以提供丰富的文字信息，而且还能提供生动的图形、图像、动画和音频、视频等多媒体信息，凭借着这些海量的信息资源，国际互联网堪称全球的信息超级市场。随着世界经济和科学技术水平的提高，网络信息传输日益朝着方便、安全、快捷和廉价的方向发展，而这正是信息用户所希望和要求的。因此，网络信息服务是现代图书馆信息服务的主要模式。

网络信息服务是现代信息服务的高级形式，它是现代信息服务机构通过国际互联网所进行的一切与信息有关的服务活动的总称，其中包括传统信息服务在网络上的应用和拓展，主要是指在网络上从事的信息获取、存储、处理、传递及提供利用等服务工作。

网络信息服务，主要是指在计算机网络即互联网上开展的信息服务。而且图书馆所要进行的网络信息服务，也主要是依托于计算机国际互联网。从网络信息资源开发利用的角度将网络信息服务界定为：针对用户的需求，以现代信息技术为手段，依托计算机通信网络，向用户提供原始信息以及经加工整理的有效信息、知识与智能的活动。

（四）深层次开发信息资源

从用户需求出发，采取多种形式，通过多种渠道，积极主动地开展深层次的信息服务是现代图书馆生存和发展的基础，也是提高图书馆社会效益和经济效益的重要手段。在信息社会中，各类信息网络和信息服务机构不断增多，图书馆以其丰富的资源、先进的技术设备和人才优势以及长期的服务经验优于其他的网络公司和信息机构。图书馆一方面，应注意系统化知识信息整合、加工，如资源通报、查询检索服务、情报研究、咨询报告、二次文献开发、建立专题数据库等，同时，应利用图书馆丰富的信息资源优势和专业技术特色，开发预测性的信息产品，及时了解各个学科领域的最新研究成果，研究动态，从而预测学科的发展方向，帮助用户掌握科学发展的总体趋势和动态变化；另一方面，应主动与专业领域相关的政府机构、社会团体、企事业单位、科研单位建立联系，通过有偿服务，实现优势互补，在积极开展情报服务和信息服务的同时，不断提高自己知识生产的能力，使图书馆信息服务由低层次向高层次发展。

第二节　图书馆知识管理与服务

一、图书馆知识管理概述

（一）图书馆知识管理的内涵阐释

知识经济时代来临之后，社会越来越注重知识管理。知识管理是一种全新的管理形式，它也是人类在管理方面做出的伟大探索，是信息化时代、知识经济时代带来的产物。知识管理是在知识类型的企业实践当中诞生，并且已经经过了实践的检验。知识管理在越来越多的企业当中应用，图书馆储存了大量的知识，在管理方面完全可以借助于知识管理的方式对当前的工作做出调整。“图书馆知识管理作为新兴的、先进的图书馆管理理念，已经逐渐渗透到我国图书馆的管理活动中，对图书馆管理的创新有非常大的影响。不仅能为读者和图书管理人员带来便利，而且能充分发挥知识的价值。”[①]

知识管理具有非常强的普适性，它适合企业发展，也适合其他的组织发展，特别是拥有大量知识的图书馆，它非常适用。具体来讲，可以将适合理由概括成以下几个方面：

第一，图书馆赖以生存的基础就是知识。图书馆的主题永远是知识，图书馆之所以存在是因为它能够发挥传递知识、储存知识的作用，图书馆当中保存了几千年发展过程当中人们获得的知识成果，它记录了人类的每一次创新，它储存了人类创造出来的知识，这些知识代表的是人类发展累积下来的精神财富。因为图书馆当中储存了人类累积下来的精神财富，所以，才会吸引众多的学者、学生、老师在图书馆当中开展学习研究。也就是说，图书馆因为知识的存在才具有服务性、社会性、教育性以及科学性等特点。

造纸技术发明之后、印刷术推广之后、计算机普及之后、通信网络技术快速发展之后，图书馆都进行了变革，都进行了大量的创新，图书馆的职能随之越来越丰富。但是，无论如何变化，图书馆都没有改变自身储存知识的职能，图书馆一直把知识的

① 侯刚健．浅谈知识管理在图书馆管理中的应用［J］．开封文化艺术职业学院学报，2020，40（11）：239-240.

传递、知识的交流当成是自己的神圣职责，以此来推动社会生产力的不断提升。人类社会发展过程当中必然会累积越来越多的知识，人类的继续发展也必然离不开之前储存的知识的支持，所以，图书馆必然会长久地存在。

第二，图书馆进行知识管理可以满足图书馆未来的事业发展需求。在 20 世纪 90 年代之后，图书馆的发展受到两个背景的影响：首先，知识经济发展的影响。知识经济的到来使得知识成为社会当中最重要的资源，成为一种生产要素。在这样的背景下，图书馆能否将知识的最大价值发挥出来就成为至关重要的现实问题。其次，信息技术的出现也导致社会背景发生变化，在技术不断变化的情况下，图书馆一直在迎合时代发展，改变自己的管理方式、服务方式。在网络普及之后，图书馆面临着巨大的挑战，在这样的背景下，图书馆必须做出选择：是让网络替代图书馆成为新的知识传播方式，还是让图书馆借助于网络的途径向人们传递更多的知识。

在两种选择下，图书馆毫无疑问会选择第二种，图书馆可以利用知识管理的方式，完善优化之前的管理，提高管理质量，让信息资源有更高的可存取性。如此一来，图书馆就可以提供针对性更强的服务，也可以更好地为社会发展、经济建设提供优质服务。

第三，图书馆属于国家知识基础设施当中的关键组成部分。国家想要在知识经济时代更好地发展，那么必须注重知识基础设施的完善和优化。具体来讲，知识基础设施包括高校、企业、知识机构、科研系统以及广大的劳动者。利用网络可以更好地传播知识，也可以在更大的范围内应用知识，所有与经济有关的环节都能够得到知识的支持，所有的人都可以获取他们需要的知识，从这个角度来看，国家知识基础设施是广义角度的知识管理。

图书馆是储存知识的宝库，是非常重要的知识机构，它作为知识和人类之间的传播载体，主要的任务是收集知识、加工知识、储存知识、处理知识，并且提供技术服务。知识经济包括的生产要素也涉及图书馆文献、图书馆设备以及图书馆工作人员，而且随着数字技术网络的普及运用，知识网络越来越注重图书馆的重要作用，图书馆已经成为新时代知识传播的主要途径。

第四，图书馆具有知识管理的传统和优势。图书馆知识管理的定义应满足下列条件：比较全面地概括目前图书馆界对知识管理的各种认识和思考；比较系统地反映出图书馆知识，管理的思想、方法和应用层面的内容；比较完整地分析图书馆知识管理的内涵和外延；比较科学地界定图书馆知识管理的应用价值。在此基础上，本书给出的图书馆知识管理的定义是：图书馆知识管理包括图书馆知识的获取、整理、保存、更新、应用、测评、传递、分享和创新等基础环节。通过图书馆知识的生成、积累、交流和应用管理，复合作用于图书馆的多个领域中，进而实现图书馆知识的资本化或产品化，进而提升图书馆的服务能力、创新能力、竞争能力以及可持续发展能力。

（二）图书馆知识管理的主要特征

上述定义凸显了图书馆知识管理的以下特征：

第一，图书馆开展知识管理需要以知识为基础。图书馆的日常工作是以知识为中心的，比如说获取知识、整理知识等，知识的处理涉及很多复杂过程，所以，知识的管理必须加强，注重知识的管理可以在图书馆系统内不断地生成新知识，只有做好了知识的基础管理，后续的图书馆管理才能更好地开展。

第二，图书馆知识管理的核心是知识。图书馆开展知识管理可以让隐性知识变成显性知识，知识的增多无疑会提升图书馆的运营效率。需要注意图书馆知识管理和数据管理、信息处理是不同的，它更加复杂，它的管理没有办法完全遵循固定的规则或者教条，需要联合信息、流程以及人三个因素才能完成知识分享、知识运用、知识创新。在这个过程当中，知识的利用效率会提升，图书馆储存的知识可以发挥更大的价值。图书馆知识管理的开展是对以人为本理念的进一步践行，知识管理让知识和人的能力相结合，让知识发挥出了更大的价值。

第三，图书馆知识管理的开展可以优化工作流程。把知识和业务流程结合之后，可以设定知识管理的步骤。具体来讲，步骤有四个，分别是知识生成管理、积累管理、交流管理以及应用管理。不同的管理步骤之间是存在相互关联的，并且四个步骤可以形成一个闭环，所有的步骤都会对其他的步骤产生影响，也就是说，整体来看四个步骤构成了有机管理体系，可以充分发挥传导作用。分析四个步骤的具体含义，可以发现，四个步骤是以知识增值为主要核心的。首先，生成管理是后续管理的基础；其次，积累管理是管理工作开展的保障，是知识之间因果形成的重要渠道，在不断的积累之下，图书馆可以获得集体智慧，借助于集体智慧，图书馆可以更好地应对信息环境的变化；再次，交流管理是整个体系当中的动力源泉，在交流的过程当中，知识可以结合，然后形成更有价值的知识；最后，知识的应用管理，它是运用知识的手段，可以直接彰显知识的价值。

第四，图书馆知识管理是方法。知识管理作为管理方法，并不只在图书馆的个别领域中发挥作用，它与图书馆管理的各个层面的应用主题相结合，以基本方法和规律指导图书馆开展藏书管理、组织设计、人力资源管理、资源规划和馆读关系管理，成为辐射图书馆各个层次的，以资源整合、潜力挖掘和“知识创造价值”为特征的管理活动。

第五，图书馆知识管理能够创造价值。知识管理在图书馆应用过程中的核心是“知识的增值”，因此，“知识创造价值”是知识管理对图书馆所有业务流程进行改进和变革的基本要求，将在外延上促进图书馆知识的资本化和产品化，确保图书馆具备良好的服务能力、创新能力、竞争能力和可持续发展能力。

（三）图书馆知识管理的主要内容

图书馆知识管理的主要包括以下内容：

1. 知识生成管理

前面提到过知识生成管理是开展后续知识管理的基础，具体来讲，知识生成管理涉及两个部分：一个是知识获取，一个是知识创造。获取知识的时候可以是从图书馆内部获取知识，也可以从外部获取。也就是说，知识生成管理过程中知识的来源主要有三个途径：内部途径知识的获取，主要是图书馆储存的知识；外部途径知识的获取，主要是从出版社、读者、信息服务公司、书商等方面获取。外部知识往往隐藏着大量的商业数据知识、读者数据知识以及行业信息知识，图书馆需要长期收集这些知识并且对这些知识做出处理。此外，创造知识也是非常重要的知识来源，虽然一般情况下知识的创造往往会带来知识的应用以及不同知识的交流碰撞，但是整个过程终究是生成了新的知识，知识总量也得到了提升。所以，创造知识依然是知识的主要来源，但是，创造知识是三个途径当中最难把控的，创造的过程是对新知识的培育过程，它的创新需要付出精力，并不是简单地去探索知识和积累知识。图书馆想要保持自身的生命力，那么必然需要依赖于新知识的诞生，但是，新知识的诞生不可能完全从外部获取，也不可能完全依赖于之前储存的知识，所以，最大的可能性还是进行创新。

一个优秀的图书馆会激发员工的工作兴趣，以此来让他们进行知识创新，有一些图书馆还会鼓励员工参加除了日常工作内容之外的项目，以此让他们掌握更多的知识。图书馆会为工作人员提供更多的机会，为他们创造学习条件，让他们接触更多的知识，扩大自身的知识范围，以此来刺激他们进行知识创造。

2. 知识积累管理

知识积累管理是为了明确知识以哪种形式存在，所以，知识积累管理是知识交流以及知识应用的前提，知识积累管理过程当中要完成的任务是把之前生成管理当中生成的知识保存下来，并且展开有效管理。做好了知识的积累管理，后续的知识交流、知识应用才能有良好的环境。所以，从这个角度来看，知识积累管理工作的完成需要依托于知识整理、知识保存以及知识更新三个途径。

知识整理、知识保存以及知识更新只是知识积累管理当中使用的三个途径，分析知识积累管理的本质可以发现，它要解决的问题是让知识更好地积累，从而避免知识的损耗。想要实现知识积累，那么需要先分析知识存在的基本形态，知识有两个基本形态：一个是显性，一个是隐性。显性的知识指的就是文献当中明确记载的知识或者大家都知道的公共知识、能够以外在化形式存在的知识，隐性知识指的是文献当中没有记载的、个人从自身经历当中总结出来的、内化在自己内心当中、思想感知当中的知识。显性知识可以以编码的形式纳入数据库当中，所有的人都可以利用计算机的方式在网络当中将这些知识搜索出来。但是，隐性知识不同，它始终紧紧联系知识的所有者，它属于知识的所有者，只有在知识所有者和其他人进行交流的过程中才可能传播。面对上述两种基本形态完全不同的知识，知识的积累必然要使用不同的方法。

通常情况下，管理显性知识的时候主要是通过数据仓库的方式，管理隐性知识的时候会利用专家系统或者智囊团。在这样的情况下，知识积累管理的重中之重就是选择知识的积累方式。

3. 知识交流管理

图书馆知识交流管理需要解决的问题是如何利用通信方式、交流方式或者合作方式对知识进行分类储存、分类整理，只有明确了知识的分类方式、整理方式、储存方式，用户才能根据自己的需求选择知识类别，也只有用户选择了知识，知识才能被应用，才能创造价值。

知识交流管理指出，图书馆要注重技术建设、文化建设，以此来为知识交流管理提供支持。图书馆内部知识想要传播需要借助于技术，知识的传播可以构建出良好的图书馆文化氛围，会更有利于知识的共享，更有利于不同用户之间的团结合作。前面提到知识积累管理需要对两种类型的知识进行管理，所以，自然而然地在知识交流方面也会形成两种方式：

第一，间接交流，指的是知识的贡献者和使用者并不需要直接交流，他们可以以图书馆知识数据仓库为纽带，传播知识，获取知识。

第二，直接交流，指的是知识的贡献者和使用者需要直接交流，进行知识的分享。知识的分享方式很多，比如说，可以在组织会议当中分享知识，可以在培训当中分享知识，也可以两人通过电子邮件的方式、电话的方式了解知识、分享知识。

想要实现间接交流，那么图书馆必须建立知识数据仓库，并且对知识数据仓库进行健全的管理，与此同时，图书馆还要提供信息网络支持。但是，直接交流不同，直接交流最大的难点是如何让个体积累的隐性知识变成显性化的知识，如何将隐性的知识传播出去，如何让隐性知识的共享变得更加简便。积累隐性知识的过程中，除了依赖于专家团的管理模式之外，还应该为隐性知识的传播分享提供更多的机会，让隐性知识可以通过知识拥有者的交流分享向更大的范围传播，进而持续推动更大范围内的知识创新。

4. 知识应用管理

知识应用管理，顾名思义就是将知识应用到具体的实践当中，让知识发挥价值。

知识应用管理的效率主要受到前期准备工作的影响，如果前期准备工作准备得比较充分，那么图书馆就可以更快地找到更有价值的知识。具体来讲，需要做的前期准备包括以下方面：

第一，分析图书馆各部门和人员对知识资源的需求。为确定知识应用的目标，图书馆必须全盘考虑各个业务部门（采编部、流通部、技术部、咨询部、网络部等）和行政部门（财务、人事、后勤、馆长办公室等）的具体需求，总结其中的特殊性和通用性，对知识仓库的内容、关系结构、文件类型等进行总体规划。

第二，规划和设计知识分类体系，提高应用前的知识评测能力。在确定知识仓库的总体规划后，图书馆需要依据专业的分类模式（如公认的、行业通用的、技术领域通行的分类），结合自身需要，规划出详细的知识分类体系。为使知识应用有效开展，在准备工作中要高度重视知识的评测、分析。整个知识库的框架性结构，不断充实和加入有针对性的知识资源，做到准确适用，并根据实际情况不断修正和完善知识。

第三，设计并且开发知识管理系统。现实需要主要有两种类型，一个是集中管理，一个是分散使用。在面对两个现实需求的时候，知识管理系统会围绕知识生成、知识积累、知识交流来设计知识管理系统，开发知识管理软件。

第四，成立知识管理部门，并且制定管理部门的运作机制。图书馆应该专门设置知识管理部门，管理部门的主要职责就是收集知识资源，并且为其他人提供知识资源，对所有的资源做出系统性的整理过滤，并且推动知识资源在实际活动当中的运用。

应将前期做的准备工作需要和后期的知识生成、知识积累以及知识交流管理充分地融合，在知识应用管理过程当中，之前几个步骤的知识管理会被联系起来，不仅如此，它还可以检测之前几个步骤当中知识的适用程度。检测可以更好地促进之前几个步骤的结合，更有利于图书馆开展知识管理。为了让知识更好地应用、更好地发挥价值，图书馆必须形成“知识拉动力”，成立涉及多个职能的工作小组，切实推动知识的更好应用。

二、图书馆知识管理实施与系统建设

（一）图书馆知识管理的实施过程

图书馆知识管理的实施过程如下：

1. 设立知识主管

近年来伴随着知识管理的发展，一个新的职位出现在企业内部——知识主管（Chief Knowledge Officer，CKO），指的是组织内部专门负责知识管理的官员，主要负责知识的收集加工和传递，企业内部的知识主管应创建相应机制，让知识管理更加成功。知识主管在对应的团队里应该具有支配权。在知识主管的选取上，应选取有责任心的上层管理人员，大多应由副馆长专任或馆长兼任。

图书馆知识主管应具备以下职责：第一，制定图书馆知识政策；第二，对相应事务提供决策支持；第三，帮助员工快速成长。综合以上三点，图书馆知识主管应具备以下知识储备：第一，了解图书馆的环境；第二，了解图书馆发展史；第三，懂得图书馆内的知识需求。

培养一个良好的图书馆发展环境，造就一个能够促进大众学习的图书馆，最重要的是每一个人都主动去进行知识共享，懂得为图书馆填充知识库。

在日常图书馆管理过程中，要注意监督保障知识库内容，让知识库的整体质量、深度得以提高，要保证知识库设备的正常运行，及时监督监测相应设备，加强员工内部以及图书馆大众的知识集成，促进知识共享。

一个完美的知识主管需要具备以下能力：

第一，一个完美的CKO应是一位懂得技术的专家型人才，须了解大量的技术种类，来帮助广大群众获取、存储利用和共享知识。

第二，CKO也应是一位具有战略目光的专家型人才，因为要实现高效的知识管理，不仅需要优质的软硬件系统，还需要CKO重视图书馆的知识开发过程、共享过程和创新过程，CKO需要将所有的知识资源进行综合处理，并给出相应的战略决策，帮助图书馆进行良好的全面管理。

第三，CKO应是一名优质的环境专家，相对于其他的环境营造者，CKO需要懂得如何设计工作空间，例如，办公室的设计，以及休息场所，学习中心等关键区域的建立与布置。CKO需要重新建立评估机制和衡量制度，以此来提高部门管理人员的工作积极性。作为一个环境专家，CKO须时刻将图书馆管理培训活动紧紧地与知识管理相结合，要在大量的实践活动中提高图书馆的知识创造能力的同时，建立更完备的图书馆环境。

第四，图书馆CKO应是一位创新型人才，不仅需要善于倾听他人，懂得接受他人建议，还须孕育新方法、提出新理念，坚持不懈地进行图书馆知识管理，为图书馆建立更好的发展前景。

2.改变图书馆的组织结构

图书馆应善于利用集体的想法来提高自身的应变能力和创新能力，优质的知识管理过程，须设计出合理的组织体系，建构图书馆核心。面对现代信息技术的不断发展，以及不断增多的客户要求，图书馆必须积极引进企业思想，如今企业与知识管理相结合，使得“业务流程重组”（Business Process Reengineering，BPR）或称“企业再造”的管理思想出现。利用该思想，不断地调整图书馆的组织结构以及内部人员关系，图书馆会更具有竞争性和适应性。

良好的图书馆组织结构应以读者为中心，满足各类用户需求，充分实现优质服务，让图书馆自身服务更具专业性个性，注意减少重复作业，合理配置图书资源，提高工作效率，增强图书馆自身运行能力，减少管理冗杂。图书馆管理人员须注意利用业务流程重组，快速地建立优质服务机制，实现图书馆与各类信息系统的大融合。

社会属于信息技术大融合的环境，图书馆改变以往的等级模式，打破传统的职能部门界限，适应不断变化与发展的大环境。须做到以下几点：

第一，在图书馆建立联盟体系，引进外部知识，学习外部经验，以获得能力的扩展与提高。转换相应能力，在具有的内部知识的基础上，建立专家网络来增加图书馆的知识储量资源，提高管理技能水平，让图书馆与图书馆之间能够相互学习，进行知识沟通与交流，协同发展。

第二，在图书馆内部建立“柔性组织”，柔性组织重点强调组织形态的扁平化，可以采用团队基本的组织单元，让团队进行知识能力的融合。在团队内部，不仅要强调人的个性与创造力的发挥，更应将团队的集体功效发挥到最佳。柔性组织的建立目的是让团队具有高适应力、高度参与力，让团队内部人员能够实现思维的跳跃和变化，以提高自身的反应能力，使整个图书馆具有更好的工作弹性。

3. 建立完善的图书馆知识库

图书馆内部知识管理目标之一——图书馆内部的知识共享，传统的知识传递过程受到了很多因素的制约，从而不能高效率地将知识传递给所需要的人群，建立知识库之后就可以解决低效率问题。图书馆应开展相应的计划，建立整体与部门之间的专业知识体系，将各个部门与各个岗位有效地融合起来。知识体系应将现有的知识进行分类、提炼、加工、集合。注意不仅要将现有知识进行整理，还须不断地收集新的知识来打造本馆特色系统的知识库。

知识库可协助图书馆管理人员高效地将各类资源进行有效的整合与分类，各个部门与各个岗位之间的工作将会协同一致地提高图书馆工作绩效。图书馆知识库应分为以下四个子库：

（1）内部显性知识库。内部显性知识库的作用是便于查找系统性知识，一般收纳研究报告、咨询案例与访谈。

（2）外部显性知识库。外部显性知识库，主要收纳社会公众知识，具体包括政府出版物、期刊、报纸、标准文献、专利文献以及信息机构制作的具有版权的数据库等。

（3）内部隐性知识库。内部隐性知识库，主要用于收纳图书馆管理人员以及工作人员的经验数据，组建内部隐性知识库，需要将各类工作人员的经验知识化，让经验呈于纸上，以供用户咨询访问与学习。内部隐性知识库的建立可以借助于内部网络，通过内部网络，组织工作人员开展讨论，将自己的经验输于内部网络当中，对不同的问题提出相应的建议与反馈，管理者将相应的知识进行梳理后，存入内部隐性知识库，一个完整的知识库就此建立。

（4）外部隐性知识库。外部隐性知识库也可称为智囊团，其中的用户，包括各行业各学科领域的专家型人才，如若能将外部隐性知识库优质地利用，图书馆就具有了宝贵的无形资产。日常图书馆进行知识服务的过程当中，需要与用户建立良好的合作关系，进行优质的互动，吸引各类人才以便于建立图书馆外部专家人才库，另外，须注意将专家解答的问题及时加以编码，存储到知识库当中。

4. 开发图书馆知识管理系统

图书馆知识管理系统的主要功能是用于对图书馆内部知识的改进，从而对知识实现创新与存储、传递与应用。知识管理系统基于多种模式开展运行，例如，基于层次模型，基于一般框架，基于生命周期，基于知识实践，基于知识，基于资源，基于 xml，等等。开发图书馆知识管理系统，需要注意以下几个方面：

（1）多媒体文本检索：所开发和利用的搜索引擎需要匹配出更多的信息。虽不需要完全匹配，但实际应含有相关信息，并且能够按照相关率的高低对检索内容进行合理排序。

（2）知识地图：要求把知识库中的所有资料与目录相连接，让知识目录更加可视化、清晰化。

（3）用户接口设计：知识库管理人员在选择工具的时候，需要考虑到是否含有标准接口，并且按照相对应的组织，达到与其他应用一致，定制接口会让知识管理更加有序化。

（4）合作与通信：当团队人员在不同的地点、在不同的时间面对亟待解决的问题时，合作与通信功能的建立能够及时给出合理方案，该功能组需要设立方案文件、工作计划、个人计划、讨论组等板块。

（5）标准查询：知识库引擎需要有一定的标准便于知识库管理人员查询。用户输入相应的关键词时，合理的标准不仅便于用户公布个人查询，而且能更好地为用户定向。

（6）个性化：知识库管理人员一般在创建用户文档、基于 E-mail 标题和检索词自动生成文档时，要实现知识库的个性化，以此来让用户有更好的知识体验。

（7）知识目录：要求知识库引擎在用户检索时能够更好地识别相关主题，快速地了解馆藏存储信息。

（8）近似组过滤：用户在定义主题时，需要进行近似组过滤，来筛选出有用的信息，摒弃无用信息。

基于社会的发展和技术的变化，不难看出知识管理系统不仅仅是利用了信息技术，而且是在信息技术的基础上又融合了组织基础、文化知识、人的智慧，从而形成了复杂的综合的系统。在图书馆管理过程中，要意识到一个成熟的图书馆，不仅仅要重视技术，还应考虑到图书馆内部的组织、图书馆文化的构成、图书馆人力资源的配置，各方面得到有效提高后图书馆便可高效地可持续发展。

5. 建立学习型图书馆

建立学习型图书馆是图书馆知识管理的重要策略之一，建立学习型图书馆重要的目标是提高员工素质，以便更好地实现知识的学习。共享图书馆须开展一些培训学习的活动，让学习内化于图书馆的日常，融于图书馆的血液。图书馆内部人员和相应的用户应学会主动学习、自觉学习，摒弃被动学习、制度性学习，让系统性学习贯彻到生活当中，零星式学习被系统性学习所取代，学习型图书馆若可以得到更好的发展，将会从根本上改变目前图书馆的处境。

学习型图书馆具有以下特质：第一，在思维方式上，学习型图书馆拥有一个大家都支持的共同构想；第二，在解决问题时，学习型图书馆会摒弃旧的思维方式；第三，在解决人事工作时，学习型图书馆会综合常规程序发展性的思维，对成员所有的组织过程活动，进行综合思考；第四，学习型图书馆重视功能与环境的相互作用。另外学习型图书馆有一个显著的优点，那就是人们可以坦率地沟通，不必担忧上下级关系以及水平差距，不用害怕受到惩处。在学习型图书馆内，每一个工作人员都须摒弃利益观，所有的工作人员都为同一目标共同奋斗。在学习型图书馆的内部组织上不难发现，学习型图书馆不仅适合于团队工作，而且可以有效地提高个人工作。

每个人并不是单纯地开展职能性工作，而是努力地进行项目工作。建立学习型图书馆，有利于工作人员进行创新，以往的工作大多是重复低效的，然而学习型图书馆内的工作人员在相互影响沟通和知识的传递共享下，能更好地开展创新型工作，这样不仅有利于图书馆内部的知识升华，更有利于图书馆适应各种各样的外部环境。

建立学习型图书馆，需要进行四项修炼，即改善心智模式、系统思考、团体学习和建立共同愿景。其中，系统思考是四项修炼中的核心技术。

（1）改善心智模式（模型）。

心智模式又叫心智模型。所谓心智模式是指深植人们心中关于自己、别人、组织及周围世界每个层面的假设、形象和故事。并深受习惯思维、定式思维、已有知识的局限。心智模式是简化的知识结构认识表征，人们常用它来理解周围世界以及与周围世界互动。

改进心智模式是图书馆成员打破自身思维定式，进行创造性思维的过程。以下是改善心智模式的八种方法，供大家参考：①自省与反思；②学习；③碰壁；④更换新的环境；⑤换位思考；⑥情景规划；⑦深度会谈；⑧持续“修炼”。

（2）系统思考。

系统思考是四项修炼的核心，它教会人们运用系统的观点看待图书馆的生存和发展，进而将图书馆成员的智慧和活动融为一体。系统思考能引导人们从事件的局部到纵观整体，从事件的表面到洞察其变化背后的深层结构，由孤立地分析各种因素到认识各种因素之间的互动关系和动态平衡关系。系统思考重点阐述了如何运用系统的想法和观念来看待图书馆的发展之路，是四项修炼中的重中之重。系统思考强调将图书馆内部的工作人员的智慧融于一体，在活动中让所有的工作人员不仅看到事件的局部特征，更要纵观整体。在看问题的表面过程中要洞察到事物本身的深层含义，系统思考强调让思想从内部的独立分析到团队的深层分析团队，须注意到在活动中各个因素之间的互动关系和平衡关系。

四项修炼的每一项都强调三个重要内容：演练、原理和精髓。演练是指工作人员在活动过程中具体的练习。原理是指支持所有工作人员练习活动的理念，而精髓重点强调了个人或团体，在工作中修炼成熟后能够体验到的更高层次的境界，是一种无法呈于纸上的境界，大多需要意会。

四项修炼有利于促进图书馆工作人员在学习上的互相帮助、共同提高，能增进图书馆工作人员的感情交流，改善他们的人际关系，拉近感情距离，使得图书馆工作人员能互帮互助。能提高图书馆工作人员的学习能力和效率，使图书馆发展成果的提高效果显著。图书馆工作人员在一起自由、自主地交流、讨论，营造出民主、宽松、和谐的学习氛围，因而能激发学习的积极性和主动性，并有效发挥各自的学习潜能，提高学习效率。有利于图书馆工作人员形成创新的理念，全体参与，加上小组讨论和活动的形式，都为创新创造了极好的条件。系统思考讨论形式的民主、宽松的氛围，会触发图书馆工作人员的创新思维，使得其逐步形成创新意识。

（3）团体学习。

团队学习支持图书馆成员互相配合、整体协作，强调图书馆成员共同为了实现共同的奋斗目标而努力。通过团队学习，所有的工作人员均可获得高于本身智力与能力、更深层的形成知识，形成比个人力量更强的团队力量。在团队学习当中，工作人员更能形成工作的默契，形成一种良好的团队意识，便于图书馆更好地发展。针对图书馆历年来的任务需要，针对各级部门各级工作人员的需要，图书馆应组织大量的团队学习，通过团体学习，团体成员在学习中更好地进行知识的理解与工作的创新。

例如，在图书馆的人事改革中，图书馆的人事目标确立后，需要让全体馆员进行集体学习，让全体馆员意识到改革的必要性、急迫性以及重要性，让所有的成员为改革提出良好的计策，以解决改革中出现的问题，其中，须强调所有的成员摒弃个人利益，维护团体利益，忽略短期利益，重视长远利益，团队学习有利于让成员的消极情绪转换为积极情绪，有利于让被动的改革变成主动改革，有利于摒弃照搬模仿的思想，让图书馆在改革过程中能够开拓创新，发现新的改革方法。

图书馆是搜集、整理、收藏图书资料以供人阅览、参考的机构。早在公元前三千年，图书馆就出现了，图书馆有保存人类文化遗产、开发信息资源、参与社会教育等职能，是社会记忆（通常表现为书面记录信息）的外存和选择传递机制，是非营利性组织。

当组织遇到复杂问题时，要强调发挥团队精神。只有优秀的团队，才能陶冶出集高瞻远瞩与尽心尽职于一身的优秀工作人员，造就勤勉、诚信、团结、高效、自律的员工队伍，使一个组织、一个企业、一个团队朝着更高、更远的目标不断迈进。为实现进步和图书馆发展，图书馆工作人员以知识信息服务为己任，增强使命感，通过勤奋学习、团结协作，坚持不懈地展现活力。

团体学习的练习方式有两种：深度会谈与讨论。深度会谈是一个团体的所有成员，摊出心中的假设，而进入真正一起思考，让想法自由交流，以发现远较个人深入的见解。运用这一技术，可以帮客户解决图书馆内的诸多问题。团体须运用深度会谈来解决复杂的问题，用讨论来形成问题决策。

（4）建立共同愿景。

建立共同愿景是指图书馆内部成员需要树立共同的理想与宏伟愿景，通过建立共同的愿景，图书馆的成员都能团结在一起，为一个愿景而奋斗。当愿景深入人心后，图书馆的工作人员会受到感召和鼓舞。建立共同愿景是树立图书馆良好形象的基础，当图书馆的管理人员的个人价值与图书馆的整体价值能够得到有效的统一，图书馆的管理人员将会有很强的责任心，有很强的使命感。

建立共同愿景之后形成的图书馆规划设计，不仅仅代表了图书馆馆长个人的意愿，还是图书馆所有成员的共同志向。共同规划也为图书馆后续工作的开展提供了指导思想。

建立图书馆共同愿景，需要做到以下几个方面：第一，鼓励图书馆工作人员形成个人愿景，让图书馆工作人员对自己的未来工作有一个自身规划；第二，建立图书馆整体形象的规划。第三，培养图书馆工作人员的集体观念，让图书馆的成员学会从集体的角度去思考问题；第四，形成图书馆理念，让共同愿景与图书馆理念融为一体；第五，从事实出发，对图书馆的未来进行规划，充分意识到目前状况与未来的差距，并为之努力。

（二）建设图书馆知识管理系统

知识管理建立在知识管理系统之上。该系统并非一个简单的知识发布系统，它采用精细划分，以信息共享的模式进行数据挖掘和知识内容集中化管理。知识管理系统是基于数据、信息管理，对信息进行系统化的获取、评估、应用，从而达到业务目标。

1. 知识管理系统的界定

知识管理系统（Knowledge Management System，KMS）是一个关于知识收集、组织和传播的管理技术集合，即知识管理的实施平台。由于“知识管理”的概念至今都没有得到统一，所以“知识管理系统”也有不同的定义，其具有代表性的观点如下：

（1）现有的图书知识管理系统功能已十分强大，可以使管理员对图书管理系统进行妥善的管理和便于读者的查询。对于知识管理系统的应用来说，从技术层面，可以将其看作一个同时具备知识管理和协同的综合软件管理系统。它是一个集合信息搜集、筛选、组织、传播，从知识资产化、场景化及智慧化整合企业知识，经验知识统一高效管理，让信息脱离个体后还具备其应用的专业性的系统性软件。

（2）知识管理系统是为了给人提供便利而存在的。从企业建成学习型组织来讲，知识管理系统，就是采用当下的信息技术和互联网设备，将人们所需要的信息串联在一起，将知识资产化进行统一管理。具体来看，知识管理系统主要由内部网络、动态知识管理、知识资产管理、工作流程管理等七部分组成。

（3）从企业电子商务视角来看，知识管理系统是有价值信息的集合、筛选、强化，这是企业电子商务运作的基础。在企业中构建一个量化与质化的知识系统，让企业中的资讯与知识，透过获得、创造、分享、整合、记录、存取、更新、创新等过程，不断地回馈到知识系统内，形成永不间断的知识循环。

由上述内容可知，知识管理系统是一个集合化知识管理系统，是以人为主体，借助信息手段，构建多业务线知识库，实现知识仓储、应用、运营及集成一站式管理，并对信息进行获取、筛选、整理、传递和共享。

2. 知识管理系统的主要功能

（1）知识应用功能。知识应用功能是知识管理的最终目标，即利用具有专家系统或人工智能的技术对经过前三种功能交流过的知识进行具体应用和做出决策。

（2）知识发现功能。知识管理系统从各种信息源获取知识，并按照分类的基本框架或分类学将其组织起来，其作用是使知识寻找者可以通过显性知识的交流和隐性知识的交流来获取和使用知识。

（3）知识创新功能。知识管理是对知识、知识创造过程和知识的应用进行规划和管理的活动。知识创新则是知识管理的最终目标。知识系统的管理者通过对系统内知识的维护和用户对知识的反馈，不断进行信息的更迭和完善，让新旧知识之间碰撞出新的火花，从而达到知识融合创新的目的。

知识管理就是通过沉淀归类知识的存储，通过提炼和权限，得到需要的文档的技术支撑。作为知识管理系统的存储模块，数据库和知识库的主要作用是储存知识；知识管理系统则是不断更新知识库，让知识系统信息更完善，然后系统对创设的信息进行加工处理，从而达到平台共享，让用户收益，实现知识的应用价值。

（4）知识交流功能。①隐性知识交流功能。知识管理系统可追踪个人的浏览兴趣，将对某个课题感兴趣的人联系在一起，也就是将知识寻找用户和资源有效匹配在一起，缩短用户的查询时间同时进行资源共享。②显性知识交流功能。知识管理系统交流都是采用显性信息，这里的知识多数从外部渠道获取，通过设备的筛选和监测，找到用户寻找的相关信息。它可以帮助用户对感兴趣的信息进行融合，并针对现有的信息结合自己的思维逻辑重新排版，创新出新知识。

3. 图书馆知识管理的信息门户

信息门户是指利用网络浏览器访问单一入口，针对每个用户个性化设置，利用先进的搜索及索引技术构建起一个内联网环境，信息主要从互联网上搜索和获取。信息门户作为一个应用框架，实际作用是让组织更高效地管理内部员工信息渠道。

“以内容为核心”的图书馆信息门户，为了满足用户对信息索取的多种个性化需求，信息门户定制，多系统整合，多部门信息聚合，实现数据共享，业务流程整合交换，系统成熟稳定，功能全面，易拓展，支撑内外连接为用户提供各种资源；为用户提供各种学科导航，展现检索信息的关联资料，有助于节约时间、提高效率。信息门户中的数据库是研究工作的基础和必要环节，成功的信息检索无疑会节省用户大量的时间，使其能用更多的时间和精力进行学科研究。与此同时，还可以提升整个图书馆数据库的信息检索，形成一体化的智能服务，让用户应用更方便快捷。

早在21世纪初期，中国科学院已经启动了化学、资源环境、生命科学和数学四个学科信息门户。学科信息门户是经过组织、有序化和人工处理、专家排选、定期检查处理的学科信息导航系统，其资源都是有效的，从本质上讲，学科信息门户就是本学科领域网络信息资源的“信息超市”。学科信息门户主要的特点是专业性，它里面的信息都是专业人士检索、筛选过的，而且资源会定期被测试审核，因此无论是信息的准确性还是专业性都比较高。

图书馆信息门户与网络搜索引擎有本质的区别，虽然两者都可以进行资源检索，但图书馆信息门户可以各种零碎的信息有机地拼接在一起，组成一个更方便用户应用的信息综合系统，它可以为用户提供检索和浏览等多种服务。另外，图书馆信息管理门户还有两大优势：第一，图书馆信息管理门户支持多种信息，如结构化信息和非结构化信息，并对以上信息具备综合管理能力，可根据用户检索将用户所需要的最佳信息，以可视化的知识有组织架构地显示在用户眼前，方便用户快速查找；第二，图书馆信息门户设置的自由知识交流社区板块，可实现各种信息的融会互通，可以让用户根据现有的信息进行思考碰撞，并创新知识。

图书馆信息门户既是知识管理系统，也是综合信息检索系统，用户可在其中创设新的知识文化，并加以运用建立虚拟学习组织供大家一起进行知识交流与分享。从知识管理系统整体而言，则可以为用户提供多种信息，包括知识的导航、信息获取、信息传递与分享和知识的二次创新等。

图书馆可应用当前的计算机网络技术，借助网络平台，实现对知识管理信息门户和软件功能的有效结合，创设一个符合大众需求的应用知识系统，支持多知识库的统一维护，通过即时反馈机制保证知识库的动态更新，为用户创造更大价值。让图书馆管理知识系统更加完善、贴合实际应用。

图书馆管理系统是图书馆进行信息化建设的关键，为了方便管理者综合管理，可将知识管理和信息门户进行功能融合，这也是当前应用简化的一种趋势。知识导航、定题服务和咨询是图书馆信息门户不可缺少的服务项目，这些项目的设置需要图书馆管理人员的参与，因此，图书馆管理人员的学识见解直接影响到信息门户的优劣。为此，无论是图书馆信息门户的管理者还是领导者，都应该着眼于自身素质的提升，不断充实各种学科知识，让信息门户更加完善。

图书馆管理系统从单纯的收集知识变为对知识的管理，到现在对知识的创新，是一次次变革的结果。图书馆知识管理系统在不断完善，秉承以科学的方法论管理知识的全生命周期，支持多种类型的知识，包括文档、视频、知识图谱等，提供了精准搜索的能力，用户可快速获取需要的知识。图书馆知识管理信息门户是平台和管理人员的交流入口，也负责信息搜集和各类信息管理的重要任务，进而满足用户检索、信息查找、信息资源整合等多种需求。

三、图书馆知识服务的策略与方法

图书馆不断实现服务模式创新，通过对网络技术的合理应用，借助图书馆本身作为衔接，推动区域资料、情报与知识、政府、社会文化组织以及层级化图书馆之间相互作用、相互衔接，推动各类信息的有机结合，加强各层级图书馆的资源共享和功能互补，逐步提升用户的图书馆应用效率和应用满意度。

（一）优化知识服务资源

知识服务是图书馆建设的目标，知识服务资源建设则是图书馆维持其核心竞争力的前提。

1. 完善图书馆知识资源储备

图书馆用户对知识服务的需求更加多样化，这就需要图书馆拥有更加丰富多样的数据、信息和知识资源储备。因此，图书馆应建立合理的知识资源存储体系，完善图书馆知识资源储备。

第一，建立合理的知识资源存储体系。图书馆知识资源的存储主要包括传统资源和数字资源两种形式，而在信息技术快速发展的时代，由于电子文献具有较大存储量，且更新频率较高、获取方式更加便捷，使得用户阅读偏好逐渐由纸质文献转向电子文献，对传统资源的需求量逐步下降。但与电子文献相比，传统文献仍具有强大的生命力，图书馆馆藏纸质文献是其多年累积的成果，可以展现出图书馆独特的发展历程和学科背景，具有不可替代性。因此，图书馆应兼顾传统资源和数字资源，合理规划知识资源分配比例，使其在数量与结构上能够良好搭配，从而建立科学的知识资源存储体系。为此，图书馆一方面可以针对使用频次较低或较难保存的纸质文献资源，采取分布式合作存储模式，将其进行扫描转化为电子文献从而节省馆藏空间，降低成本，也方便知识资源的存储和调用；另一方面，针对各类学科专业的知识资源进行收集，增加图书馆馆藏文献数量和知识资源库的拥有量，丰富图书馆知识资源储备。

第二，加强图书馆特色知识资源库建设。各图书馆知识资源的存量不尽相同，为提高自身影响力和核心竞争力，各图书馆须加强特色知识资源库建设，打造各图书馆自身特有的文化优势。一方面，部分文献资源在特定的研究领域中具有重要的导向作用和参考价值，图书馆在满足知识服务需求的同时，可以根据公共自身性质、研究方向与发展目标，加大对潜力高、权威性强、具有代表和动态性的纸质资源及国内外优秀数据库的采购力度，提高馆藏资源质量；另一方面，图书馆可以借助网络技术、知识挖掘技术等先进的科学技术与方法，将科研成果进行收集、存储与处理，建立特色知识资源库。

第三，加快图书馆知识资源更新速度。信息激增时代，图书馆用户的知识需求量逐渐增多，知识需求面愈加广泛，为满足其日益增长的需求，图书馆须强化数字资源库建设，加快知识资源的更新速度，通过线上线下多个渠道获取各类知识资源，满足用户个性化、多样化的知识需求。此外，图书馆知识服务人员在保证知识资源数量充足的同时，也需要对海量信息进行甄别，以筛选出符合图书馆需求的高质量资源，促进图书馆知识服务能力提升。

2. 深入挖掘知识资源深层利用价值

传统检索方法只能获取图书馆内部馆藏知识资源中的显性知识，而图书馆馆藏知识资源不仅包括显性知识，还蕴藏着丰富的隐性知识。因此，图书馆可以采用新兴信息技术，深入挖掘其潜在的隐性知识中蕴含的深层利用价值，为图书馆知识服务用户提供深层知识服务。

第一，深入挖掘图书馆知识服务资源的价值。面对信息资源数量庞大、覆盖范围广阔的互联网资源，图书馆应实施解析组织手段，加大资源投入力度，发挥数据挖掘、数据处理等新兴信息技术在知识发现与识别过程中的优势，对互联网信息及图书馆馆藏知识资源进行采集与处理，对数据挖掘、智能分析产生的信息进行二次处理，从而挖掘具有深层利用价值的知识资源。针对结构化、半结构化的显性知识，图书馆可以对其进行分析、组织和集成化处理，挖掘出能满足用户需求的知识单元；针对非结构化类型的信息数据，运用可视化技术将其整理建设为视频知识资源库，以方便用户的检索和提取，提高知识服务资源利用效率。

第二，建设图书馆知识网络体系。知识网络是基于知识参与者之间的社会网络，能够实现知识在用户、组织内与组织间的流通和传递，知识用户可以通过使用知识网络进行信息沟通与合作，从而实现知识创造和知识应用。图书馆可以利用引用链接技术和知识元链接技术等，根据文献资源间的印证关系、知识概念等关联进行引文链接，再结合主题链接、行为关系链接、聚类关系链接及属性链接等关联途径，将图书馆内中文文献数据库、各知识资源库进行整合，建立图书馆知识网络体系，实现数据之间、信息之间及知识单元之间的内容关联，从而挖掘其潜在的隐性知识资源。

第三，实现图书馆知识服务资源共建共享。新型信息环境背景下，图书馆在知识服务资源建设过程中，应以资源共建共享为理念，发挥自身学科背景优势或地区优势，建立系统化或地区化图书馆知识服务联盟合作机制。以互联网为媒介，构建知识服务资源共享平台，开展合作、联合服务，以实现知识服务资源共享、知识服务团队共建的目标，提升知识资源的利用价值，进而促进图书馆知识服务能力的提升。

3. 提升图书馆知识整合水平

知识整合是指以知识管理方法为手段，通过对知识资源库进行数据整合和信息整合，将其内部知识资源进行重新整理、凝聚，形成多维多层且相互关联的知识体系的一种知识处理方式。图书馆知识整合的目标是按照一定的原则，利用信息技术手段，对图书馆内现存的大量处于无序状态的数据、信息及知识资源进行整理和优化，使其处于有序化状态，从而便于知识的获取、存储、利用和传递。通过对知识资源进行整合，实现知识的创新与再生，已逐渐成为大数据背景下图书馆知识服务资源建设的重要发展趋势。

图书馆在对知识资源进行整合与处理时，可以利用各类信息技术，以知识单元为基础，利用不同内容知识单元间的印证关系，将图书馆内部各数据、信息、知识或文献紧密联系起来，便于知识服务用户的获取和应用。对于现有文献资源信息较为密集、复杂，缺乏结构性与系统性的某些领域，图书馆知识服务人员可以利用各类信息技术，进行知识挖掘、关联与回溯，探索隐性知识结构，对现有文献进行一定的整理加工、分类归纳，然后根据用户需求在原有文献基础上形成二次文献、三次文献，帮助用户实现数据信息资源的有效处理，为用户提供一站式服务，满足其研究需求，并提供决策参考。

（二）营造开放、共享的知识服务环境

图书馆知识服务能力的提升是一项复杂的系统工程，不仅受图书馆自身内部环境影响，同时也受外部环境影响。因此，图书馆应大力营造开放、共享的知识服务环境。

为进一步提升图书馆知识服务的多元化和智能化水平，国家和政府应出台相应政策法规和标准规范，完善图书馆数据建设的相关服务协议。图书馆要根据国家、政府的有关政策，制定适合自身的管理和发展规范，推动图书馆知识服务活动顺利进行，提升知识服务效率。

1. 强化知识产权保护力度

知识产权是指权利人对其智力劳动所创作的成果和经营活动中的标记、信誉所依法

享有的专有权利。网络资源的兴起，方便了资源的获取、存储与传播，带来便利的同时也加剧了侵权问题，阻碍了创作者的积极性。为营造良好的创新环境，国家应从宏观角度强化知识产权保护力度，授予创作者专有权利以内化创新成果的外部性，并严惩侵权行为。同时，图书馆和专家学者也要严格遵循知识产权有关规定，协调彼此产权关系，为图书馆知识服务营造良好的发展环境。

2. 落实供给侧结构性改革

为深入贯彻全面发展理念，图书馆应将自身发展战略与政府宏观调控相协调，深入推进知识服务供给侧结构性改革。为此，公共应从投资、制度、人才、创新等要素出发，综合提升知识服务的供给质量：首先，图书馆可以采取激励政策，改进资金投入准则，充分调动图书馆知识服务建设的积极性，优化知识服务产权结构、要素结构，促进资源整合；其次，图书馆要加强服务团队建设，坚持职业素养和文化素养并重的原则，建立健全素质培训与绩效考核机制；最后，升级知识开发技术、知识共享技术、知识应用技术和知识创新技术，打造智能化服务，为用户提供创新型知识服务链，满足用户获取多样化知识的需求。

（三）建立知识服务协作机制

随着传统图书馆服务转变为精细化知识服务，在满足用户个性化需求和自身数字化建设方面，图书馆的发展环境已经发生了深刻变化：图书馆馆藏资源形式由单一纸质资源转为纸质、数据、音频多种形式资源共存；图书馆提供的服务由被动提供转变为主动智能、个性化推送；图书馆服务时间维度由按时转变为按需即时等。个性化服务和泛在服务虽然在一定层次上实现了即时、个性化、主动提供知识服务，但大数据时代背景下单凭某一图书馆馆藏资源和服务已不能满足用户多元、多样、深层次的个性化需求。在此背景下，通过与其他图书馆或资源供应商等信息机构协议合作以组建知识服务联盟就显得尤为迫切。图书馆可以根据自身的优势与不足，以共商、共建为原则，同其他地方图书馆或区域内相关的科研机构开展合作，实现合理分工、知识融合、资源共享、优势互补。由于合作主体之间存在资源和能力的差异，合作之前应签署相关协议，明确彼此责任，保证各方利益的合理性。

一方面，与其他图书馆组建图书馆知识服务联盟。传统图书馆联盟是指图书馆之间为降低馆藏成本、共享信息资源和互利互惠而协议建立起的一种联合体。我国图书馆之间合作组建图书馆联盟可追溯到 20 世纪 90 年代，但由于未形成有效管理机制、联盟经费受限和联盟价值未得到广泛认可，图书馆知识服务的共建共享一直还在理论探索阶段。而随着信息技术的迅猛发展，图书馆之间可以组建不再仅限于馆藏资源的共建共享服务机制，还应开展协作知识服务的图书馆知识服务联盟。

另一方面，与资源供应商等其他信息机构组建知识服务联盟。如何对数量繁多且分布散乱的互联网信息资源进行分类、挖掘以及纳入自身知识服务体系，并将知识转化成果面向社会推广是图书馆知识服务过程中不容忽视的问题。首先，图书馆应高度重视企业的知识需求，实现馆企合作。打造中介式的知识服务协同中心，搭建图书馆和企业沟通渠道，紧密两者间的合作关系，为图书馆创造了解社会需求的路径和窗口，同时也为企业提供知识资源和技术合作的机会。其次，图书馆在组建知识服务联盟的过程中，应充分整合知识资源和服务主体，为图书馆员提供适合自己专业的合作机会，同时将具有应用价值的知识转化成果供给社会创新创业。

（四）有效提升知识服务供给效率水平

1. 提升资源整合利用水平

第一，构建区域图书馆资源共享系统。省图书馆处于区域图书馆管理体系中的核心领导地位。在县区级的图书馆体系中，每个图书馆均应提供各自的相关馆藏书目以及线上数据平台的检索。在储存系统内实现整体图书馆系统不同分馆之间数据的集合，并创建其配套的数据索引系统。在检索系统内，为在任意图书馆线上公共服务平台进行书目检索的用户提供全省范围内多维度的综合式检索结果。

第二，强化基础社区街道与省、市、区县图书馆资源协同效用。强化区域知识服务协同发展体系，各图书馆在进行自身图书馆现代化建设过程中，应充分发挥省图书馆与下属各分馆、街道社区阅读站升级改造过程中的重要引领作用，积极探索“全民阅读+媒体社交”的新兴经营理念，引入社会协作模式，实现社会公共服务供给的完善，创新图书馆现代化经营市场机制，借助互联网、物联网、人脸识别等核心技术，从而建立起在全国范围内技术领先、经营模式优异且服务质量高的共享书屋模式，作为智慧社区生态系统的组成部分，强化“图书服务圈”惠民辐射幅度，形成社区、商场、公园、企业协同发展新模式，充分利用现有的资源，打通文化为民服务的最后一公里。

2. 树立需求导向性的工作服务理念

第一，加强对现代知识服务体系，特别是图书馆服务体系的理论研究及技术应用探索。通过组织实施重点文化工程、开展文献信息资源建设与联合服务、组织优秀师资面向全国图书馆开展馆员培训等多种方式，不断深入开展图书馆五级联动文化宣传与服务，特别是为农村及偏远、贫困地区图书馆的发展提供支持，推动图书馆机构对知识服务的积极促进作用，并注重中华文明成果的传播与知识服务职能。

第二，完善信息资源共享网络与联合服务机制。依托全国联合编目中心，以全国图书馆馆藏文献元数据集中仓储为基础，推动实现全国各级图书馆馆藏各文献信息数据资源的联动服务。依托全国省级图书馆决策咨询服务协作平台、政府公开信息服务平台、国家少年儿童数字图书馆、中国残疾人数字图书馆等联合服务平台、地区图书馆服务平台等，实现各平台间的互联互通，共同参与到构建覆盖全国的图书馆联合服务网络进程中。

3. 健全人才储备与绩效评价机制

第一，加大图书馆队伍培训工作。加大省图书馆与下属各分馆、街道社区阅读站先进人才培训和馆藏服务人员的服务培训。在智慧城市建设背景下，省图书馆与下属各分馆、街道社区阅读站馆藏管理队伍应当同时具有图书管理专业和智慧化、数字化信息技术专业方面的知识体系。在不同的岗位适配专业化的人才，满足省图书馆与下属各分馆、街道社区阅读站优化升级过程中各智慧服务对于馆藏工作人员的要求。在省图书馆与下属各分馆、街道社区阅读站部分馆区，工作人员应当具备计算机和图书管理学类的专业知识，同时要掌握一定程度的外语能力。

第二，优化馆内岗位职能设计。在图书馆智慧管理队伍人才培训过程中，根据其具体专业特长和知识技能进行岗前服务与专业技能培训，从而优化省图书馆与下属各分馆、街道社区阅读站不同层级、不同功能模块的馆员专业水平和服务水平。同时，对图书馆现有工作人员依托所掌握的知识经验和能力，在不同的智慧轮换岗位和相关部门进行合理分配，继而盘活人力资源存量。对于满足图书馆智慧化发展要求的员工应当集中划归到图书馆管理部门，并鼓励图书馆工作人员实现自我能力的提升和创新意识的培养，建立起合理的智慧化图书馆岗位轮调制度，促进图书馆管理人员对不同岗位职能与服务体系的了解，提升其与下属各分馆、街道社区阅读站不同岗位员工业务素养和服务能力。

第三，构建配套的监督考核体系。建立起与省图书馆与下属各分馆、街道社区阅读站业务流程相配套的绩效考核体系。在省图书馆与下属各分馆、街道社区阅读站现有服务供给框架下，线上数字平台是重要的图书馆发展方向，线上数字化平台运营管理人员的工作时间和空间与线下工作人员存在较大差异，且无法按照传统图书馆绩效评测标准进行衡量。因此，应当建立起切实可靠的图书馆业务流程绩效考核评价制度。

（五）搭建知识服务平台

随着信息技术的发展，数据资源更加多样性、数据来源更加复杂性，对图书馆的信息检索、知识发现、智能采集等知识服务流程造成阻碍，在一定程度上限制了图书馆知识服务能力的提升。因此，建设具有数据获取、存储、组织、分析及知识共享、协作与创新的智慧平台成为图书馆知识服务的关键要素之一，利用知识服务平台强大的数字处理功能对图书馆馆藏资源进行充分挖掘和深入分析，为用户提供全方位一站式综合知识服务成为图书馆追求的目标。

1. 推进图书馆信息基础设施建设

信息数据已经成为数字经济时代的生产要素，驱动着国家、社会和知识密集型机构的数字化转型，能够围绕数据资源进行深度整合计算、识别和提取的信息基础设施是图书馆传统 IT 基础设施面向数字化、智能化演变的必然结果。加速图书馆信息基础设施建设、构建完善高效的信息技术体系成为图书馆知识服务平台建设的基础内容。

第一，针对图书馆建设现状，考虑到未来图书馆发展规划，树立大数据思维，智慧布局、统筹规划图书馆升级改造。如加大高容量数据存储、服务器等硬件设施部署力度，实现有线无线网络全覆盖建设，加快信息管理系统有机组合，提升信息基础设施支撑力，构建物联网应用及移动互联平台，完成图书馆基础设施互联互通。

第二，图书馆为提供全方位、多层次、宽领域的知识服务，需要联结图书馆所有互动要素，如馆藏文献资源、数字化网络资源、数据库、知识馆员及用户等构成一体，统一嵌入智能网格，从而深入统计分析、挖掘、整合互动要素产生的海量数据，为图书馆知识服务朝着多样化、智能化、个性化的方向发展以及数据管理、智慧服务提供精准支撑。

第三，图书馆信息基础设施完善升级是一个长期规划，因此，图书馆应结合自身实际，融合多部门和社会各界的力量，综合研判、审慎研究，借鉴智慧图书馆发展经验，结合实际情况和定位目标，在各级主管部门的指导下，制订科学、合理的图书馆信息基础设施建设规划，系统推进图书馆数字化转型升级。

2. 建立图书馆智能化机构知识库

机构知识库是指利用网络信息技术依附于某一特定组织机构而建立的信息化学术数据库，它将组织内部和相关社区成员的学术产出进行收集、整理并长期保存。这些数据经过分类、规范和标引设置后，允许机构社区内外部成员按照规范的开放标准和交互协议通过互联网免费获取和使用。

智能化机构知识库的构建是提升公共学术影响力和成果展示度的核心环节。图书馆构建的智能化机构知识库可作为开放获取的模式之一，全面客观地为机构人员提供科研学术数据支撑，进一步增强学术交流和学术氛围，促进公共学术研究的发展。目前国外图书馆和科研机构已普遍关注并开展了智能化机构知识库建设，同时国内大多数图书馆技术能力和馆员素质已足够构建智能化机构知识库，但由于尚未形成完善的机构知识库理论基础和管理机制，缺少相应的架构规范。因此，图书馆亟须将先进的信息技术与学科理念有效集成以加强图书馆和管理部门的联结，建立起完善的智能化机构知识库机制和规范。通过馆员和图书馆用户的沟通合作，共同促进图书馆智能化机构知识库的构建，以此建立的图书馆智能化机构知识库，确保各类产出成果的收全率；在成果利用和科研实践中可以使既有产出成果真正成为他们接续研究的延伸基础，确保知识服务的深入和拓展。

3. 打造图书馆知识共享空间

在信息网络化、图书馆数字化的泛在知识环境下，图书馆的服务正逐渐由以图书馆为核心转变为以用户为核心，图书馆用户信息行为由单一形式获取固定载体的信息资源转变为利用多种方式获取泛在各种信息载体上的各类型信息资源模式。图书馆必须与用户有效结合构建知识共享空间，实现用户在任何时间、地点通过个人倾向的多种路径无缝获取所需的信息资源。泛在知识环境下借助大数据信息技术和各类智能化信息服务工具构建一个由图书馆员和用户共建的知识交流和共享空间，将信息资源获取和知识创新相结合，为用户提供持续高质量的个性化、专业化知识服务，实现知识发布方式和交流模式由单向、线性的传统知识链转变成密网型知识共享信息网络。在知识共享空间中，用户不再单纯是知识需求和利用者，对于图书馆的反馈也不再仅仅是提出改进建议，而是利用自身专业知识和实践能力使图书馆资源建设更加合理的参与者。同时，图书馆员也可以在与用户的交流互动中，一方面，辅助用户高效利用图书馆数据资源；另一方面，不断填充自身知识漏洞，持续提高知识服务能力。

四、图书馆知识服务能力评价

（一）知识服务能力的影响因素

1. 图书馆员职业

随着社会经济市场结构的不断调整，知识价值与专业水平已成为衡量职业地位的主要标尺。由于薪资报酬较低，图书馆馆员这份工作在部分人眼中属于“底层”工作，在实际工作过程中未能重视实现自我价值。相关调查报告显示，图书馆馆员这一职业在求职意愿中的占比极低。职业因素直接影响着图书馆馆员的工作态度，亦与图书馆知识服务能力的高低有着一定关联。除此以外，在各项体制的制约下，部分图书馆出现人才结构失衡的问题，这一问题致使馆内岗位竞争氛围不足，同时也限制着图书馆知识服务模式的创新与优化。

2. 服务理念

在传统管理观念下，图书馆将收集、整理、保管书籍作为最核心的工作要点，并将侧重点放在如何更加高效地管理馆内文献资源上，同时馆员的身份也处在“教育者”层面，并不是服务者。尽管现阶段各级图书馆已经重视“以读者为本”“服务质量第一”等管理理念的渗透与实施，但从本质上来看大多数馆员的服务理念并未及时更新，仍旧存在着一定的缺陷，主要体现为服务模式单一、服务水平较低以及服务体系不完整。由此可见，传统观念下的图书馆服务模式难以满足读者需求，也阻碍着图书馆的长远发展。

（二）知识服务能力评价的原则

1. 遵循科学性原则

科学性原则主要是指用于评价图书馆知识服务能力的评价指标体系应能够客观真实地反映图书馆的知识服务能力发展现状，从而有利于发现各图书馆知识服务能力的发展差异。因此，图书馆知识服务能力评价指标的选取必须有科学依据，从客观实际出发。换言之，所选取的具体评价指标的定义、单位和计算公式必须以相关理论为依据，不可凭空捏造。

2. 遵循系统性原则

对图书馆知识服务能力进行综合评价是一个系统工程，在构建指标体系时应综合考虑内部环境和外部环境等多种因素的影响。因此，必须从系统的角度构建图书馆知识服务能力评价指标体系，应包括影响图书馆知识服务能力的各种关键因素和评价内容，能够全面、系统和准确地体现科技情报机构知识服务能力，指标层次结构要科学合理、分类准确、层级明确，确保评价结果的全面性和系统性。

3. 遵循客观性原则

由于图书馆知识服务能力是独立于人的主观意识之外并能被人的意识所反映的客观现实，图书馆知识服务能力价值的高低不能被评价者的主观意识确定。因此，图书馆知识服务能力评价指标的选取应与知识服务业务过程的客观事实相符合，所选取指标应采用定量指标，涉及的数据要尽可能使用官方统计数据，避免因数据统计误差导致评价结果失真。

4. 遵循可操作性原则

可操作性即可行性，主要是指在尽可能准确反映图书馆知识服务现状的同时，选取各图书馆的共性指标，以保证数据的可操作性。在具体实施过程中应注意以下几点：一是数据的可获取性。图书馆知识服务能力评价指标所涉及的数据应是简洁的，便于搜集、加工、处理的。二是指标的可量化性。图书馆知识服务能力评价指标应尽量选择定量指标，避免选择可量化性较弱的定性指标。即使由于客观条件限制只能选取定性指标，也应当运用合适的数理统计处理模型将其转化为易于获取、加工、处理的定量指标。

5. 遵循代表性原则

在图书馆知识服务能力评价指标选取过程中，各评价指标往往存在着相互联系、相互影响又相互制约的关系，在对评价对象某种特性进行评价时，往往可能有多个指标可以进行反映。因此，在构建图书馆知识服务能力评价指标体系时，要避免选择所反映特征相同或极其相似的指标，筛选出具有较强代表性且能全面衡量图书馆知识服务能力的指标，从而科学评价各图书馆知识服务能力的发展现状。

6. 遵循目的性原则

构建图书馆知识服务能力评价指标体系的根本目的是衡量各图书馆知识服务活动的成效。因此，所构建的知识服务能力评价指标体系必须能够客观地反映各图书馆知识服务的本质特征，能将各图书馆知识服务活动发展工作标准化，进而推动其知识服务活动的高质量开展。是否满足目的性原则是衡量评价指标体系构建合理性和科学性的重要标准，是图书馆知识服务能力评价指标体系构建的前提。

7. 遵循发展性原则

互联网、大数据等新一代信息技术的快速发展必然给图书馆知识服务理念、模式等方面带来重大影响，并提出新的机遇和挑战。因此，图书馆知识服务能力的评价指标体系不可能是一成不变的，必须结合时代发展对图书馆知识服务的影响等因素，动态调整评价指标体系，以适应新时代对图书馆知识服务的新要求，体现评价指标体系的发展性和时代性。

（三）知识服务能力评价的对象

对于图书馆而言，要想使自己所开展的知识服务工作变得更好，首先要做的便是将自己与其他群体间的关系处理到位、处理好，即实现图书馆、政府与读者之间的紧密融合；而对于知识服务能力的评价来讲，同样需要三方积极参与其中，只有这样才能对知识服务能否达到既定目标进行全面、客观且准确的评价。

对于图书馆而言，其乃是知识服务的积极引导者、组织者，同时还是实施者，为了能够促进知识服务能力的提升，改进知识服务方案，图书馆需要对自己所进行的知识服务实况实施评价。但从既往研究得知，有关图书馆评价知识服务的报道并不多。

（四）知识服务能力评价的方法

针对图书馆来讲，其在具体的知识服务评价方法上，已经有了许多比较实用的方法，除了有座谈法、数据分析法之外，还有访谈法、问卷调查法等。在现实工作当中，通常会将多种方法融合在一起。

首先，须结合现实情况及具体需要，对知识服务的最终结果进行采集，而对于此种结果而言，不仅可以是文字描述，而且还可以是数字记载。在此环节中，须结合当前实况，以评价的具体内容、目标作为基本对象，对评价的各项指标给予深层化明确，进而对采集的结果内容加以明确。需要指出的是，指标体系不同，最终所得到的评价结果也会存在差异。

其次，围绕所采集到的结构，展开深入且广泛的分析、处理。有学者根据实际需要，积极构建了云模型，其则为围绕采集结果开展深层次分析、处理的新手段。数据统计分析始终是图书馆评价的基本依据。针对常规的知识服务评价来讲，其多将手工采集到的数据作为基本依靠，且以手工方式来进行统计分析，因而效率较低。而步入数字时代后，扩大了数字采集的范围，而且数字采集的具体方式也变得更加全程化、自动化。通过应用大数据技术，能够更加及时、准确且快捷地处理数据。因此，针对图书馆来讲，在进行知识服务评价时，应把信息技术所具有的各种优势充分发挥出来，且与大数据技术相结合，以此使整个知识服务评价工作在手段、技术、方法上，均得到大幅提升。

第三节　图书馆读者需求与服务

一、图书馆读者认知

图书馆读者是一个特指的概念，通常是指具有文献需求和阅读能力，并充分利用图书馆资源的个体和社会团体。它是一个特定范围的读者，是社会读者中最为活跃的一部分。图书馆读者是图书馆服务的对象，图书馆的一切业务活动，都是以组织和指导读者的阅读活动为目的的。作为一种社会的宣传教育机构，图书馆的各项社会功能都体现在读者阅读活动的效益上。读者是接受图书馆作用的对象，读者的阅读活动时刻都在接受图书馆工作的影响。

（一）图书馆读者的划分

读者在图书馆扮演的角色是双重的，从文献阅读的角度来讲，他们是主体，从资源建设的角度而言，他们又是客体。我们在定义读者的内涵时，认为其是能够对各种资源有一定的接受能力的对象。从当下图书馆建设的情况来看，读者在信息交流过程中扮演的是核心角色，他们要从自身出发发出信息，还要对信息进行综合处理、客观评价。同时，公共图书馆为了将其内在的潜力激发出来，必须在管理建设方面加大力度，要提前将读者有关工作做到位，将馆藏文献的价值充分发挥出来。同时，在对每一项工作进行细化时，首先要对读者的类型有一定的了解。实际上，我们可以对读者进行如下几个方面的划分：

1. 以读者对图书馆文献的使用情况为标准划分

就文献的角度而言，根据读者对其应用的差异，我们可以将读者分为以下几种：

（1）文献型读者。这种类型的读者指的是在获取信息的过程中以检索纸质文献，阅读纸质文献为目的的读者。他们由于自身资源获取的特殊性，对于纸质文献有着较强的依赖。有时，他们对于纸质文献的偏好也是由于对网络资源的获取渠道掌握不够到位，对数字资源的使用不甚熟悉，所以才会更多地选择纸质文献来进行阅读。

（2）网络型读者。这类读者对于网络的使用十分熟悉，他们也对数字信息十分敏感，习惯了依赖平台进行资源的检索。公共图书馆当中的不少信息只能通过电子平台来进行检索，这也是弥补纸质文献缺失的一种有效形式。

（3）混合型读者。综合使用上述两种文献检索方式的读者，我们就将其称作混合型读者。他们既会选择电子平台进行文献检索，也会利用纸质文献来查阅知识，不管对哪一种方式都没有特殊的偏好。他们会结合自己需要检索的文献来选择不同的方式，这样的读者能够获得更加全面和科学的信息。

2. 以读者的授权情况为标准划分

就读者授权的现实而言，我们可以将读者分为以下几种：

（1）借阅证读者。这类型读者会凭借其借阅证来进入图书馆。他们的信息检索方式不会受到限制，可以选择纸质阅读，也可以选择登录账号来访问图书馆的网站，包括数据分类搜索、阅览室查询以及数据库访问等。

（2）授权读者。没有办理图书馆借阅证，但是已经完成基本的注册流程的读者就属于这一类型的读者。他们会通过图书馆的信息指引来授权检索。这类型读者需要有合法的登录授权，他们的信息也会受到保护。

（3）未授权读者。这类型读者指的是被图书馆授权登录网站，却没有下载权限的读者。他们对公开的信息具有访问权，但是对于馆内信息没有下载权限。

3. 以读者所处的空间为标准划分

根据读者所处空间不同的角度来说，我们可以将读者分为以下几种：

（1）馆内型。馆内读者指的是前往图书馆来进行信息检索，获取自己所需要的知识的读者。我们通过比较现代读者和传统读者的差异能够发现，他们虽然存在部分一致化特征，但是在实现途径方面存在着明显的差异。

（2）远程型。远程型指的是利用现代化的各种媒体，通过账号登录等方式进行信息检索的读者，他们会以远程的路径来进行信息定位。目前，计算机的普及化程度越来越高，数字资源的类型更加多样，这类型读者的数量较之前获得了明显的增长。

（二）确定读者范围与重点

确定读者范围与重点，有利于图书馆区分服务、充分服务，使图书馆的人、财、物得到最大限度的利用，并产生出更多的经济效益与社会效益。

在不同范围的读者群中，客观上存在着重点读者与一般读者的区别。重点读者是图书馆的服务对象和研究对象。确定重点读者，要把图书馆和读者两个方面的情况结合起来考虑。一方面，要考虑图书馆的主要性质、任务和藏书重点是公共性的，还是教育性的；是研究性的，还是普及性的；是为教学和科研服务，还是专门为研究服务；是为经济建设和科学研究服务，还是为普及科学文化服务；等等。另一方面，要考虑读者是担负研究任务的，系统自学的，还是一般阅读的；是经常利用图书馆的，还是偶尔利用图书馆的；是能经常反映阅读需要和阅读效果的，还是不常同图书馆保持联系的；等等。根据图书馆的实际情况，确定不同类型、不同成分的重点读者；根据读者的实际需要情况，确定重点读者的发展条件。一般说来，图书馆的重点读者类型，包括研究性读者类型和自学性读者类型，其中，经常利用图书馆，并同图书馆保持密切联系而又能积极反映阅读需要和阅读效果的个人读者、集体读者或单位读者，都可以被选择发展成为图书馆的重点读者对象。

公共图书馆和各类型单位所属图书馆，确定读者范围、读者重点与读者数量，有明显的区别。

各类型单位所属图书馆，面向本单位的全体成员，读者范围和读者数量，以本单位的全体成员为限。如一个学校的师生员工，一个研究单位的研究人员和工作人员，一个厂矿的工人和技术人员、研究人员和管理人员，一个机关的所有职工，都是该单位图书馆特定范围和特定数量的读者群。在这些特定范围的读者群中，再选择某些担负研究任务或学习任务而又经常利用图书馆的读者，作为本单位图书馆的重点读者对象。

各级公共图书馆，面向本地区的全体社会成员，读者范围广泛、成分复杂、人数众多，不可能人人都成为它的正式读者，必须有所选择、有所限定。因此，发展正式读者，调整读者队伍，是各级公共图书馆经常性的特有任务。

发展正式读者，要考虑三方面的因素：第一，本馆的可能条件，包括为科学研究和大众服务的两项任务，文献资源的种类、规模、成分与比重，业务人员的数量与能力，空间容量与设备条件，等等；第二，本地区经济文化发展的实际需要，包括本地区经济特点，科学文化教育事业的状况，所在地区内厂矿企业，科研单位，机关学校，居民委员会及各行各业、各阶层中，需要利用书刊资料而本身资料又很缺乏的单位和个人，将作为读者发展对象；第三，本地区图书馆事业发展状况与馆际分工，一般不发展其他图书馆的读者作为公共图书馆的正式读者。个人读者一般就近就地利用图书馆，特殊需要可通过单位建立邮寄借书关系，或通过馆际互借方式加以解决。

调整读者队伍，也要综合考虑三个变化因素：第一，本地区经济建设和科学文化教育事业的发展变化情况（如体制改革、机构调整、经济成分变动、工程技术与研究项目发展等）会直接、间接影响读者队伍的变化。第二，由于读者队伍的实际变化（如经过一定时期后，相当一部分读者工作调动、职业变化、单位撤销、居住搬迁等），读者领取借阅证后长期不利用图书馆，空证率高达一定比例，而许多需要利用图书馆的读者领不到借阅证件。还有部分读者不符合本馆正式读者条件等。第三，馆藏书刊流通失调情况。如有些藏书因无相应读者利用，未发挥应有作用，而需要利用这些藏书的单位和个人不是图书馆的正式读者等。因此，定期验证核实，调整撤销不适宜的读者部分，发展新的读者，增减各类型读者成分数量比例，使读者队伍的构成与社会实际需要相适应，与馆藏文献资源结构相适应，与本馆任务和能力相适应。经过调整，不断提高图书馆读者队伍的质量，使应该为社会利用的藏书充分开发利用，使应该利用图书馆的社会成员成为图书馆的正式读者。

公共图书馆一般在三五年内，重新制订读者队伍发展计划。计划中提出发展读者总数量，各种类型、各种成分读者的具体数量，一般读者与重点读者的条件和名额，规定读者登记、验证时间、办法及具体措施，做到有计划按条件而又公开地发展读者。

公共图书馆的读者范围体现公共性特点。以省级图书馆为例。省馆的服务对象，在地区范围内要面向全省，不仅是省会所在地；在对象范围上，包括党政军领导机关，科研、生产部门和文化教育部门，以及各行业、各阶层的广大群众；在文化程度上，有中学文化程度，博士、大学、大专、中专文化程度，有初级、中级和高级职务的各类读者；在学科领域中，有搞哲学社会科学的，有人文科学的，有自然科学和技术科学的，涉及当今中外一切学科领域。在广大范围的读者群中，正式读者主要集中在省会所在市区。个人读者一般区分为普通读者和科技读者两大类型，其中，普通读者的数量比科技读者高两倍以上。两类读者在借阅范围、借阅数量、借阅期限以及服务方式上都有不同的权限与模式。在两大类型读者中，按照一定的条件，都要进一步区分一般读者和重点读者，构成公共图书馆重点服务对象。

发展重点读者，可以在图书馆读者队伍中，通过申请、选择，确定重点服务对象。选择重点读者的条件是：担负有生产、科研任务，需要经常利用图书馆文献资源，并能经常向图书馆反映借阅效果的专业读者。一般说来，经过申请并选择确定的重点读者，大多是工厂、科研所的工程师，大学教师，或其他系统相应职务的专业人员及管理工作者。重点读者，享有优惠待遇，如放宽借期、增加借书册数，实行预约借书，并建立专门档案。有条件的图书馆，可以进行跟踪服务、送书上门、个性定制、个性代理等服务。

在一定区域内，图书馆正式读者所占各类社会成员的范围、重点和数量比例，在整个国家或地区中，读者成分、读者类型的广泛程度，读者数量比例大小，可以说明两个问题：第一，可以说明图书馆事业的发展程度；第二，可以说明图书馆文献资源的开发利用程度。在一个单位之内，各成员利用图书馆的情况，可以反映这个单位图书馆的地位与作用。

二、图书馆读者需求的表现与评价

读者需求是指读者对适用图书文献的寻求过程。它以读者的阅读目的为出发点，以其适用文献的取得为结果。此过程体现了读者与文献之间的关系，属于阅读行为的前期活动。取得适用图书文献的过程就是满足读者需求的过程。

（一）读者信息需求的表现

信息需求是人类精神需要的一部分，它既是一种社会需要，又是一种心理需要。这种信息需求，是为了社会的进步和经济的繁荣，也是为了自身的发展和工作任务的完成。读者的信息需求，随着年龄的增长、知识的增长、能力的增长，而不断地发展和提高。

一般来说，信息需求表现在以下几个方面：

1. 信息需求是一种社会需求

读者作为一个社会的人，其信息需求总是在一定程度上反映了社会的政治、经济、科学、文化发展的需要。只有历史地、具体地研究读者，把读者放在特定的时代和社会环境中加以考察，才会认清现代社会读者的社会性和群众性的特点。随着社会的进步，科学的发展，社会成员素质的提高，将组成遍布全社会的庞大读者队伍。为了社会的进步和经济的繁荣，为了自身的生存、发展和完善，读者把信息需求当作社会生活中不可缺少的组成部分，从而使信息需求成为普遍的社会现象。

信息需求的社会性具体表现在以下几个方面：

第一，信息需求者既是信息活动的主体，又是文献工作作用的客体。读者从事信息活动，主要是通过各种载体的信息交流功能，实现人们相互之间的某种社会交往，从而满足个人的社会精神需要。

第二，读者的信息需求过程，并不是孤立进行的个别行为，而是在一定社会环境中进行的活动，是整个社会生活的组成部分，是整个社会实践活动系统中的链条，同社会生活的各方面都发生联系。

第三，选择信息资源、评价信息内容价值的客观标准，取决于社会实践的需要，取决于社会政治、经济、文化、科学技术诸因素，取决于社会对人们的认识和行为所产生巨大影响的作用。

第四，信息需求的效果，直接影响着社会的生活和生产活动。信息资源的社会功能，直接作用于读者发展和完善的过程。信息资源的社会功能有助于培养读者先进的思想意识及正确的世界观。信息资源以自学方式使读者进行终身教育和连续教育的过程中，不断地积累系统知识，更新知识结构，以适应社会活动和生产活动发展的需要。教育已成为普及文化知识、传递科学技术情报、活跃业余生活的重要源泉。现代技术的发展，服务手段的多样化，各种文献载体的发展，极大地丰富了读书内容和读书形式，强化了信息资源的社会功能。

第五，群众性读书活动的组织工作与指导工作，依赖于国家与社会的力量。群众性读书的组织、指导的任务，主要落在图书工作者身上。他们发展和组织广泛的读者队伍，配合读者系统地选择图书，指导读者正确地理解文献的内容，帮助读者学会利用文献工具，并为吸引读者读书和利用图书馆，创造方便的条件，这一切都是按照社会的需要，在国家的规划下有计划有步骤地进行。

至于读者的信息需求，包括读者对信息的共同需求，以及对文献内容的不同需求，其实质多反映了读者的社会需求，即信息需求的社会性。

2. 信息需求是一种精神需求

从马斯洛的人类需求五层次学说[①]来看，前两种需求属于低级的物质需求，后三种属于高级的精神需求。信息需求属于后三类精神需求的范畴，因为通过信息的利用，可以提高读者智力，提高道德水平和审美水平，得到有益的启示，激发新思想的产生，从而满足自我尊重、自我实现的需求。所以属于高层次的精神需求。

3. 信息需求是不断发展变化着的

社会不断发展变化，读者的信息需求也随着社会的发展而不断变化。由于读者的信息需求动机、目的以及个人修养在不断更新、提高和发展，这些变化使得读者的信息需求经常处于发展、多变的状态之中。

（二）评价读者需求的要素

“图书馆的读者需求是读者选择文献的前提与动力，但读者的需求视个体的差异而有变化。”[②]因此，要全面并正确地认识读者需求的特点及其规律，就有必要对读者的不同信息需求进行具体的调查和分析，以便做出较为合理的需求评价，这也是读者服务工作的基本内容之一。评价读者需求应考虑如下几个方面：

第一，读者自身的特征。包括职务、职称、学历、工作性质、所在单位、信息意识及年龄、性别等方面。读者的这些个人因素往往会产生不同的文献需求，决定着读者需求的主要特点，是读者评价时应优先考虑的一个条件。

第二，读者需求文献的主题内容。系指所需要的是属于哪一专业或哪一学科，还是属于某一特定的内容。因为这些主题会涉及读者查找文献的方法，选择哪种检索途径，确定哪些类目或主题词做检索。

第三，读者需求文献的信息内容。系指读者需求的是数据信息、事实信息还是文献信息。如果是文献信息，还要进一步了解是图书还是期刊，是一次文献、二次文献还是三次文献等。这样，图书馆工作人员可根据各类文献的使用方法提供优良的服务。

第四，读者需求文献量。读者需求文献的数量总和以及读者浏览和阅读文献的总量，

---

① 马斯洛需求的五个层次分为生理需求、安全需求、归属与爱、尊重需求和自我实现。

② 张枫霞．图书馆读者服务［M］．北京：海洋出版社，2009：47.

这是衡量读者消化吸收信息能力的主要依据。

第五，读者要求提供信息的准确性、完整性。图书馆对读者提出的文献需求应给予满足，包括对读者所需信息的出版年代，以及对提供信息的时间期限和及时性的需求。

第六，读者获取信息的方法和习惯。读者是通过正式渠道还是非正式渠道获取信息，读者获取信息时习惯采用哪种方法，是评价读者需求很重要的方面。

第七，读者需求的阶段性。比如，大学生、科研人员等在学习、科研设计的不同阶段，要求文献信息的内容与程度各不相同，掌握这些需求特点，才能真正做好服务工作。

第八，读者信息需求的文种。掌握好读者需求文献的文种，有助于图书馆有针对性地做好读者服务工作。

我们对读者需求做出评价，并不是去强调读者需求的一致性，而是要找出读者需求之间的差别，以便进行区分服务和充分服务。

三、图书馆读者服务工作

（一）文献借阅服务

文献借阅服务主要包括文献外借和文献阅览服务。

1. 文献外借服务

文献外借是各级图书馆的传统服务之一。从最初的手工借还到今天的自助借还，服务手段、服务内容和服务形式不断丰富，对从业人员的专业素质要求也越来越高。

文献外借主要有个人外借、集体外借、馆际互借、邮寄外借等形式。

（1）个人外借。

个人外借是专为个人读者借书的形式。有借书权限的读者，凭借书证或一卡通，以个人身份在外借处借出自己所需要的图书。个人借书是外借方法中最重要、最基本的服务形式，它能满足读者千差万别的阅读需要。

外借方法有如下三种：

一是闭架借书。在闭架借书的情况下，读者借书前要查找目录（可在目录盒或网上查询），从目录中选定自己所要借的书籍，然后填写索书单。在索书单上写明索书号、书名、著者、卷册及读者姓名和证号等，然后凭借书证和索书单向图书馆馆员索取所借书籍。馆员根据索书单从书库找出读者所要的图书后，在出纳台办理借书手续。

二是半开架借阅。是介于闭架与开架的一种方式。半开架借阅是将书籍陈列在带有玻璃的书架上。书脊向外排在架上，每层架子外面嵌上、下两块玻璃，玻璃中间有一条手指宽的空隙，读者能看到书名和书的外形，但不能取。借书时，读者从玻璃空隙中向里推动要借哪一本书，由馆员取出后，再借给读者。这种方式可省去读者查找目录、填写索书单手续。

三是开架借书。开架借书比闭架借书的手续要简便得多。读者可以直接到书架上翻阅图书，选定自己所需要的图书后，即可持书到出纳台办理借阅手续。为了有区分地组织各类图书，供各类读者外借，图书馆一般按照图书的类别、文种和读者成分，分别设置中文社科图书外借处、中文自科图书外借处、中文文艺图书外借处、外文图书外借处等。并根据需要，在各外借处进一步划分不同读者成分的出纳台，如教师读者出纳台、学生读者出纳台等。

为了维护大多数读者的利益，图书馆都制定外借规则，规定读者借书的办法、程序、数量、期限以及逾期停借或收费制度。同时也制定了工作人员服务公约，规定馆员的职责范围，要求馆员树立“读者第一”的观点，做到服务方式快速、有效；服务态度友好、专业；服务内容可靠、持续；接待读者热情、周到；主动引导读者查找馆藏文献信息；积极推荐好书；认真解答读者的咨询，尽可能满足读者阅读需要。

（2）集体外借。

集体外借是专为满足某一单位或小组团体读者共同学习、研究需要而采用的图书外借方法。它由专人负责，代表小组或团体向图书馆提交单位证明，提供预借书目单，办理借阅手续，借出批量图书，以供小组或团体读者共同使用。高校图书馆常采用这种外借方式，解决读者教学、科研、课程设计阅读用书的需要。

集体外借不同于个人外借之处，在于它方便有共同需要的读者群，保证用书需求，一人借书，多人使用，提高了图书利用率；一次外借图书的品种多、数量大、周期长。对于图书馆来说，便于有计划地合理分配有限的图书，减少了接待读者的时间，节省了借还图书的工作量，保证了外借图书的计划性和针对性，缓和了供求紧张的矛盾，最大限度地发挥了文献的作用。

美国大学图书馆设有课程资料分部，主要为每一学期的具体课程服务，包括预定、复印、存储和借阅课程规定的参考资料，诸如教学提纲、教具、参考书 / 文章、作业 / 考试答案等，供学生使用。资料的形式包括印刷品、各种音像资料、模型，以及数字化 / 电子化资源。这个部门为上课的教授管理其要学生查阅和参考的一系列资料，同时为保证学生能够找到教授要求的辅导资料提供了专门的渠道。这个部门储存的资料每学期都要根据课程的改变和教授的要求而变化。各门课程的资料学生如何借阅、可借阅时间，以及在本部门需要存放和复制的份数，由教授做出初步决定，再由该部门核实版权后，通知教授做最后的决定。一般来说，因为资料有限、借阅读者多，故借期短。

（3）馆际互借。

馆际互借是指图书馆之间根据协定相互利用对方馆藏以满足本馆读者需求的外借形

式。它的主要作用是各馆之间可互通有无，弥补本馆馆藏的不足，多途径地满足读者需求。

馆际互借可使一馆的馆藏变为全国乃至全世界的馆藏，由一本书只在一个图书馆或一个地区发挥作用，变为在全国甚至全世界作用。馆际互借是充分发挥馆藏作用的有效措施，也是实现资源共享的重要手段。馆际互借通常对如何注册、如何催书、如何罚款、如何赔偿遗失图书、互借权范围（包括用户类型和文献类型）等做出明确规定。如有些馆规定用户必须先在本馆借阅，只有本馆馆藏不能满足需求时才能使用互借权。

现代技术从根本上改变了原有繁复的馆际互借手续，大大地节省了时间，提高了效率。传统的馆际互借将变为文献传递的概念。馆际之间不再仅仅是文献实体的借与还，更多是通过网络传输用户需求的文献信息。

馆际互借的工作模式有如下流程：①读者向所在馆（文献请求馆）提交馆际互借申请。②请求馆员查证读者的馆际互借申请，检索本馆馆藏目录，确认本馆有没有可以提供的馆藏；检索联机书目系统或联合目录，必要时更正或补充书目数据，保证提交的书目信息准确、充分；以费用、时间、完成率、结算方式等作为选择依据，确定文献提供馆。③向文献收藏馆发出请求：说明费用、时间、结算方式、传递方式等要求，声明遵守某种版权法。④文献收藏馆收到请求后检索本馆馆藏，若能提供，则成为提供馆，办理借出手续，或复制（扫描）文献；并以请求馆要求的方式发出文献，通知请求馆文献已发出，向请求馆说明是否需要返还、出借期限及费用等情况。如果无法提供，则说明原因，迅速将请求转送下一个收藏馆。⑤请求馆查收文献，通知提供馆收到文献，通知读者领取文献。⑥读者将文献（返还式）经请求馆归还提供馆。⑦提供馆验收归还文献，通知请求馆已经收到返还的文献，向请求馆定期送出发票（也可以将每一份请求的费用发票随文献一同送出）或向某个费用管理中心（如 OCLC IFM）提交文献提供清单。

（4）邮寄外借。

借助邮政传递手段，为远离图书馆缺乏书刊的单位或个人读者寄送外借书刊，是解决边远地区读者看书难，从而发挥馆藏资源利用效益的有效外借方式。根据残疾人保障法规定，盲人读物邮件可免费邮寄，所以可通过邮局为视障读者邮寄图书。例如，上海图书馆常年开展为视障读者提供免费邮寄外借服务。

2. 文献阅览服务

文献阅览服务是图书馆为读者提供的基础服务之一，是指图书馆为其读者提供图书报刊或数字资源阅览服务。可分为馆内阅览和馆外阅览。馆外阅览需要图书馆提供较多的复本，同时流通周期也影响到图书文献的使用。馆内阅览服务在某种程度上缓解了馆外阅览带来的问题。馆内阅览除了给读者提供阅览书刊的服务外，还能够起到保护珍贵文献、特有文献的作用。馆内阅览服务一般设有书刊阅览室、多媒体阅览室、特色馆藏阅览室等。

3. 文献借阅服务的保障措施

第一，加强基础设施建设。基础设施是馆内借阅服务得以顺利开展的保障。基础设施的建设，一是要加强基本硬件的投入，保障读者的阅读空间。如设置休闲空间、学习空间，增强读者的阅读体验。二是加强可便利读者的设施建设，如阅览桌椅、饮水机、打印机、存包柜等的配置。三是加大网络建设投入，如增加有线终端的提供和无线网络的建设。

第二，拓展传统服务。除了传统的借阅外，公共图书馆围绕满足读者阅读需求，还应拓展其功能性的服务，为读者提供检索、导读等服务。为了方便读者检索，图书馆一般在馆内配置读者检索专用电脑，便于读者利用 OPAC 查找馆藏资源，同时应在馆内设置导读岗，辅助读者阅读文献。导读是指导读者阅读的工作，包括读者阅读理念、方法、技术教育和相关教育等。图书馆应在馆内设置导读岗，明确专人承担导读服务，辅助读者阅读文献。为吸引读者可编制宣传册和读者指南等材料进行辅导。

第三，重视新技术应用。充分利用现代信息技术为读者提供自助服务是近年来公共图书馆服务发展的特点之一。相当一部分图书馆引入了 RFID 技术，实现了自助办证、自助借还等化智能化服务，部分引入了 24 小时无人值守的自助图书馆，大大方便了读者的阅读。

（二）文献复制服务

我国《著作权法》规定，复制是指以印刷、临摹、拓印、录音、录像、翻录、翻拍等方式将作品制作一份或者多份的行为。它弥补了文献资料的不足，是提供流通和传递使用文献资料的一种新的服务方法。它是传统的外借、阅览服务的延伸，也是其他方法中读者获取文献资料的补充和扩展。

读者在学习、研究的过程中，常常需要收集资料，通常的情况是，或需要长期使用某一部分资料，或只需要某份资料中的一小部分。由于受种种条件制约，如数量、品种、时间等，不允许或不可能把这些资料借出长期占用，也不可能腾出大量的时间抄写。复制服务就解决了读者在使用文献资料过程中遇到的这一难题，它提高了文献利用率，开发了文献利用深度，满足了读者对特定文献占有的需要，也节省了读者摘抄誊写文献、积累资料的时间，显著地提高了文献交流的速度，弥补了借阅的不足，方便了读者在时间和空间上的学习和研究的需要。同时，运用静电、缩微、下载、复制等手段，可以对难得的书刊进行多次性搜集积累、补充那些因经费或因其他原因漏购的藏书，以便充实馆藏。补配缺漏，提供复制片、数字化后的文献资源，为读者外借、阅览、邮寄、馆际互借、浏览或购买提供方便。对一些需要长期保存的文献资料，如特种文献、缩微资料、声像资料，可以用缩微倍率高、质量好的缩微件代替原件保存，而提供原件使用。这样，既可高密度存储图书文献，节省存储空间，缓和或解决库容量紧张的问题，又照顾了读者现实利用的习惯和方便，妥善地解决了图书文献保存与使用的矛盾。

静电复印技术在国内图书情报部门得到了广泛的应用，许多图书馆除为读者开展文献复制业务外，在馆内阅览室、书库、目录厅及其他读者活动区域，还配备了读者自己能操作使用的静电复印机和缩微复印机，由读者自己操作投币自动复印。可以边检索边阅读、边复印，节省时间，方便读者。它因成本低、功效高、速度快、使用方便，广泛应用于文献收藏、存储和文献活动中，收到了良好的社会效益和经济效益。大量的事实说明，文献复制服务是读者服务方法中广泛采用的方法，并且有进一步发展的趋势。

现代科技的发展，使文献复制变得十分容易、便捷且价格便宜。尤其是网络环境下作品复制、出版、创作、传播，它给图书馆馆藏建设带来了很大的方便。但我们不应因此无的放矢，必须协调好信息拥有者、传播者与读者之间的关系，保护好信息知识产权，在法律界定的“合理使用”范围内，把握好复制的“度”和“量”。我们要以条例、法规为准绳，在提供服务中认清网上开发的“公有领域”信息源和“专有领域”信息源．把为教学科研和国家机关执行公务需要的少量复制与商品化服务为目的的文献复制区分开来；对于网络上计算机程序及其文档，各类数据库等信息产品，要在“合理使用”原则允许的范围内进行信息处理工作。只有这样，才能对信息所有者权利进行保护，全球信息资源共享才能真正实现。

一般来说，复制技术有如下主要特点：

第一，节省空间。尤其是缩微资料，由于它具有记录密度高的特点，因此可大大节省空间。如用缩微复制品代替原本保存，可节约书库面积 95% 以上。

第二，节省人力。采用文献复制技术后，可把那些从事大量而烦琐转抄作业的人力解脱出来，不仅大大加快了速度，同时也大大提高了准确性。

第三，加快信息传递。可利用计算机与缩微系统联机作业，实现对信息的自动处理，及时提供给有关部门，传递给所需读者。

第四，保护图书。对于珍贵书刊、手稿，可用文献复制方法复制下来，在流通中尽量使用代用品，减少对原件的损伤。同时，一些核心期刊、重点文献、流通量大的图书，由于使用频繁，容易破损，甚至丢失。借助复制技术，减少了文献磨损，从而保护了文献资料，提高了文献利用率。

第五，丰富了馆藏。用文献复制的方法获取珍贵和急需文献，是丰富馆藏的好途径。

第六，节省经费。一般来说，缩微品资料要比印刷品资料价格低。缩微复制品仅为一般图书的 1/10 ～ 1/15。如美国政府出版的四大报告，印刷品每件为 10 美元，而缩微版复件只需 0.85 美元。若购买缩微版既能降低业务费用，又能为国家节省大量外汇。

第七，方便读者。文献复制技术的广泛使用，不仅可以使读者方便而迅速得到所需资料，而且大大提高了文献利用率。

由于文献复制具有的优点和作用，复制手段也在不断发生变化。如手工抄写复制、键盘打字复印、静电机械复印、缩微照相复印、电脑存储复印等。这些复印方法都曾在图书馆情报部门得到不同程度的应用。

尊重和遵守版权法是复制工作涉及的一个重大问题，版权法为全面保护作者的权益制定了严明的法规，但也为图书馆及其用户“合理使用”受版权法保护的作品留有余地。如我国版权法列举了 12 种情况，有 5 种适用于图书情报部门，其中：为学校课堂教学或者科学研究，翻译或者少量复制（我国无论是《著作权法》或《信息网络传播保护条例》都没有规定图书馆复制文献的法定份数，但并非图书馆可以对文献进行“无限量”的复制。图书馆应该善意行使合理复制的权利，复制的数量以“够用”为前提，同时，在文献复制中要保护“信息注明权”，即注明著作权人的姓名、文献名称和文献出处）已经发表的作品，供教学或科研人员使用，但不得出版发行；图书馆、档案馆、纪念馆、博物馆、美术馆等为陈列或者保存版本的需要，复制本馆收藏的作品。

（三）信息检索服务

信息检索广泛应用在经济社会各领域，对提高管理和服务效率起着重要的作用，而图书馆信息检索服务注重的是在用户的信息需求与丰富的信息资源之间建立一种有机联系。

1. 信息检索服务的常见类型

用户信息需求可以划分为表达需求、认识需求、潜在需求三个层次，“以用户为中心”的信息检索服务类型也可相应地划分为三种。

根据用户表达出的需求进行的检索服务。它主要是满足用户特定的信息需求，图书馆可以通过文献检索服务、定题检索服务、个性化信息检索定制服务等方式为用户服务，查新检索服务由于是根据用户明确提出的查新需求进行的服务，也可并入此类。定题检索服务指的是根据用户的特定需要，对用户提出的检索课题进行系统的信息检索。查新服务是满足用户对课题先进性的要求进行检索，这是一种特定性的服务，需要了解用户的课题性质和课题所涉及的信息资源进行全面检索，对用户课题的先进与否做出鉴定。个性化信息检索定制服务是利用已有的技术为用户进行极具个性化的服务。

根据用户认识到的需求进行的检索服务。图书馆可根据常见的用户信息需求、本馆信息资源建设情况以及专业领域的研究方向，有计划、有目的地实施一批这样的服务栏目，如浏览检索服务、信息导航服务、学科信息门户等，满足用户一般的信息需求，并帮助他们进一步查找所需信息，进一步明确自己真实的信息需求。

根据用户的潜在需求进行的信息检索服务。用户的潜在信息需求如巨大的冰山，工作人员所能触及的只是冰山一角，潜在需求中的一部分被工作人员所认识，并以各种信息检索服务表现出来，那些仍未认识到的需求可通过知识服务被挖掘，但由于知识服务涉及有关知识发现等技术，知识服务的实践还有待于进一步研究、提高。

数字时代的信息检索服务是以Web网站为依托的信息检索服务，利用广泛的数字信息资源，根据用户特定的信息需求，主动地提供信息服务系统。它有机地将用户信息需求与信息资源结合起来，是以用户为中心的服务理念的体现。

2.信息检索服务的发展变化

信息检索服务与信息检索这两个概念最大的不同在于信息检索服务是以用户需求为中心，并用一定的服务理念与方法去解决问题，有经营理念与相应的对策方法，是从整体考虑的。而信息检索则相对单纯。当然，信息检索技术是基础，图书馆要做好信息检索服务，需要时刻跟踪与利用信息检索技术的最新发展成果。

数字时代信息检索服务是“以用户为中心”“以信息资源充分利用为目的”，为用户提供过滤后的信息。具体表现为对于那些用户表达出来的需求，信息检索服务通过信息推送、个性化定制等服务实现；对于那些用户认识到的普遍需求，信息被分门别类地组织好；对于那些潜在的信息需求，信息系统通过建立知识库等方式满足。用户信息需求总是被图书馆工作人员不断感知、认识、再认识，从而在用户需要信息时，以最有利的时间、地点和方式，使用户顺畅地获取信息和使用信息。

（四）流动服务

流动服务是为远离图书馆和不便来馆的读者及潜在读者提供文献服务的一种服务方式，也称为移动图书馆或流动图书馆，是图书馆开展延伸服务的有效方式。流动服务包括汽车图书馆、流动服务站等多种形式，较为常见的是流动服务车，也称为汽车图书馆。在北欧沿海地区还有图书船、图书艇向当地渔民提供服务。我国最早的汽车图书馆于1953年建于上海和北京。

（五）报道服务

报道服务，广义上说就是图书情报部门利用二次文献的工具，向读者揭示通报文献信息的服务方法。狭义地说，图书情报部门通过各种报道刊物，编辑书本式题录索引、简介、文摘等二次文献以及部分三次文献，向本地区、本系统以及全国范围内广泛深入地通报文献资料。这种文献服务形式，即专门意义的报道服务方法。

编辑小型专题性的检索文献，图书馆和情报部门能够独立承担，并获得较高质量和良好的效果。但大型学科性、专业性的检索文献，则必须依赖于各学科的学术组织。专业文献团体专家专门编辑出版，图书馆和情报部门可以直接利用其成果为读者服务。至于译文类刊物则要求较高，只有精通本学科专业知识的专家，熟悉国内外研究水平动态、趋势及实际需要，才能编制出高水平、针对性强、参考价值大的快报、消息、译文等文献资料。

报道服务方法，主要适用于生产、科研、教学等单位的读者，便于他们迅速了解本专业、本行业最新文献信息。这对于提高文献的情报使用价值，促进情报传递、加速学术交流，起着积极的作用。

（六）会展服务

会展其实就是会议和展览，有时也称展览。由会议和展览发展而来的“会展经济”，已成为近年来人们津津乐道的时尚词汇之一。目前，会议和展览还显示出日益融合的趋势，即会中带展、展中有会、以会促展、会展双赢。

会展服务以其有目共睹的经济效益和社会效益成为显示图书馆的窗口，在多元化服务格局中，会展服务是图书馆服务创新的主要手段之一。它可通过时事报告、学术讲座、新闻发布、专题研讨、论坛、演讲、对话、作品评析、影视播放、音乐欣赏、作家签名售书以及书画、摄影、设计作品、图片资料、个人藏品、读者教育、读者阅读成果讲座等完全不同于文献信息的内容和形式作用于读者、听众和观众，补充文献信息服务的不足。它是人们吸取新知识、理解新思想、解读新思维、感受新时代的有效途径。它充分发挥了图书馆教育职能作用，实现了传统文献信息服务、网上信息服务和其他相关服务的有机结合，形成了大文化服务环境、达到了既是图书馆又超越图书馆的最高境界。

书刊会展服务，就是利用陈列展览的直观形式，同时开展学术讲座、作品评析、专题讲座、书评、网络宣传和群众活动等，以形象的描绘和评论，主动向读者揭示文献内容，宣传馆藏信息。它把大量原始书刊资料，通过宣传、报道、展览，直接呈现在读者面前，宣传范围广泛，报道内容具体，利用方式简便、直观，发挥作用迅速及时，既充分开发利用了文献资源，又便于广大读者在短时间内浏览、选择、参考、搜集大批资料，节省时间，收效显著。

书刊会展作为一种主动服务方法，已经在图书情报部门得到广泛应用。图书情报部门运用会展形式为读者服务，将图书文献的宣传、报道、讲座、书评、阅览、外借、复制、咨询、参考等多种服务形式结合起来，搞得生动活泼，影响很大，深受读者欢迎。

书刊会展活动，形式多样，不拘一格。有会议宣传报道、读书活动、讲座、书评；有新书会展，也有旧书会展；有综合性会展，也有专题性会展；有一馆藏书会展，也有多馆藏书联合会展；有定点会展，也有巡回会展。总之，书刊会展，展中有会、会中有展，对于各种最新图书文献来说，缩短了文献时差，及时发挥了最新文献资源的价值．对于过期图书文献来说，则由“死资料”变为“活资料”，充分发挥了藏书资源的潜在价值；对于广大读者来说，则开阔了眼界，扩大了利用范围，满足了现实需要和潜在需要。

图书馆是文献信息中心，有深厚的文化积淀和浓郁的文化氛围，它为会展服务提供了理想的背景烘托，这是图书馆开展会展服务最大的优势所在。各图书馆要根据自己的条件和实际情况，扬长避短，做出地域、管理、服务方面的品牌会展，形成“以会带展，以展带会”和“以会展带人气，以人气促发展”的良性循环。

要成功地开展会展服务，不仅要有资金、设备、场地等条件的保证，还应有人员素质的要求。图书馆应设立专门的会展机构和人员，进行相应的专业知识培训，制定专业会展人员应达到的业务资质标准，必要时，还可引入西方注册展览管理人才培训方式，培养专门人才，以达到规范操作，不断提高会展服务质量。

在展览方式上，必须推陈出新，与时俱进，只有新颖的展览形式才能更充分展示丰富的会展内容，才能吸引更多观者的眼光，会展服务才能出效益、出品位。具体做法应该多种多样。通常图书会展是以静态悬挂和摆放的形式，用各种绘画、摄影、广告等作品，以图片、展板等组成。它需要生动形象，一目了然，感染性强，令人赏心悦目，给人以感受与启迪。现代科学技术的发展，为当代展览形式提供了很多新的手段，如音像、视频、多媒体以及声控虚拟技术等，都可以成为图书馆会展服务的重要构成，对提升会展的品位及效益起积极作用。

在今天，现代会议更注重信息的有效互动，现代展览也越来越倚重技术手段的采用，而现代会议与展览的日益融合，更使会展业成为集多种技术于一体的综合产业。日新月异的网络技术尤其成了会展技术手段现代化的先进性标志，具有很好的发展前景。图书馆在发展以现有场馆为依托的会展服务的基础上，还应充分利用网络设备、人才与技术的优势，致力于探索网上虚拟会展，借助互联网展示书刊信息资源、交流信息、开展网上会议、电子商务等，引领会展服务进入一个具有良好渗透性和广泛性的全新领域。

（七）编译服务

编译服务，是指图书情报部门针对社会需要，组织专门力量，代替读者直接翻译和编写外文书刊资料，以帮助读者克服语言障碍，扩大外文文献利用为目的的服务。

1. 编译服务的形式

编译外文文献有两种体例形式：

一种是翻译体，即按照原文直接翻译。其来源语言与目标语言完全一致，译者不附加任何外文词语。如接受读者委托，翻译一本书、一本期刊、一篇文章、一份资料或节译、摘译其中的章节片断，都要忠于原著，照实翻译，使译文内容与原文内容丝毫不改样，经校对审查，能相互对照阅读。

另一种是编译体，即汇集若干同类外文著述，由编译者按照一定问题系统，用编译者的词语加以描述，来源语言内容只作为目标语言的参照系，成为一种经加工整理的编译文著述，这种编译文献，连译带编，编译结合，将有关外文文献在理解消化的基础上，重新进行分析、综合、组织、编排，成为一篇完整的文献。编译文献多用于对外资料的报道、介绍、综述、述评、动态等方面的整理创作，比单独直接翻译难度更大。

2. 委托代译和交流翻译服务

图书情报部门的编译服务又称为代译服务。虽说翻译机全面支持中英文双向整句翻译，您随意输入中文或英文，轻轻一点，马上翻译成中文或英文，并且双向发音读出来，但受传统思维影响，当前仍以个人翻译为主。人工代译服务过程分两个步骤：一是由读者申请登记，提出翻译材料（或编译的课题）的具体要求，以及译文交付的期限；二是图书情报部门根据译文要求，组织翻译人员进行原文直接翻译，或课题参译，并按期保质保量提供给读者、用户参考使用。

交流编译，是广大编译人员将自己的编译著述作为学术成果公之于世，或出版发行，或出席会议作为交流报告。其中，正式发表或出版的译著，必须经过专业人员审查校订，并交付一定的版权费。

无论是委托代译还是交流编译，都是图书情报部门为读者提供编译服务的重要情报资料来源。无论哪种翻译服务，其翻译作品都具有难度大、要求严的特点，并要求翻译作品质量高、速度快，情报价值大；这就要求翻译人员具有一定的外语能力，涉猎广泛的文化知识、写作知识和具有熟练的翻译技巧，只有具备这些知识和能力，才能充当合格的翻译工作者。

（八）政府信息公开服务

公共图书馆开展政府信息公开服务，首先要设立政府信息查阅中心，在此基础上开展政府信息网络服务，并不断深化服务内容，提供个性化政府信息服务，拓展服务途径。与此同时，政府信息公开服务要以政府信息的可公开性为主导方向，与政府有关部门和领导密切协作，全面搜集公开信息，在馆内增设布告栏、显示屏、电子查阅点等设施设备来满足读者的查阅需求，同时应定期对读者进行培训，指导其掌握解读政府信息的方法。

（九）面向特殊群体的服务

公共图书馆和少儿图书馆应当将少年儿童作为图书馆的重要读者对象提供主动充分的服务，根据年龄与功能分区开展服务，策划组织举办形式各异的少儿阅读推广活动。

公共图书馆对老年人、残障人士的服务应体现人文关怀，在设施设备配置上要充分考虑他们的身体特点和需求，除提供普通的借阅服务外，要根据他们的特点开展导读、培训等活动。

公共图书馆要针对农民工的需求开展阅读服务与信息服务，开展以就业和提高技能为中心的培训，提高农民工及其子女的文化素养，让农民工了解城市文化、融入城市文化，有利于促进全社会文明程度的提高。

第四节　图书馆参考咨询服务

参考咨询是图书馆服务的核心业务之一，是指图书馆员解决用户在获取图书馆信息资源过程中提出的问题，并以一定的专业方式向用户提供尽可能的帮助。

图书馆的参考咨询强调为所有人服务，服务职能是为信息咨询对象直接以其需要的方式提供信息、知识或解决方案。除此之外，还要教育用户，多方位地满足用户需求。

一、图书馆参考咨询服务的类型

第一，普通咨询服务。包括向导性咨询和辅导性咨询。针对读者提出的馆藏方位和服务区域方位等咨询问题给予向导性解答，并对读者的一般需求进行辅导，帮其更全面地掌握利用图书馆的方法。

第二，政府决策咨询服务。《公共图书馆法》明确规定，政府设立的公共图书馆应当根据自身条件，为国家机关制定法律、法规、政策和开展有关问题研究，提供文献信息和相关咨询服务（第三十五条）。为地方政府提供决策服务，主要包括立法决策服务、政治决策服务、经济决策服务等。

第三，面向科研机构与企业的咨询服务。科研机构和企业有着明显的不同，公共图书馆面向二者的咨询服务项目、服务提供方式和资源提供种类等方面存在着差异。

科研机构的咨询需求产生于学科研究、技术活动及知识创新等科研工作中，公共图书馆必须针对他们的特定需求，并充分考虑学术工作者的信息素养层次，提供依托海量文献资源的、科技含量高的、有利于科研创新的高效咨询服务。面向科研机构的一般咨询主要包括事实知识咨询、专题咨询、相关信息检索、文献跟踪服务和综述撰写五类。

企业人员的信息需求层次不一，他们通常需要知悉与本企业良性运行相关的若干信息，以便达到企业利益的最大化。公共图书馆开展咨询服务时，需要分清企业的规模大小和咨询要求，量体裁衣地为企业提供合适的、力图解决企业外部问题的、促进企业发展的有效咨询。企业咨询服务以情报产品提供为主。

二、图书馆参考咨询服务的过程

咨询服务的过程，就是分析问题与解决问题的过程。从受理咨询课题到了解情况，查找文献，直至获取答案，解答问题，是一个完整的过程。而过程的各个阶段，既相互联系、相互交叉，又相互独立，各具不同的特点、方法与要求。

（一）受理咨询

无论读者以何种方式如口头、书面、电话、信函或 E - mail 等方式提出咨询问题，还是图书馆深入实际，主动了解的咨询问题，只要是属于文献的服务范围，都应接受受理。受理咨询问题，须分析问题性质，判明属于何种解决方法。对于比较简单具体的问题，可通过书目、索引、文摘、工具书等直接进行口头解答。对于比较复杂的问题，须进行书面记录，责成专人进行系统解答。

（二）调查了解

受理咨询后，必须对课题情况、读者情况和文献需求情况做具体的调查了解，以便从实际出发，有针对性地解答读者的咨询问题，提高咨询服务的质量和效果。

关于咨询课题，应同读者共同调查了解它的主题范围和学科归类、内容特点与基本需求，以及国内外研究进展情况。调查了解的过程，也是一个学习、研究、提高的过程。有许多学科专业知识，尤其是新兴科学与众多专深的分支学科，需要在调查中学习，在学习中调查。向读者学习，向馆藏文献资源求知，将调查与学习结合起来，方能取得调查了解的良好效果。

关于读者情况，主要了解课题组的整体情况及个别情况，了解他们的年龄、职称、学历、掌握语种等，了解他们课题计划，完成期限，投入的人力、物力及文献调研的要求与具体安排。调查读者情况主要围绕课题的内容，以便更准确地掌握课题的全貌和熟悉读者的文献需求。

关于文献需求情况，主要了解读者在选题时对文献的认识与掌握情况。已经搜集、阅读过哪些文献，使用过哪些参考工具书和检索文献，使用效果及存在问题如何，今后的文献需求设想怎样，希望图书馆着重帮助解决什么问题。通过对已知文献使用的动态了解，预测未知文献需求范围、重点、深度，为准备查询文献做好充分准备。

（三）查找文献

在调查了解的基础上，制订文献的查找方案和办法，研究查找范围，确定检索工具和参考工具，确定文献检索标识、检索途径，然后进入文献的实质性查找。然后将查得的文献线索反馈给读者，再按照读者的要求进一步筛选和查找原始文献，让读者鉴别取舍。

（四）答复咨询

经过一系列的文献调查、查找、鉴别和整理，获得读者所需要的文献或文献线索，即可做出正式的书面解答。其答复咨询的方式有多种：直接提供答案、介绍参考工具书、提供专题书目、二次文献以及文献线索，提供原始文献或文献复制品，提供综合性文献资料等。具体可依课题的性质和读者的需求而定。

（五）建立咨询档案

图书馆对咨询课题，应当建立登记档案，凡是重大的、有长远意义的咨询课题，应当建立完整的档案，包括各种原始的记录、解答过程、最终结果等。完整、系统的咨询档案对了解本馆读者的需求有一定的参考指导作用。

第七章　图书馆服务转型与创新探索

第一节　图书馆服务转型的新思考

一、图书馆服务转型的走向

网络技术和通信技术的发展给现代图书馆服务带来了全新的社会背景和技术环境，网络数字化环境使图书馆服务的内容、方式和手段等都发生了根本性改变，特别是随着"云"计算、"云"资源、"云"服务等现代理念的融入，泛在知识环境、泛在图书馆概念的提出，深刻影响着图书馆服务模式的发展走向。归纳起来，现代图书馆服务转型呈现出如下基本走向：

（一）服务对象：从服务到馆读者向服务社会转型

图书馆网络化、资源的数字化早已消除了读者与图书馆之间的地理障碍，早已不受时空的制约，图书馆的可用资源得到了前所未有的挖掘和延伸。无论是公共图书馆、高校图书馆、各科研机构图书馆等都突破围墙，走出固定场所，不仅仅是为到馆读者服务，而是为整个社会服务，使服务的区域得到了巨大的延伸，特别是各高校图书馆和科研机构图书馆，它们不再仅仅服务于本校、本单位的用户，而是充分利用其丰富的文献信息资源和人才设备优势，主动接触社会，主动向社区开放，向企事业单位开放，服务地方政治、经济、社会、科技、文化等事业的发展。如广州大学图书馆为地方政府提供信息服务的工作得到了图书馆界的高度认可和赞赏，成为华南地区乃至全国高校图书馆服务社会的典范。

（二）服务内容：从信息服务向知识服务转型

信息服务就是图书馆向用户提供文献信息的服务过程和服务活动，是图书馆帮助用户获取文献信息、激活文献信息内容、实现资源共享的过程和行为。图书馆通过信息服务，实现文献信息流通、交换，把文献信息分配传递给一定的接受者，进而促进文献信息的有效利用。信息传递服务包括图书馆利用自身馆藏为本馆用户服务的形式，如外借、阅览服务即传统图书馆的“流通服务”。也包括图书馆为本馆用户提供其他图书馆文献信息的服务方式，或向其他图书馆用户提供本馆的馆藏文献信息的服务形式，如馆际互借文献传递服务等。这是图书馆服务的基本形式之一，也是资源共享的重要形式。

信息服务通常又分为传统的信息服务和网络信息服务。传统的信息服务主要包括外借服务、阅览服务、传统的馆际互借服务、复制服务、“一卡通”借阅服务等形式。网络信息服务是在以网络为基础、以数字化资源为对象的信息传递服务，与传统的信息服务相比，网络信息传递速度快、质量高、范围广。网络信息服务的最大作用就是促进了资源共享，目前，“一站式”服务便是网络信息服务的主要形式。

知识服务是图书馆服务内容的深化和升华，随着计算机技术、网络技术、信息技术以及科学技术的迅猛发展，知识也成为最重要的生产力要素，知识的生产和创新成为经济发展、社会进步的重要保障。当今社会已进入知识经济社会，图书馆传统的信息服务早已不能满足人们日益增长的对知识的需求。图书馆必须借助自身的资源优势，将服务内容从信息服务向知识服务转变。

知识服务是指图书馆从各种显性和隐性的知识资源中，针对用户在获取知识、吸取知识、利用知识、创新知识的过程中的需求，对相关信息知识进行搜集、分析、提炼、整理等，为其提供所需知识的过程。

目前，学术界普遍认为，知识服务是一种认识和组织的观念，它以信息知识的搜索、组织、分析、重组的知识和能力为基础，根据用户的问题和环境，融入用户解决问题的过程中，提供能够有效支持知识应用和知识创新的服务。

（三）服务功能：从知识收藏向开放存取转型

传统图书馆以文献收藏为己任、以印刷型文献为主体，现代图书馆不应仅仅是人类知识的储藏之地，不应仅仅是成为一个高效的信息存取和传递中心。学科信息门户、虚拟参考咨询、开放存取、知识整合成为现代图书馆的主要功能。用户使用图书馆，关键在于能获取什么样的资源，而不是图书馆本身拥有多少资源。图书馆不仅要方便快捷地为用户提供信息，而且要成为用户不可或缺的信息共享空间。

开放存取是在网络环境下发展起来的一种新的、重要的学习交流模式。学术信息可以无障碍地自由传播，任何人可以在任何时间和地点、不受经济状况影响、平等免费地获取和使用学术信息。这是符合网络时代信息交流特点的一种全新的、高效的交流模式。

开放存取是国际学术界、出版界、图书情报界为了推动学术成果的交流，利用互联网自由传播而采取的行动。其目的是为了促进科学及人文信息的广泛交流，提升科学研究的公共利用程度，保障科学信息的长期保存，提高科学研究的效率。开放存取资源这一新型的学术信息交流运作理念对于相关的学术机构特别是图书馆界意义非常、影响深远。

开放资源是一种全新的文献出版模式，也是一种全新的学术信息与共享模式，还是一种全新的文献信息资源建设模式。

二、图书馆服务转型的有效策略

在网络时代，信息产业迅猛发展的今天，图书馆正面临着前所未有的挑战和变革。这场变革必将是全方位、深层次的，促使传统图书馆向现代图书馆转型，图书馆转型说到底就是服务转型。因此，近年来，各高校图书馆、公共图书馆、科研院所图书馆如何实现服务转型成了业界的热门话题，同人们不仅从理论上进行了深入的研究，而且在实践中进行了大胆的尝试，取得了良好的效果，我们认为实现图书馆服务转型应着力于如下策略：

（一）建立健全业务体系与运行机制

无论什么类型和规模的图书馆，都有自身的业务体系和运行机制。在技术发展迅猛的形势下，图书馆更要加强业务体系的建设，重视运行机制的建设，变革旧的业务体系，建立健全新的业务体系和可靠的运行机制。

图书馆应遵循因应而变的策略，保持业务体系的动态变化和稳定发展。如哥伦比亚大学图书馆在有关的政策中特别重视图书馆馆藏发展，如馆藏加工工作、长期保存问题，对资源的发现、获取、传递和服务等问题考虑得特别细密和坚实，重视这些基础服务在数字环境下的扎实发展。其他各图书馆均将资源建设与管理作为图书馆的重要基础性工作给予高度重视。

资源揭示问题随着资源数量和类型的增多而变得越来越复杂、越来越关键。美国斯坦福大学图书馆建有功能强大的集成化图书馆目录检索系统，海量的图书馆资源通过其集成化的图书馆资源检索系统的组织和揭示，使用户可以极其简易、快捷地查询到相关文献。目前斯坦福大学图书馆的在线目录系统已经由原来的 Socrates 系统升级到新版的 Search Work 系统，该系统的特点是集成性、易用性、互通性，功能十分强大，其技术的先进性、资源的开放性、功能的广泛性、界面的友好性、利用的方便性，与传统 OPAC 的呆板、单一形象完全不同，给用户带来了与时代同步的全新的利用图书馆的体验。

（二）突出以用户为中心的服务理念及模式

图书馆要尽快实现服务转型，就必须树立以用户为中心的服务理念，创新以用户为中心的服务模式，把以用户为中心的服务作为图书馆存在的意义和价值。图书馆的一切工作和全部使命就是为用户提供高质量的服务，并通过全新的理念去推进图书馆的业务布局和结构的调整，推进制度和模式的创新。

国内外图书馆界纷纷把“服务第一，用户至上”作为办馆宗旨，许多图书馆都通过实实在在的目标和措施将“用户为本”落实到每一个过程和细则中，以不同的服务内容和方式来体现各自的需求特点。如美国哥伦比亚大学图书馆系统提供一般问讯服务、研究和情报服务、数据库服务、图书馆利用指导、残疾人服务、缩微复制和照相服务、打字服务、计算设施提供等。斯坦福大学工程图书馆服务包括：知识管理服务、信息素质教育、参考咨询服务、课程服务、流通服务、文献传递服务、学习空间的管理、技术服务。美国国会图书馆的服务特点：资源数量巨大，类型繁多；细分用户，为每一类用户提供适合的入口和途径；检索方式多样，并且在每种检索方式下都说明可检索的资源种类、内容等，方便用户选择；注重资源内容的揭示与传播：资源以用户易懂的主题名称进行组织，在首页上突出一些热点资源，全方位向用户展示、传播馆藏，特别是那些非纸质的资源；为残疾人提供服务，体现了普遍均等的理念；在服务中推与拉结合，用户可以定制内容，馆员也可以将资源推荐给用户；注重版权，成立版权办公室，在资源（特别是图片）和网页的某些位置都有版权声明。

（三）强化服务转型中学科馆员的作用

在数字化网络化的信息环境下，大学图书馆学科馆员担负着新的使命和重大的责任。学科馆员成为推动图书馆服务转型的核心力量。不仅要求学科馆员数量多、层次高，而且要在服务上发挥着越来越重要的作用。同时强调与教学科研过程结合的嵌入性。

馆藏资源建设（特别是网络信息资源）是学科馆员开展服务工作的前提和基础，学科馆员参与馆藏资源建设要求学科馆员对相关学科的各类信息资源进行深入研究、评估、比较，而熟悉学科信息资源是学科馆员开展工作的基本功。学科馆员的另一个重要工作是帮助用户高效、正确地使用信息资源。在国内图书馆中，中国科学院图书馆已建立完善的学科馆员制度，为用户提供面向解决问题的知识服务，将服务嵌入用户的学习、工作、研究环境而取得了良好效果，受到用户好评。

（四）重视图书馆工作中新技术的应用

信息技术的发展超乎寻常，也给图书馆的服务带来了前所未有的生机与活力。图书馆在实现服务转型的过程中，应更加重视新技术的应用，对新的技术形成快速的反应能力，通过新技术的应用有效地提升图书馆的服务能力，新技术的应用应该是全方位的，并与图书馆的业务工作紧密结合，注重应用效果，为图书馆服务转型提供技术支撑。

第二节　图书馆个性化服务的实现

个性化服务是20世纪90年代开始出现的一个全新的服务理念，它很快成为信息服务领域研究的一个热门话题。个性化服务早已成为数字化环境下信息服务机构的重要发展方向，甚至成为信息服务机构可持续发展的关键因素。当前，个性化服务延伸到了很多领域，如新闻网站、信息检索系统、资源推送系统等。图书馆作为服务社会的文献信息中心、学习中心，针对用户需求开展个性化服务就显得尤为重要和迫切。个性化服务作为数字环境下图书馆特色服务的进一步深化，摆脱了传统思想的束缚，为图书馆的生存与发展带来了新的思路与希望。在数字图书馆领域中，也需要研究用户的行为和习惯，对不同的用户采取不同的服务策略，从而使其信息需求得到最大限度的满足，已经成为深化和拓展图书馆服务的迫切要求和图书馆界需要解决的重要课题。

一、图书馆个性化服务的方式

（一）个人图书馆（个人书架）

个人图书馆是一个完全个性化的私人信息空间。个人图书馆包括用户个人文献、资源链接、服务功能等几个部分。个人文献用来组织数字化的私人藏书，形成“我的图书”“我的论文”“我的读书笔记”“我的电子邮箱”等有组织的资源类型。资源链接用来汇集用户常去的资源站点，包括“我的数据库”“我的搜索引擎”“我的大学”“我的网上书店”等各类资源网站。服务功能用来定制数字图书馆网站上的各类用户需要的服务，包括“我的图书馆”“我的帮助”等。

建立个人图书馆，首先，数字图书馆要为读者建立个性化的信息资源库，即私人数据库，在为用户提供个性化服务的过程中，要让用户感觉到正在“自己”的图书馆中查找资料。目前，上海图书馆推出的“我的图书馆”就是基于这种服务理念的，它允许数字图书馆的读者将数字图书馆馆藏中符合自己需要的数字信息，下载到自己的电脑硬盘中，使其成为自己的信息资源库，以此建立私人数据库。其次，数字图书馆根据用户需求及资源本身的特点，对可提供的资源及服务进行分类组织，形成多个资源与服务模块。用户可根据自己的需要从中选择内容或自己添加相关内容。用户定制数据存放在服务器端的数据库里，在用户登录时系统确认用户身份，调用相关定制信息，并利用定制信息匹配系统数据或过程，动态生成个性化的页面。用户通过对系统界面、资源集合、检索工具与技术、系统服务等的高度定制来创建愉悦的个性化界面以及对图书馆及网络资源与服务的便捷的链接。系统则通过提供个人文献编辑工具来创建、组织、加工和维护用户的个人文献（如个性化图书、个性化论文、读书笔记等），构筑信息时代的“私人藏书楼”。

（二）个性化检索

个性化检索是数字图书馆用户检索数字图书馆资源的入口，它通过个性化检索工具来实现。个性化检索工具是实现个性化检索环境的工具，它为用户信息检索的全过程提供支持和智能帮助，包括用户需求的提取、信息匹配、检索结果输出等。数字图书馆个性化服务系统中应该建立用户的个人档案，可依据用户档案将用户进行分类，在用户检索时，对于相同的检索条件输入，将用户感兴趣的内容提供给用户，并将其他内容剔除，返回给用户更加符合实际需求的结果集。例如，对相同的检索条件，系统返回给某领域专家的内容应该和返回给此领域初学者的内容不同。

一般来说，个性化检索系统应具备智能学习与扩展的功能。智能学习与扩展的功能即预测能力是指通过对用户使用以来系统所接收到的信息进行分析及预测，探索未知领域，或者发现用户潜在的兴趣，将信息主动提供给用户。这样既节省了用户的时间，同时为用户提供更准确、更有针对性的信息。

（三）个性化信息咨询

现代计算机与网络技术的发展与应用，大大地扩展了人们的信息交流与信息反馈渠道。这样，数字图书馆的个性化服务系统可以利用先进的技术与服务理念为用户提供在线的咨询和帮助服务，随时随地地满足用户的个人具体需求，提供更便捷、更优越的信息咨询服务。

数字图书馆个性化服务系统可以为用户集成多种咨询服务方式，包括用户自助咨询（如FAQ常见问题解答、BBS咨询）和专家咨询（馆员咨询）两个方面。用户按照自己的意愿和特定要求可进行定制，形成“我的咨询馆员”“我的咨询专家”“我的BBS”“我的FAQ”等多种渠道，用户还可对咨询结果的提供方式提出自己的要求。

数字图书馆使网上定题咨询服务（SDI）更加便捷。定题咨询服务指针对用户的科研及教学等信息需求，根据用户事先选定的专题，通过跟踪最新的信息资源为用户定期或不定期提供信息的服务方式。

传统图书馆时期，定题咨询服务的工作难度比较大，其主要原因是信息流通渠道不畅，与用户有时间和空间的距离。在数字图书馆环境下，对有难度或规模大的咨询项目，图书馆可利用网络开展协作咨询，组织来自不同机构或部门的专家形成一个项目小组，利用集体的智慧进行服务。同时，利用推送技术，图书馆可以通过网络主动及时地将最新信息递交给用户。

（四）信息代理和推送服务

信息代理和推送是现代图书馆为用户提供智能化服务的一个窗口，包含代理和报送两个过程。

信息代理实质上是一个能够自动搜索用户所需信息的代理软件，是智能代理技术在数字图书馆中的运用。信息代理系统在数字图书馆中充当用户的代理。它跟踪分析用户信息需求，自动搜索相关信息并提交搜索结果，为用户访问网上信息资源提供导引，一方面，节省了时间，解决了用户对信息检索不熟练的问题：另一方面，提高了查全率和查准率。当用户的检索要求暂时无法满足时，交由代理来处理，条件满足时及时反馈给用户。

数字图书馆信息代理服务主要面向本馆合法用户。由于个人隐私问题，并不是所有的用户都愿意递交个人资料，并使自己的网上活动一目了然地处于自动跟踪软件的监控之下。因此，应由用户自由选择开通。用户填写需求表，通过网络递交来开通信息代理服务。用户需求表可以涵盖用户兴趣爱好、文化程度、专业领域、个人要求等多方面的内容。

信息推送是互联网发展的一种新的主动服务方式，指按照用户提供的检索条件，将资源库中的最新信息及时通知用户的一种服务。因为各类网站尤其是学术资源类网站内容并不都是日日更新，读者不愿意每日浏览相关网站。图书馆以网站内容变化为提示内容，当读者关心的任何网站在内容方面发生变化时，图书馆便会主动把相关的最新消息送至读者。近几年，已开发出一些最新信息跟踪工具，它们可以推送 Web 上的各种信息，包括网页信息的变化、搜索引擎新的检索结果以及最新新闻内容等。例如，CAL1S 中心引进的 Uncover Reveal 最新信息跟踪和文献传递服务，用户个人可提供 25 个关键词和 50 种以内的期刊名，以及自己的 E-mail 地址，系统每周将更新的匹配文献信息发送至每个服务对象的电子信箱中。中国人民大学信息学院和图书馆开发的“数字图书馆个性化推荐系统”，既能按照用户的定制要求提供资源，又能跟踪和学习用户行为，自动采集用户兴趣，并动态跟踪用户兴趣的变化，从中分析出用户的新喜好，进行新的推荐。

数字图书馆应利用信息代理和信息推送将各种个性化信息服务有机结合起来。一方面，用户的个人定制数据、网上信息检索行为、网上咨询的课题及问题等可成为用户特定信息需求的分析获取渠道；另一方面，信息代理为用户自动搜索到的信息资源可自动发送到用户的电子邮箱，成为个人图书馆中相关文件夹下的内容。

二、图书馆实现个性化服务的对策

个性化信息服务虽然是现代图书馆的发展方向，可以极大地满足用户需求，提高数字图书馆的服务效益，但它同时也是一项极其复杂而麻烦的工作。目前，个性化信息服务在图书馆领域还处于探索和发展阶段，要成功地开展个性化信息服务工作，图书馆必须从多方面做出努力。

（一）改善图书馆个性化服务的信息环境

数字图书馆有着多种用户类型，不仅有学术型用户，还有基础型、娱乐型等用户，用户的个性化信息需求也更复杂。用户期望的不仅仅是检索、过滤、参阅图书馆的资料，他们更愿意把数字图书馆作为自己的个人信息空间。数字图书馆要为用户提供全面的个性化信息服务，就必须为用户的各种特定需求构建个性化的信息环境。通常，图书馆的个性化信息环境由以下四个部分组成：

1. 个性化资源环境

用户因为自己的学习和研究的需要，往往希望构筑自己的个性化的资料环境，来汇集自己学习和生活中可能需要的各种资料。一方面，用户在数字图书馆发现有用的图书或期刊论文，要求将其下载定制为自己的资源，分类保存在特定的文件夹；另一方面，用户要对所获取的资料根据自己的需求进行加工、组织与整理，以方便直接利用，如进行节选、归并、删除、下划线、评注和写读书笔记等主动性学习活动。数字图书馆有必要为用户的这些活动提供平台。

2. 个性化检索环境

信息检索是最普遍的图书馆用户行为，因此信息检索工具的检索质量和效率也是用户极为关注的问题。个性化的检索环境不仅仅是按用户的习惯来定制检索工具，更主要的是为用户提供优越的检索帮助。如何提取用户需求，用最合适的主题词来构筑准确的查询检索策略，是信息检索成功的关键所在。

用户在遇到特定的信息需求时，一般都是通过搜索图书馆资料的检索工具把用户需求具体化成特定的查询。通常，这个查询会是带有布尔逻辑词汇及带有语义符号的短语集合，这些查询没有考虑任何的用户当前信息需求就被送交图书馆搜索引擎，往往因检索结果不尽如人意而要求重构检索式。同时检索结果的界面缺乏组织，不仅造成确认图书馆资料困难，而且浪费了宝贵的时间。在个性化检索环境中，它可以利用描述图书馆资料使用的个人文献、用户兴趣文件、用户日志文件中发现的信息来执行检索。它分两步进行：首先，当用户构造一个查询时，通过交互、内在地修改检索式来使查询更能确切地满足用户当前的信息需求；其次，通过用户的特定要求与意愿的分类来形成最后的查询结果，如按相关度排列等。

3. 个性化过滤环境

信息过滤是根据用户的信息需求对动态信息流进行过滤，把满足用户需求的信息传送给用户，消除不相关的信息，从而为用户提供准确的信息服务。尽管信息检索与信息过滤存在许多相似性，但两者的显著区别在于信息过滤必须记住并根据用户个人的要求和兴趣进行个性化的输出。信息过滤通常分为三步：第一，获取用户兴趣与要求；第二，识别合适的信息源；第三，在适当的时候以友好的方式把结果递交给用户。个人文献及用户文档是信息过滤的基础，不管用户信息文档怎样更新，系统总能根据这些文档执行过滤，用户信息文档中的关键词、短语及相关信息是用来获取用户兴趣和要求的途径。

信息过滤可以通过计算相关度来进行，通过计算用户信息文件中关键词和短语的数量，并给出表示这些关键词或短语的重要程度的权值，可以设定一个网值。当我们对某一图书资料中出现的所有包括在用户信息文件中的关键词及短语进行总权值计算时，若是超出了给定的网值，该资料就会命中输出并被自动加入用户个人文献中。

4. 个性化服务环境

数字图书馆既是一个信息查询环境，又是一个信息服务环境，除为用户构筑个性化资料、个性化检索与过滤外，它还应该提供人们工作和生活中必需的各种信息服务（如天气预报、交通信息、新闻报道、网上购物、股市行情、电子商务等）。

上述四个部分相互依赖、相互作用，共同构建一个完整的个性化信息环境。因此，数字图书馆个性化信息环境实际上是由能实现上述环境的多个工具所组成的集成框架，这些工具能使用户通过可高度定制的文件访问和创建自己信息空间的个性化视图。

（二）加强数字图书馆个性化服务的基础工作

个性化信息服务在数字图书馆的实施还面临着诸多障碍和问题，这影响着个性化信息服务功能的发挥。因此在实施数字图书馆个性化服务时必须完善相关的基础工作。

1. 建立用户信息库，加强用户信息需求行为的研究

要开展针对性很强的个性化信息服务，一个非常基础的工作就是获取用户个人信息。获得用户的信息消费模式、需求爱好、使用习惯等非常细节化、具体化的个人信息，在此基础上建立用户信息库，从而能准确地把握信息用户的个性和需求，及时调整服务的角度和内容。

首先，要建立用户的信息库。用户个人信息可从以下三个方面来获取：第一，用户在本馆网站上进行检索查阅的跟踪记录。通过这些记录，可以了解到用户所需的检索内容及兴趣，有针对性地为用户提供咨询服务，帮助用户扩大检索面，提高查准率。同时，通过跟踪服务，可了解用户在一段时间内的检索内容，找出其相似性，从而及时更新数据库内容，满足用户检索需求。第二，外部数据库提供的个人信息。主要包括有关个人信用等数据库提供的信息及联合图书馆中其他数据库提供的日志信息等。第三，用户在网站登录注册时所填写的个人有关信息，如学历、爱好、地址等。

其次，要开展用户需求的研究。用户需求是图书馆服务工作存在和发展的前提，对用户需求行为的分析既是信息资源管理的起点，又是终点。没有用户需求也就没有图书馆的服务工作。因此，用户的需求行为直接影响着图书馆服务的内容。只有加强用户信息需求行为特点的研究，才能有针对性地开展工作，为满足用户的文献信息需求和开展优质高效的个性化信息服务工作提供依据。

2. 建立丰富而有特色的信息资源空间

信息资源空间是指反映信息的各种载体和媒介及它们所构成的互动关系的整体，它已不再是传统意义上的藏书规模，它还包括追求实效的网络动态信息以及光盘等电子出版物。实践表明，信息用户在科研及工作中所需要的数据和参考文献等信息，不论是传统藏书还是网络资源都难以全面满足。

因此，一方面，在加强传统馆藏建设的同时，也要重视网络信息的建设，以便构建一个广阔的动态信息资源体系；另一方面，图书馆还有必要依托文献资源，进行深入加工，从文献整体转向知识单元的提供，结合用户需求确立主题，建立自己的特色数据库，并根据用户需求随时予以更新。

由于许多图书馆受到各方条件的制约，开展个性化服务的手段单一，服务的深度不够，不能很好地满足读者（用户）的需要，因此，要在传统的服务方式上开发、发展有深度的定制服务，例如，设立特色馆藏文献室，集中不同类型、不同文种、不同载体的同一学科特色馆藏文献。或根据各个馆的特点设立有特色的地方文献资料室、残疾人服务部、声像资料服务部、艺术精品文献室、旅游指南资料室、机械电子工程文献室等。开展送资料上门、代查代译、代检文献、进行动态分析、跟踪研究、信息反馈、市场预测等服务，还可以开展报告会、书展、专题讲座、读者成果展，成立读者研究会等多层次、多形式的服务。此外，图书馆还要积极创造条件，实现图书馆自动化，依靠互联网技术，实现网上联机检索，合理配置馆藏资源和网上资源，对读者（用户）的需求进行分析研究，定制设计个性化服务系统，灵活、动态地定制信息资源、信息参数、信息活动过程及相关服务。

数字图书馆只有在做好常规服务的同时突破传统的模式并结合现代化模式，才能取得独特的效果，这也是图书馆个性化服务的最佳模式。

（三）以开展特色化服务为突破口

图书馆社会价值的实现需要两方面的良好基础：一是共性基础，即外部形象基础；二是个性基础，即图书馆的特色服务。良好而又富有个性魅力的特色服务，是图书馆实现其社会价值的关键条件之一，也是图书馆实现个性化服务的一个重要基础。

图书馆特色化服务的主要宗旨是突出自身的资源、服务优势，在为读者服务中收到特殊的效果。要求图书馆在馆藏资源、服务方式及手段上有别于其他图书馆，以针对性强、专业化程度高、优势突出等特点，在为读者服务工作中发挥特殊的作用。

图书馆特色化服务是时代发展的要求。市场经济条件下的竞争机制，是图书馆特色化趋势的动因之一。在市场经济条件下，图书馆面临着来自内外两方面的挑战。一是来自图书馆外部的社会环境的挑战。随着市场经济的不断深入发展，社会上涌现出形形色色的信息机构，人们可以随时随地利用各种形式和手段，很方便地获取文献信息、知识情报信息。在这种局面之下，图书馆如果安于现状，丧失特色，就不会有吸引力，就会失去最广大的用户。二是来自图书馆界内部的竞争环境的挑战。所有的图书馆都面临着“优胜劣汰”这一市场经济法则的严格筛选，从而相互之间展开激烈的角逐。而图书馆的特色化，则是在角逐中取得有利地位的重要条件，是吸引某一层次、某一方面读者的有效办法。

以计算机技术与通信技术相结合为特点的现代信息网络，以及它所形成的网络化环境，是图书馆特色化趋势的又一动因。网络环境对图书馆信息资源的特色提出了“非做不可”的要求，或者说，网络环境迫使图书馆向信息资源特色化的方向发展。因为，当某一图书馆的馆藏文献转化为电子文献并通过网络提供给用户后，其他图书馆相同的文献信息资源再加工上网，就成为多余的了。只有图书馆上网的文献信息资源各具特色、互不雷同，网络才会真正成为资源丰富的宝库。

图书馆特色化服务是图书馆生存和发展的必然。随着全球信息化进程的加速，图书馆面临着许多机遇与挑战。没有特色就没有发展，作为社会文化教育事业的重要窗口，图书馆更应该办出特色。这样才能使自身在未来的信息社会中立于不败之地。

第三节　图书馆数字化服务与管理

一、数字化服务的目标与环境

信息化时代的到来对图书馆的发展产生了深远的影响，使图书馆在服务和管理上从传统化方式转变为如今的数字化方式，为读者和用户提供了更加便捷和高效的服务。在这个转型升级的过程中，图书馆要加强建设和完善数字化服务体系，如此才能提升图书馆的竞争力。建设数字化资源和开发服务的重要载体是数字化服务体系，以服务体系作为依托才能推动图书馆数字化发展进程的提速，最终实现图书馆的现代化建设和发展。

读者或用户充分发挥电子化手段，如 E-mail 和网络聊天工具的作用，将相关服务或需求提交给图书馆的方式，或者为了对图书馆的相关服务和信息进行获取利用主页访问的方式称为图书馆的数字化服务。换句话来说，图书馆以信息技术作为支撑和基础，按照用户的需求将数字化资源提供给他们的服务方式就是数字化服务。一般来说，图书馆主要将读者培训、参考资源、个性服务、资源提供等数字化服务内容提供给用户。简单来说，数字化服务的对象是用户、载体是资源、渠道是技术、内容是信息查询和检索。

（一）图书馆数字化服务的目标

“随着国际化经济时代的迅速发展，互联网信息技术得到了快速普及，逐渐成为读者获取知识、接收信息的学习方式，同时也方便了图书馆与读者之间的交流与传播。”[①]

大众型、研究型和数字型是现代图书馆为用户提供数字化服务的主要目标。为了实现这个目标，许多图书馆一方面继承了传统图书馆的管理优势，另一方面灵活运用信息技术和信息资源，将它们的优势充分发挥出来，呈现出最新、最前沿的图书馆信息技术成果，推动高端化信息技术、人文化服务模式、先进化管理方式和共享化数字资源等基本目标的实现，使数字图书馆门户网站集服务和资源于一体，让用户根据自己的需求对相关信息和资源进行高效便捷的查询，从而真正实现数字化服务的目标。

（二）图书馆数字化服务的环境

对数字化服务产生影响的相关因素和内容都属于现代图书馆数字化服务的环境，要想建设数字化服务体系，就必须构建和维护现代图书馆的数字化服务环境。需要注意的是，只有在一定范围内有效整合对实现数字化服务产生影响的因素和内容，才能让信息服务和信息资源的完整性得到保障，从而推动以数字化资源作为基础和载体的数字图书馆门户的建设，让用户对馆内信息资源进行获取时享受到更加便捷和高效的服务。除此之外，用户还可以充分利用馆际之间建立起的互借系统，获取馆内无法检索到的信息资源或文献，使用户的需求得到满足。用户还能通过图书馆数字化服务提供的数字资源服务，解答自己的疑问，推动图书馆数字化学习、服务目标的真正实现。

二、图书馆数字化服务体系构建

当前，“数字化转型和数字化服务已经成为我国图书馆行业发展的重要特征”。[②]构建图书馆的数字化服务体系有利于满足大众不断更新的阅读需求，也能有效突破传统图书馆服务的时空限制，进而增加图书馆的凝聚力，丰富民众的社会文化生活。

图书馆数字化服务体系构建的关键点及内容如下：

一是检索和阅读浏览数字资源。这部分的内容主要是指图书馆内的互联网、电子书刊和光盘及数据库等信息资源在数字化方面的需求。

---

① 游芳．浅谈现代图书馆数字化服务［J］．黑龙江科技信息，2014（23）：162-163.

② 邓文婷．公共图书馆的数字化服务体系构建研究［J］．浙江工商职业技术学院学报，2021，20（3）：27-30.

二是虚拟化的网络信息服务。具体是指为用户提供个性服务、参考咨询、读者培训和资源提供等。

三是视频点播服务。这方面的内容是指用户可以根据自己的需求点播图书馆内的视频资源，从而获取自己所需的信息和资源。网络技术是现代化数字图书馆的基础和支撑，数字图书馆利用电脑数字化的方式存储传统图书馆中的视频和音频等文献资料，用户利用馆内网络对自己所需要的视频资源或音频资源进行点播。此外，现在许多数字图书馆应用的数字化技术随着信息技术的发展不断更新，图书馆利用数字卫星电视对内容进行转播，让用户在更大范围内可以获取自己所需的资源。

首先，数字化参考咨询服务。数字化参考咨询服务主要是针对用户的某种疑问需要做出相应的解答为基本目的的服务形式，参考咨询服务在传统图书馆管理所应用的 E-mail 咨询基础上，开发出新的在线咨询服务形式，以集成软件 DILAS 为基础，包括在线咨询服务、数字信息资源整合与检索、个性化服务等内容，在用户与咨询人员进行问题的提问与答疑的过程中，还需要将一些常见的问题整合起来，上传于咨询知识库中，方便日后用户的查询。另外，数字化图书馆还可以根据其服务的基本规则与服务质量标准等，建构适合数字化图书馆需求的咨询服务体系，并以实际业务需求为依据，开展联合咨询等，以促进咨询服务的发展。

其次，有效提供资源。借阅图书和电子文献、图书馆门户网站提供相关服务、有效导航信息资源是数字化图书馆资源的主要内容。一般来说，图书馆通过网络借阅和馆内人员提供借阅等方式将借阅电子文献和图书的服务提供给用户。图书馆为用户提供的数字图书馆门户网站服务具体是指，图书馆利用数字化技术整合图书馆内的相关资源，并构建起一个可以迅速传递信息的数字图书馆门户网站，用户通过这个网站便可以对馆内的资源进行检索。用户个人借阅信息服务和馆藏查询是数字化图书馆门户网站的主要功能。在这个网站中，用户只需要将自己所需的文献或作者名称输入搜索框中，便能通过跨库检索或高级检索迅速获得自己所需的资源。网上信息资源的导航主要是图书馆按照自己的馆藏特征、用户对资源的需求，将资源划分成机电、法律、金融和语言等几大学科，同时，还要为用户导航学科内部和学科之间的外文文献资源。

最后，个性化服务。现代图书馆数字化服务体系中设置的“我的图书馆”项目便集中体现了图书馆为用户提供的个性化服务，其中注意事项、新书通报，包括书籍续借、借阅和预约数量和每次归还时间等在内的用户个人借阅信息查询、个人信息共同构成了“我的图书馆”项目。但是，数字化图书馆要想真正为用户提供个性化服务，就要获取每个用户的需求和喜好，自动登记用户的借阅信息，并且根据用户的需求和兴趣将相关的资源或书目信息推送给他们。此外，为了让用户多元化的需求得到满足，该系统还要将读书笔记、电子文献和网上搜索等功能提供给用户。

四是用户的信息素养培训和信息开发服务。其中，教育和培训用户的信息素养是指图书馆以数字化服务的主要内容、突出特征和组织形式作为重点与用户进行交流，同时要对使用和制作电子资源、订购电子资源的内容进行强调，让用户对此加强学习。为了提升用户利用和检索信息的能力，图书馆还可以围绕有效选择和利用电子资源将相关的培训课程提供给用户。信息开发服务的主要对象是企业用户，其服务形式主要包括文献传递、咨询、定题服务和检索，提供服务的渠道是传真、电话、信件和E-mail。信息开发服务还要与时俱进，与当下的社会热点问题相结合，根据用户的需求为他们提供个性化的简报，也要按照用户的需求或定制要求定时通过电子邮件的方式将相关信息传递给他们。

三、图书馆数字化服务管理的实现

（一）培养数字化服务意识，增强数字化服务能力

信息化技术的进步和发展让人们对现代图书馆提出了更多个性化和多元化的需求，使得图书馆的服务项目不断拓展，所以说，现代图书馆迅速发展的必然趋势是迅速构建数字化服务体系。

近些年来，世界型图书馆开始在馆藏读书和资源的数量、质量上下功夫，对在线资源服务、文献传递服务和个性化服务等新的服务内容进行开发，甚至部分图书馆还对更安全、更新的电子信息传递系统进行建设和开发，在对文献质量进行保障的基础上，对图书馆门户网站进行大力研究开发和宣传推广，推动共享文献信息的实现，不断扩大自己的用户群体。通过深入研究和分析现代化图书馆建设数字化服务系统的情况可以看出，图书馆未来发展的必然趋势是数字化服务，而且数字化服务也将发挥越来越重要的作用。

所以，我国的图书馆也要学习世界型图书馆的优秀经验，积极应用先进的技术，对先进项目进行研究和开发，推动现代图书馆数字化服务系统的建设和完善。与此同时，还要对图书馆工作人员和用户组织开展数字化培训，不断提升他们的数字化服务意识，使他们能够全面了解和深入理解数字化服务。图书馆还要对与数字图书馆相关的项目加强重视，加大研究力度，在数字化服务体系中增加重点学科建设、传递和检索文献信息资源、用户门户导航和参考咨询等服务项目，特别是要不断强化传递电子文献和网上检索资源的功能，从而真正实现图书馆的数字化服务。

（二）突出图书馆的公益性价值，推出免费服务内容

随着信息化技术的不断发展和现代化进程的加快，图书馆的信息管理模式也要不断更新，以往采用的模式无法推动图书馆的发展，所以要改变数字化服务中的收费项目，加大图书馆的公益性价值，对高科技和先进的数字化研发技术加强应用，推动数字化图书馆用户信息门户网站的建设和完善，缩减图书馆的管理和服务成本，从而实现图书馆

数字化免费服务。

要想更好实现图书馆的公益性价值，图书馆可以采取新的标准考核工作人员的绩效，如将图书馆门户网站的用户访问量、有效点击率、下载和传递电子文献的次数、咨询的数量等数据作为新的考核标准，从而推动数字化、工业化和现代化图书馆的实现。

（三）增强人员培训，推动数字化服务人才新发展

人才是建设现代图书馆数字化服务体系的重要因素，而且该体系要求人才具备一定的信息化素养和操作能力。所以，图书馆要经常组织开展技术培训，提升工作人员的信息化素养和操作能力，也要积极引进具备相关学科和互联网素养、能力的综合性人才，在图书馆内实施岗位轮换制度，将工作人员的工作积极性和热情充分激发出来，不断增强他们对图书馆的归属感和岗位胜任能力。图书馆还要与工作人员的工作情况相结合，实施一定的奖励制度，如提升工资待遇、给予继续教育的机会等，在图书馆数字化服务体系建设的过程中始终坚持尊重人才的原则和理念，从而推动图书馆数字化服务体系的高效建设和完善。

在信息化时代，图书馆发展的必然趋势是构建数字化服务体系，这也是图书馆适应信息化时代的必然要求。图书馆在构建数字化服务体系时，要重视优化和合理利用资源，将信息技术的关键作用凸显出来，推动图书馆信息资源共享服务、咨询服务和个性化服务的建设和完善，让现代图书馆数字化服务体系的建设和发展得到充分的保障，实现图书馆数字化服务体系的高效建构。

第四节　图书馆精细化管理与服务

一、图书馆精细化管理特征及意义

“精细化管理是源于发达国家的一种管理理念，近年来该概念在我国逐渐引起了企业和其他组织的注意和研究。”[①] 所谓精细化管理，就是将管理工作精细到每个工作岗位和业务，同时形成一套规范、完整的工作和业务流程。精细化管理是一种管理技术，按照一定的标准规范，合理科学地优化精细化管理流程，属于管理学范畴，采用标准化的信息和数据手段，通过精细的系统化和标准化，使组织各部门高效、持续、精确地运作。简单地说，就是要通过建立合理、科学的激励机制，充分发挥员工的价值和能动性。作为一种先进的管理模式，精细化管理正在逐步被应用和实施。

① 孟春红．图书馆精细化管理［J］．黑龙江科技信息，2011（32）：160-160.

（一）图书馆精细化管理的特征

图书馆建设有必要从传统管理模式转型升级，实现图书资源管理的精益求精、精雕细琢、精严考核和精准定位，这样才能让每本图书资料发挥出作用，满足人们的阅读需求，让自己的视野更加开阔、知识更加渊博。

第一，精益求精。精益求精的管理理念是对图书馆进行精细化管理的核心，因此图书管理员的作用十分关键，自身不仅需要具备专业的管理水平，还要具有良好的合作意识。此外，还要不断改进管理方法，处理好管理工作的每个细节，对图书资料合理分配，为广大读者提供精品图书资料。

第二，精雕细琢。我国部分图书馆的图书资源有限，还存在图书管理员少的情况，近年来，国家高度重视文化建设，各地政府不断加大对图书馆扶持力度，但是在服务上依然不能满足读者需求，所以在管理细节需要进一步精雕细琢。因此，在为读者提供服务中，必须细化工作内容，充分考虑到读者的感受，落实每一个关键点，树立高度的责任意识，对图书资料管理每个流程精雕细琢，使图书资料的利用率提升，进而实现图书资料效用的最大化。

第三，精严考核。在图书资料引进方面，要制定有效的图书馆资料管理工作规范，使采购流程得到优化，精挑细选读者真正需要的图书资料，不仅可以为有用书籍提供空间，还可以减少资源的浪费。同时，图书资料管理人员需要具有较强的业务能力，接受图书馆的考核，在管理方法上采用员工聘任制度和绩效制度，根据不同的岗位工作内容量化细则，建立具体的考核指标，融入奖惩机制，结合现代精细化管理，进而为读者提供高质量的图书资料和服务。

第四，精准定位。图书资料管理的价值体现在为读者提供有用的图书，因此需要对用途精准定位，管理人员要明晰图书馆的服务价值，对图书采购进行精准判断。此外，信息化时代下的图书馆也倾向于实体图书馆，需要加强二者的联合，可以实现线上结合与线下的运营模式，借助精细化管理可以对图书馆的图书资料做好管理信息和时间衔接，真正实现精准高效，使读者的满意度提升。

（二）图书馆实行精细化管理的意义体现

1. 有助于提高管理效率

目前我国已经进入全面改革的阶段，其社会组织的发展也与社会基础发生了不一样的变化。在图书馆中应创新全新的管理体系，整合社会各方资源，积极努力完善公共服务体系，以此促进社会和谐发展。作为人们接受思想教育、丰富文化生活、精神文化的主场地，在新时代图书馆的发展应立足于传统图书馆的形式和职能，努力跟上时代潮流，满足时代需求，应顺应时代发展，以精细化管理体系为基础提高管理效率，适应时代的发展需求。

图书馆可以以馆内图书资料为基础进行精细化管理，以此实现数字化图书馆的发展趋势，并且以同步数字化进行图书馆内部管理。从而真正带动人们的阅读兴趣与热情，使人们通过精细化图书资料管理后可以以更方便、快捷的形式进行阅读、读书、赏析等活动，以此掀起全民阅读的热潮。

2. 有助于发挥最大效益

由于受到图书馆传统因素的影响，我国图书馆管理呈现出滞后性，过分重视投入与建设规模而忽略管理以及效益。至今这种格局仍旧存在，积极将精细化管理应用到图书馆之中，能够将思想观念中所存在的弊端进行打破，能够将经验型以及粗放型管理模式进行打破。

作为一种以经济管理为主的管理模式，精细化管理能够推动图书馆得到可持续发展，在精细化管理下，各岗位职责明确，业务流程优化处理，岗责体系得到完善，在协调配合的过程之中能够真正将图书馆工作中所存在的各项弊端进行打破。

此外，图书馆采取精细化管理还可以降低成本投入，提高图书馆服务效益，对提高图书馆管理效能以及核心竞争能力有着十分重要的推动作用。

3. 有助于实现创新发展

目前，国际竞争十分激烈，创新作为一种指导因素，对提高图书馆的创新发展具有十分重要的推动作用。在图书馆的管理工作中，将创新积极融入其中，保证各项工作的系统性以及规范性，真正实现精细化管理。

此外，伴随我国信息社会的不断发展与进步，我国图书馆在管理理念以及服务理念上发生了重大变革，图书馆积极应用精细化管理，可以实现管理手段的创新，并且能够为图书馆的发展提供条件与发展动力，促使图书馆管理工作能够实现规范性与创新性的相互融合，对提高图书馆自身竞争力具有十分重要的推动作用。

二、图书馆精细化管理的有效途径

（一）图书馆资源管理精细化

1. 深挖图书馆的各种资源

在人力资源方面，要将它作为管理工作的重点，对每个工作人员进行动态化控制，强化工作人员的岗位职责，让他们了解各自的工作职责，也要设置一定的工作权限，对其进行分级管理，让其成为一个系统化的组织，以便对每一项工作进行精细化管理。在对岗位的职责有正确认知后，要创设相应的考核机制，量化精细化管理工作，让各个部门相互配合，让人力资源的作用得以体现。

在资金方面，以公共图书馆为例，当前大多数公共图书馆管理的资金大多数是来自政府拨款，还有一些是来自社会和个人关于图书资料和资金的捐助，由此，图书馆的资金不能只依靠财政拨款，还要与相关单位和科研机构合作，共同进行管理工作。图书馆还可以与当地的政府、教育部门合作，对阅读推广的目标在进行细化，这样当地的教育部门可以根据读者的阅读情况，为他们推荐适合的阅读材料，以此扩大影响力。

在物力资源方面，图书馆里的图书资料是由工作人员负责的，在精细化管理中，可先收集几位具有代表性的读者的实际需求，对图书馆内部全部设备进行管理。一是可先制定图书资料的采购、上架、借阅、归档等制度，完善全部工作的管理制度；二是要根据网络来创设相应的平台，对图书馆的动态情况有足够的把握，防止重复购买图书，浪费采购的成本，让图书馆的空间价值得以提升；三是要对图书馆中的期刊、纸质图书、电子资料等进行完善、精细，在保管上，纸质图书要做好防火、防潮等工作，在电子资料方面，要保证借阅的有效性和合理性，让读者有一个良好的阅读平台。

2. 以资源共享的方式进行精细化资源管理

图书馆是人类文明的产物，是人类通过生产经营不断开发利用形成的一种精神财富，其通过大量收集、加工、传播并将资料记录保存下来，是一个社会化的行业。但长期以来，我国在图书资源方面的管理手段较缺失，没有做过全面的规划与统筹安排，导致很多文献资料出现缺漏与不合理重复的现象发生。因此，图书馆的图书资源管理，提倡将图书馆资源联合共建，以资源共享的方式进行精细化资源管理。

第一，从人力资源管理方面对图书馆内部的相关岗位进行精准定位，将图书资源的管理工作流程不断细化，并且适时把握各部门之间的团结协作。

第二，严格规范对图书资料的管理，通过建立共享型平台将读书资料实时地上传至系统中，从而把控图书资料的更新状态，还能一定程度上减少图书采买成本。

第三，在财力上面，不仅要靠国家的财政拨款，还应细化精细化管理的优势，通过社会的力量筹得资金，使图书馆得到扩建。

（二）图书馆管理方式与方法的精细化

1. 运用主动式精细化管理方式

在传统的图书资料管理模式中，大部分是被动地为用户提供服务，主要是通过给读者提供空间，不需要向读者咨询、询问想要浏览的内容与需要的服务类型。而在精细化的图书资料管理体系中，管理人员需要提供主动的服务方式，根据对读者需求的了解与分析，有针对性地提供服务，并且对不同读者类型有清晰的定位，有助于管理人员在提供服务时，能够定向推送，利用新媒体平台进行图书馆藏资料的宣传，匹配到关注该项资料的用户，对用户信息展开分析与研究，通过各种渠道了解他们对不同品类的需求，提升图书管理的主动性从而提升整个图书馆的服务效能。

2. 采取主动式管理方法

精细化管理体系的发展使一些图书馆员能够按照传统的管理方法在工作过程中被动地为读者提供服务。这种被动服务主要来自管理员认为读者需要的内容以及他可以提供的服务类型。虽然被动管理可以在一定程度上为读者提供准确的服务，但实际上并不能达到书籍材料精细化管理的目的。图书馆员需要提供主动管理服务，以便根据他们对读者需求的理解提供有针对性的服务。当然，在提供服务的过程中，管理员需要了解不同的读者群，准确定位读者，并定向推送。

（三）图书馆管理制度精细化

1. 确立规范化的管理制度

图书馆针对图书资料管理的发展需要与转型需求，应不断健全与完善管理制度，制度的制定紧紧围绕图书馆的科学发展，包括激励、责任、运营等。其中对于运营体系，图书馆管理机制的有效性直接决定其运营情况，再根据当前的情况进一步调整工作流程，从而发挥激励机制的作用，不断调动员工的工作积极性，创建一个积极向上的内部环境氛围。在工作中，将精细化管理作为整个工作的核心对象，合理分配布局相关工作人员，将管理人员分配至适合的岗位，并起到监督管理作用。

与此同时，还应实时掌握读者对图书馆的反馈意见，结合意见不断优化工作流程，将图书资料管理流程细化分解，并定期展开归纳、总结与评价。在此基础上，进一步融合精细化管理体系，通过完善人力资源、信息资源、环境资源并将资源整合在一起，从而对员工与读者进行高效管理，定期开展业务技能比赛、劳模评选活动，评选出优秀员工，给予表彰。

另外，图书馆精细化管理有控制经费的作用，对于图书资料的管理也设置了大量的要求，而有些时候由于管理要求太过苛刻，导致管理人员对工作产生厌倦的心理，管理人员在工作中无法发挥自己的潜能，束手束脚，这对于图书馆的长远发展有一定的负面影响。因此，在图书馆加强内部精细化管理的同时，还应注意制度人性化的设置。依据读者在馆内实际的阅读过程，对读者反馈资料进行整理、收集并优化，图书资料管理人员在服务读者时需要责任分明，不同岗位承担各自的责任，并且对自己在工作中做出的成绩与所犯错误进行评估，从而使图书馆内部形成良性竞争的工作氛围。

2. 图书馆管理制度创新

信息化已经逐渐覆盖到我国人民生活的各个方面和领域，读者对于公共图书馆的管理工作也有了更高的要求，只有将现代化信息技术融合到图书馆的管理工作中，才能够真正满足读者的实际需求。与此同时，也可以提升图书馆在市场中的竞争力，适应市场的发展需要，促进图书馆管理工作更加科学化、系统化。图书馆与人民群众的精神文明建设密切相关，同样由于网络信息技术的发展，群众获取信息的渠道逐渐增多，但是却越来越碎片化，导致读者没有完整的阅读体验，图书馆的转型对于我国人民群众的精神文明建设有着重要意义。

（四）图书馆管理技术精细化

1. 利用技术优化阅读服务

在构建图书馆精细化管理体系时，需要充分了解读者的需求，提升用户资料的服务质量，因为每一个用户在阅读时，都有不同的阅读需求，优化图书馆阅读服务的前提是了解用户的需求，可充分利用技术优化阅读服务。首先，利用技术驱动实现服务创新，因为图书馆只靠技术来支撑，即使资源和服务再丰富、便利，也不能使图书资料管理的内涵和价值得以体现。在这种情况下，可利用技术促进图书馆的服务，深化图书馆的管理职能；其次，可利用技术了解用户的阅读爱好。年龄、职业等，以用户需求为标准，创新、规划图书管理服务种类，让用户主动地获取图书资料，让他们主动地接受智能服务，提升阅读服务的优质性。

2. 做好图书馆精细化数字管理

随着信息技术的进步，构建数字资源平台成为现代图书馆发展的必然趋势，图书馆走过传统阶段、自动化阶段，现在正处于数字化的阶段。数字化图书馆的出现，使人们足不出户就可以获取大量数据信息，对教育、科研、经济的发展具有重大的推动作用。对于图书馆藏的数字化，通过对书刊文献设置数字，提高了海量图书的检索速度，呈现出资源数字储存、智能检索、网络传递等特征。

图书馆精细化数字管理，使图书资源的储存方式发生了巨大的改变，由过去传统的纸质存储转变为磁性介质的电磁信号，通过对资料进行压缩、改变组织方式，在很大程度上提高了检索速度、加快维护工作、降低维护费用。图书馆中图书馆的存储不仅有纸质文献，还扩展到很多以文本、图形、地图、声频、视频等方式保存的数字化的知识产品，通过多媒体技术将其统一存储与管理。通过网络智能化的检索，改变了传递信息的形式，从原始的纸张顺序、线性方式转变为直接用电子计算机网状的方式，使读者不再受到时间与位置的限制，通过设置广泛的用户连接接口，提供便捷的检索功能，通过访问网络用户就可以获得所查询的资源，大大地提高了信息共享程度，并加快了信息传递与反馈的速度。利用互联网将馆藏的资源与网络资源有机结合在一起，满足了不同读者不同的阅读需求，读者可以以自己喜欢的方式进行检索与浏览，并将线上数字平台与线下借阅平台联系在一起，细化借阅流程，大大地提高了图书资源利用率。

三、图书馆精细化读者服务模式构建

（一）图书馆精细化读者服务模式的构建原则

1. 坚持个性化服务原则

个性化的服务可以为读者带来定制化服务的同时更贴合读者需求，从而让读者对所使用的服务产生好感，进一步使用相关资源与服务。当下，图书馆必须充分利用自身馆藏的优势，深入挖掘和分析用户需求。此外，图书馆还可利用网页及馆内相关读者访问记录分析资源的使用情况，并以此为基础分析和挖掘不同类型用户的潜在需求。在个性化服务中，可以从两个方面提供策略，一方面，进一步提高已有个性化服务包括定题服务、查新服务等相关读者服务的质量和方式；另一方面，则是针对一般性的读者服务内容，将受众分类，按不同人群充分挖掘不同潜在需求并针对性地推广相应服务。对于图书馆已存在的个性化服务，可以结合新媒体便捷读者获取服务的方式，提高个性化服务质量。

以查新服务为例，传统查新服务通常是在图书馆或者网上填写查新咨询单，图书馆根据读者所填写内容提供相应的信息服务，然后将相应的信息产品通过发送邮件或提供纸质资料等方式反馈给读者。新媒体时代，图书馆拥有更多个性化服务的方式。在查新服务开始，图书馆可以结合新媒体等技术，为读者提供更为便捷的填写通道以及方式，微信公众号以及手机 App 等新技术拉近了图书馆与读者的距离，然而在具体的个性化服务如查新中，读者仍然需要通过跳转到网站获取查新填写单等方式申请服务内容；不仅如此，在后续的服务产品提供过程中，也可以增加多种文件传送渠道，在已有的基础上增加 App 文件传送、社交媒体账号绑定发送等方式，为读者全方面提供个性化、便捷化服务。对于一般性的读者服务，图书馆可以利用读者访问记录，以不同的分类方式比如可以通过人口统计学特征，对读者按年龄、学历、地域、职业等划分为不同标签群体的读者，再通过大数据技术分析不同读者的需求，再以此为基础，定制不同群体的个性化服务并通过微信公众号等平台直接定位目标读者。不仅如此，在图书馆手机 App 端，还可以利用用户画像等方法，根据用户的访问记录，结合相应算法精准计算读者需求，个性化推荐客户端服务以及图书馆资源。

2. 坚持开放服务原则

对于图书馆来说，其本质属性便是开放的服务原则，在这之中的“开放”更多表达的是一个全方位的含义，并不是单纯指一般情况下的开门服务，它的全方位能够从图书馆所提供的各项服务内的民主以及和谐、宽松中发现；此外，开放服务中的“开放”也是一个动态的含义，它表达着图书馆服务的可持续化发展、不断与时俱进的先进精神。

大多数图书馆将开放服务作为重要前提，但是还需要基于该前提，根据实际情况，把握全局，权衡利弊，进行一定的限制，换句话说，开放是相对的，但是限制是绝对的。通过合理贯彻开放服务原则来将开放和限制之间出现的矛盾尽可能化解。

读者所包含的除了群体还有个体，当面对个体的时候，就需要避免认为其“永远是对的”看法。我们常说的“读者第一”，更多是将重点放在昭示图书馆的工作的重要宗旨，对于图书馆来说，其存在的理由是“服务”，所做一切都是为了更好地服务读者，并且将其贯彻在图书馆的工作全过程内。所说的“读者至上”也是图书馆在工作的时候，需要将读者对图书馆的认知以及实践和利益关系等摆放在主体的位置，虽然对于图书馆服务质量的高低以及信息资源的优劣等都是需要读者进行评判，但是这并不等同于“读者永远是对的”，图书馆不可能没有限制地满足读者的一切需求。

3. 坚持公平服务原则

在我国目前阶段的图书馆中，引起大家重要关注的问题在于其公平服务原则，并且这也是我国图书馆的突出属性。我们所说的公平能够因为“机会均等”而得以体现，即每一个社会成员都有同等的机会展现自己的能力，每一个人都可以平等参与到竞争之中。

应用区别服务是图书馆为了将“公平”服务更好地贯彻到图书馆的工作全过程中。依据每一个读者的不同需求以及他们的不同特点，从而针对性采取服务，能够更好地提高图书馆的服务质量。

除此之外，图书馆的服务可以对一些贫困者和失业者等弱势群体提供特别关爱，对他们采取倾斜政策，从而更好地促使图书馆能够全方位有效贯彻“公平”，推行关爱弱势群体的相关制度。

（二）图书馆精细化读者服务模式的构建策略

1. 图书分类精细化

图书馆图书分类的精细化处理能够更好满足读者需求，提升读者服务质量。图书分类精细化是满足读者阅读需求的重要保障，在这一过程中需要注意细节管控。图书分类应该注意科学性、专业性与精细化，图书馆图书分类时常规分类会根据图书所属的年代、专业、作者国籍等进行分类。对图书分类精细化设计，应该重视对传统图书分类进行改良和创新，在现有的图书分类基础上，根据作者、书名等一二级检索要求进行图书分类细分，不断进行细化。传统的分类模式可以满足部分读者寻找图书的习惯，而为了更好地对图书进行精细化分类并使之满足读者阅读需求，进行精细化分类前应当设计调查问卷，了解读者对于图书分类的感受和看法。图书馆应当通过网上调查问卷的方式了解读者的看法，根据读者反馈，积极开创新形式的图书分类，设置畅销书区、原创区、文学点评区，并注意将经济学、管理学、法学、心理学之类借阅率较高的书籍在更加便捷的位置设置分区，以便读者进入图书馆后能够第一时间找到自己感兴趣的书目，避免读者在寻找目的书籍的过程中消耗大量时间，更好地满足读者阅读需求。

2. 分区精细化模式

图书馆功能分区精细化模式是保证读者服务质量的关键。图书馆的功能区域应当尽可能精细化，同样重视读者的需求，设计包括书友交流区、自习区、阅览区、期刊杂志区、文化艺术区等常规的功能区域，另外还需要考虑到为读者提供便捷服务的特性，细化图书馆的停车区域、公共交通等候区等。考虑到图书馆的读者的需求，增加图书馆内便民功能区域，比如，设计图书馆自营店铺，增加图书馆内自动售卖机数量，增设公共饮水区，等等。图书馆是读者的阅读场所，读者是图书馆的主要服务对象，在进行功能区域划分时，应当充分考虑到功能区域与读者服务的适应性，在进行功能区域增加之前应当进行必要的调研活动，通过实际观察调研，了解图书馆内读者对于阅读室、自习室、交流区或者会议室的使用情况，根据使用频率以及分布人数进行功能区域范围的划分。注意通过读者问卷调查的方式认真了解读者本身对于图书馆各功能的需求，不断根据读者反馈和读者需求进行功能区域的划分，功能区域划分完成后同样需要注意精细化引导，通过标识图、引导线等方式在读者入馆后，根据读者的需求和目的进行科学分流，让读者能够体验更好的图书馆服务。

3. 服务精细化模式

图书馆服务读者精细化模式中，必须重视对于具体读者服务性内容的优化与改良。图书馆的开放时间、自助借阅系统以及图书馆维护等方面的精细化模式改进能够提升图书馆的服务能力，在提供上述服务的过程中需要注重服务的人性化设计，更好地满足读者的需求。图书馆应当在图书馆外部以及官网或者官方微信平台等场景标注图书馆的开放时间、自助借阅系统、自助还书等相关内容，让读者能够更加便捷地了解图书馆的实际情况，在恰当时间前往图书馆。

例如，公共图书馆提供服务时可以设计 24h 开放式城市书房，通过自助刷卡、人脸识别技术等自动识别技术进入，满足不同类型读者获取知识和自由阅读的需求。在满足读者需求的过程中，应当充分考虑无障碍阅读的相关内容，不断扩充阅读服务形式的多样性，比如，扫描二维码打开听书模式进行无障碍阅读，引入人工智能为读者提供一对一人工智能引导服务，帮助读者选定自习室、预约会议室，等等。图书馆服务管理中也可以积极组建志愿团体，帮助图书馆完成运营维护、清洁工作等，创造更加舒适的读者服务条件。

四、图书馆精细化服务品牌打造

图书馆的发展进入了一个新的时代，知识和信息的规模化、集成化的趋势日益凸显。

在这种全新的社会经济形态之下，图书馆要适应社会发展所需，必须重新定位自己的角色和发展战略。打造图书馆精细化服务品牌，加快图书馆建设的步伐，发挥其应有的作用，已成为当前一项紧迫的工作任务。

就图书馆工作者而言，其中一项重要的工作，就是要保存、推广多元化的文化，增强图书馆的品牌意识，找准图书馆自身的品牌定位，使更多的读者了解、尊重文化的多样性。

（一）图书馆品牌认知

图书馆品牌指的是图书馆通过自己的某种独特性，或一定规模和馆藏，或某一信息产品信息服务等，并把它们加以规范和传递，使自己在信息服务领域及社会中享有较高的知名度，从而建立起与众不同、个性独特的形象并在行业中形成竞争优势。因此，品牌是品牌的经营者和消费者之间的相互认同。对于图书馆而言，其品牌建设就是通过品牌载体将自己的服务更好地提供给读者，得到广大读者的认可。

从图书馆的服务角度来说，如果图书馆能够建立自己的服务品牌，那么不仅仅能帮助自身提升馆内的服务质量与水平，增强运营管理的科学性及专业性，还能使其自身更具辨识性，吸引更多的用户。在信息爆炸的时代，随着网络技术的不断发展，各种信息类平台不断涌现，再加上各种智能终端设备的出现，不仅极大地丰富了读者获取信息的渠道，也在很大程度上方便了人们的阅读，人们可以利用碎片化时间在任何地点享受阅读带来的乐趣。随着大众传媒的不断发展及普及，图书馆受到了前所未有的冲击，其传统的信息服务模式与现代化的信息服务平台相比已经不能很好地适应社会发展的需求，因此，图书馆必须充分认识时代变革带来的新变化、新需求，积极引进现代化的科学技术，加快自身的信息化建设，树立清晰的品牌意识及发展目标，立足自身优势，通过对自身服务模式的改革来保证未来的发展之路。

1. 图书馆服务品牌建设的必要性

第一，顺应时代发展需求的必由之路。当今社会是一个信息大爆炸的时代，人们获取信息的途径及方式都变得更加多样化和便捷化，而公共图书馆则因为受到人们思维定式的影响而在这种环境之下损失了一定的读者。随着信息时代的不断发展，各类信息机构愈加增多，再加上各种新兴媒体的出现，分流了很大一部分的传统受众，使得在传统的社会环境中原本处于信息中心地位的图书馆受到了较为严重的冲击，读者流失现象严重，市场份额急剧减少。而图书馆原本存在的目的就是为社会大众提供公共文化服务，但是如果它所提供的服务与当下人们的需求并不相适应，那么其社会地位就必然会受到冲击，影响其自身的发展。所以，图书馆必须清晰地认识当前时代人们不断增长的文化需求现状，改变传统的服务模式，通过打造高品质的服务品牌来加强自身与时代发展趋势的联系。

第二，满足广大用户需求的必然选择。虽然网络的快速发展给人们带来了丰富的信息，但是网络信息的缺点与其优点一样突出。其一，因为缺乏有力的监管，网络信息良莠不齐的现象一直是一个十分严峻的问题，人们在获取信息时无法进行有效筛选，要想真正找到自己所需的信息还需要花费大量的时间进行筛选，所以，从一定程度上来说，网络信息并不能十分完美地满足用户的需求；其二，网络信息因为提供者身份的不同而会出现千差万别的现象，再加上无处不在的广告，以及其他一些污染与限制等，使得读者在获取信息时存在较大难度；其三，当涉及某一专业时，普通用户很难获取一些深层次的信息资源，尤其是涉及国际科研尖端领域的情况时更甚，因为很多领域的最新研究成果等在网上都是以英文的形式传播的，这就给一些不精通英语的用户造成了较大的限制。针对这些情况，用户自然希望存在一个机构能够对网络上纷杂的信息进行筛选、辨别、翻译，从而整理成方便用户获取的信息。所以，作为提供公共服务的机构，图书馆应当顺应用户的需求，利用自身的优势，建立丰富的中文资料信息库，为用户提供更加便利和专业化的服务。

第三，应对激烈的市场竞争的必要策略。随着时代的发展，人们对文献信息服务的要求也在发生变化。随着信息时代的来临，社会各界都认识到了信息资源的重要性，对于信息服务的需求量也就持续增加，而且知识经济时代人们对信息服务的质量也有了更高的要求。在需求不断增加的刺激之下，各种信息服务机构的数量也不断增多，而且因为术业有专攻的原因，这些机构在一定程度上来说往往比图书馆更受欢迎，图书馆的发展受到了较为严重的冲击。不仅如此，在市场经济的刺激之下，这种竞争态势还会愈演愈烈。要想在激烈的竞争中牢牢守住自身的优势和地位，图书馆就要顺应市场发展需求，积极进行服务模式的改革，通过挖掘自身的优势资源，以及提高自身的服务质量及水平，创建独具特色的服务品牌，从而提高在市场上的知名度，树立良好的形象。

2. 图书馆品牌树立的意义体现

体验是刺激人们引发消费的重要的方式，透过体验营销的方式，加深消费者对于企业的正面印象，进而吸引消费者选择该企业的产品或服务。体验经济当道，传统的营销已无法提供足够的信息让顾客选择，透过消费时的情境或服务，提供更多信息给顾客参考，成为非常重要的营销方式。图书馆从品牌体验角度的分析，找出读者对于图书馆品牌体验重要的要素为何，并且创造有价值的体验，应能吸引更多读者前往图书馆。图书馆的营运除了传统营销重视的功能效益外，更应从事自我营销与自我定位，创造出体验营销中强调给予读者难忘的体验感受，以吸引人们到图书馆阅读并体验相关设施。此外，透过国内外不同的案例，可以了解许多图书馆也尝试着创造有别于竞争对手的体验，验证“不只是图书馆”是否有创造读者不同的体验，进而影响图书馆的使用率，甚至进一步影响图书馆品牌形象的建立。

读者活动是图书馆最生动、直观，最具有活力的公共文化服务产品，也已经成为图书馆展示自身形象和传播影响，提升服务效益的有力抓手。图书馆要想让文化服务产生深远影响力，激发群众接受文化服务的兴趣，树立品牌无疑是最好的方式，也是充分发挥图书馆文化服务职能的重要方式之一。通过树立品牌，对服务内容进行浓缩和升华，提炼出特色形成品牌传达给大众，从而获得大众的认可和信赖，提升读者对图书馆的忠诚度和认可度，延长图书馆精细化服务的生命周期。目前，很多图书馆都将阅读推广等读者活动朝着品牌化方向运作，比如国家图书馆的“文津图书奖”、山东省图书馆的“大众讲坛”等。

事实上，图书馆拥有丰富的馆藏资源，所以，图书馆一方面，应该增强自身的品牌意识。要想打造有人气的图书馆活动品牌，对活动团队综合能力有着较高要求。首先，要有一支综合能力强的具有品牌意识的人才队伍，善于挖掘本馆特色，将读者活动个性化、特殊化，打造独特品牌；其次，要注重服务体系化建设，对服务资源进行有效整合，增强服务活动的完整性和体验性，提升读者的使用体验；最后，重视品牌活动的持续性。品牌之所以有大的影响力，可持续性是非常重要的一点，如果一类活动只举办几次就销声匿迹，那也称不上品牌活动。所以，品牌建设是持续的动态的过程，在品牌建设过程中要注重开展新形式、开拓新内容，防止读者出现审美疲劳，吸引读者参与品牌活动。

另一方面，树立图书馆品牌，有助于图书馆推动阅读推广活动的进行。在数字化全媒体时代，品牌的作用和影响力大大提高，品牌不仅代表着一个企业的实力，还能够提高人们对企业的认可度、在社会上的知名度，因此图书馆进行品牌的树立能够有效地提升自身的关注度和对人们的影响力。图书馆可以通过对自己的藏书资源和服务特点进行分析，突出自身的优势及与其他图书馆、书店、阅读组织的差异性，树立自己的品牌，提高大众对图书馆优点的认可，增强图书馆在社会上的知名度；另外，还可以通过举行多种阅读活动，积极向大众进行推广和宣传，通过多种方式增强人们对图书馆品牌的认知，保证图书馆塑造自己品牌时能够起到良好的效果，提升社会影响力，促进图书馆对大众产生良性的引导和教育功能。

即使网络与科技快速发展，图书馆依旧有存在的价值及重要性，从以前知识的难能可贵到现在信息唾手可得，图书馆该如何因应这样的时代变迁，风格书店、网络书店等的逐渐增加，提供了与图书馆重叠的功能，图书馆如何营销及经营管理，吸引民众前往查阅信息，新增什么样的专业服务，让图书馆发挥应有的功能。图书馆除了是典藏书籍、保存人类智能的藏书阁，更是需要透过图书馆馆员提供专业的知识检索服务的信息中心，更进一步，甚至应体现图书馆的教育价值，让民众愿意前往图书馆吸收新知。信息爆炸的时代，或许知识容易取得，但图书馆提供筛选及分类的典藏数据，仍有其优势以及功能。因此，在这竞争者林立的环境中，如何活化图书馆的角色成为非常重要的议题。透过体验增加顾客的愉悦感，让品牌特色深植人心，成为重要的课题。

（二）图书馆品牌建设的要求

图书馆是一个综合性、服务性、公益性的公共服务机构，因此，图书馆品牌建设必须定位于图书馆的使命，其核心是以用户为中心，其追求是让读者满意。

第一，更新观念、转变作风。品牌的表现在于形式，而支撑是服务。做好服务，首先，是更新观念。观念创新是先导，新时代尤其是要学会运用互联网思维去开展工作。其次，是工作作风的转变，应从以读者为本、以需求为导向出发，换位思考，不断增强服务意识、责任意识。把服务要求具体化、责任化、网络化，工作上求实、求严、求细、求深、求快，共同维护品牌的形象。

第二，明确责任、提高绩效。抓住关键流程、提高关键绩效是品牌创建的具体抓手。图书馆是全额拨款的公益性事业单位，对于管理成本、投入产出极易忽略不计，容易造成流程运作复杂、效率低下。因此，首先，要在图书馆内部建立规范的流程体系，以用户需求为流程起始，以用户满意为流程终止，厘清部门职能和各岗位职责，实现部门和岗位工作目标的可衡量性；其次，要结合评价考核激励机制，建立起保障流程有效运行支撑工具；最后，要积极运用技术手段，固化流程，以电脑管住人脑。

第三，开放沟通、与时俱进。当今的时代是全球化、信息化的时代，图书馆的品牌建设既需要把握传统有效的服务管理模式，更需要更多的开放内容、更好的互动交流、更丰富的服务资源和更有效的服务手段，使品牌建设既规范科学又具有时代精神。

第四，以人为本、科学管理。品牌是由全体员工共同经营的，如果图书馆把员工看作同舟共济的“伙伴”，那么就会形成把个人生命价值与品牌经济价值融为一体的团队，使每个人在团队中发挥个人潜力，实现自我。因此，要以人为本由经验管理到科学管理，通过品牌创建建立规范化、精细化的管理体系。

（三）图书馆品牌建设的策略

图书馆品牌建设对于实现图书馆自身价值，传承人类知识文明有重要意义。“对于图书馆本身而言，品牌即包含着图书馆的文化取向和价值内涵，并通过馆内提供的专业服务与文献资源体现出来。”[①] 因而，图书馆品牌建设离不开提升服务、维护品牌与优化馆藏资源等方面的作用。

第一，问意于民，公众参与。图书馆是为读者服务的，其品牌应该是读者认可的品牌，图书馆怎么做好服务、怎么取得发展，最好的办法是问意于民，充分利用互联网时

---

① 杨曦雯．图书馆品牌化建设的思考［J］．品牌研究，2022（9）：83-85.

代的网络普及度，让更多读者广泛地参与进来，以公众的需求为图书馆建设发展的依据，以公众的满意度为图书馆的工作标准，以公众的监督增强图书馆服务的责任感和主动性。

第二，增强品牌意识，增加品牌内涵。图书馆要在新时代的发展下进行品牌建设，首先就应该增强图书馆品牌意识，不断增加品牌内涵。树立品牌意识是图书馆进行现代化建设的首要前提。品牌意识树立起来了，才能为图书馆的全体工作人员指明工作的目标以及行为上的规范，才能为进一步提升图书馆全体工作人员的感召力和凝聚力、进一步强化全体工作人员的学习能力和创造能力提供保障。要将图书馆品牌意识落到实处，就要明确品牌建设的具体要求，不断增加品牌内涵，并通过积极宣传来深入每一位工作人员的内心之中，从而形成一种极具图书馆特色的精神力量。在图书馆的品牌建设过程当中，只有品牌极具内涵，发展才具备坚实的底蕴。

第三，坚定品牌服务理念。行动只有在先进的、科学的思想意识及理念的指引之下才能更彻底地执行，才能取得更好的效果。在现代社会，随着人们生活质量的提高，人们对于生活中各个方面服务的要求也更高，而快节奏的生活方式也使得人们没有太多的时间花费在信息的搜集及阅读上面，因此，人们在寻求文献信息服务时对于时间及效益等方面有了更高的要求。而图书馆要想让更多的读者满意，在服务方面就必须做出改变。在很长的一段时间内，图书馆在文献信息服务领域都牢牢占据着独一无二的地位，很少有相关机构能够与之匹敌，因为地位的超然，也就造成了图书馆服务及管理模式的僵化。在社会飞速发展的时候，图书馆也依然未进行相应的改变，导致在当前激烈的竞争中丧失了很大一部分的市场份额。所以，对图书馆来说最紧要的事情就是要转变自身的经营管理理念，树立服务意识，通过对馆内工作模式的变革来提高服务水平，从而树立起自己的服务品牌，在市场上形成有辨识度、有吸引力的竞争实力，在稳固现有用户的基础上，将被分流走的市场份额逐渐抢回。通过坚定的品牌服务理念的树立和坚持，明确以服务创效益的运营管理方针，从而不断在服务方面下功夫，形成自己无可取代的、有着较高客户满意度和黏性的服务品牌形象。

第四，建设特色文献信息资源。对于图书馆来说，建立服务品牌最快、最省的办法就是建设特色文献信息资源。因为与其他信息服务类机构相比，图书馆存在的时间较久，而且大多是由政府部门建立的，是社会中的公共文化机构，承担着提供公共文化服务等职能，所以其地位是超然的，在社会大众中的认可度较高。而且经过较长时间的发展，图书馆搜集的图书资料以及信息资源是十分丰富的，而开发信息资源也是其本身职能之一，所以，图书馆在信息资源方面有着天然的优势。而图书馆通过利用自身的资源优势来建设特色文献信息资源，不仅能够充分利用其自身馆藏丰富的文献资料，提高资源的利用率；也能够在建设的过程中对馆藏的现有信息资源进行更加合理的布局与利用，提高资源管理的有效性。不仅如此，在信息化时代，随着信息资源的数字化，图书馆除了可以建立自身的信息资源库，还能与其他图书馆建立联系，形成信息共享平台，扩大自身的资源库，更好地为用户提供服务。而为了使文献信息资源建设更具特色，还应该明确自身的目标客户群体，然后进行针对性建设，更应该考虑自身所处地区的地域及文化特色，建立与本地区经济、社会、文化环境以及用户需求相适应的特色数据库，突出自身独有的特色，树立品牌形象。

第五，拓展渠道，创新模式。充分利用现代信息技术，提供特色化、亲情化、便捷服务。如利用网络社交平台，建立网上小型社区，提供专业图书馆与定向专家、学者等人群之间的实时交流；利用移动互联技术，通过图书服务 App、支付宝、微信城市服务等第三方互联网服务方式，为读者提供更为便捷的指尖服务；通过网上阅读辅导和学科讲座，深化读者服务；为各种层次、各种类型的读者提供专题学习等。

第六，加强宣传，营造氛围。在品牌建设过程中，宣传对于全面拓展品牌、深入探索理念起到决定性的作用。因此，图书馆在品牌建设过程中，要不断探索新形势下宣传工作的方法，尤其要学会利用网络、多媒体等现代信息技术，更为重要的是，要探索建立与读者互动式的宣传，以宣传工作促进自己的管理和服务，树立自己的品牌。

第七，构建正确的品牌体系。图书馆还要积极构建正确的品牌体系，加强品牌外延。在图书馆品牌体系的构建过程当中，相关的工作人员一定要立足于图书馆的发展实际，按照图书馆的不同特性来培育不同的品牌体系。品牌体系的建设对于图书馆的成长来说具有至关重要的意义，能够作为一种无形的资产帮助图书馆形成健康良性的发展趋势。同时，正确的品牌体系又是图书馆发展建设的核心内容，是支撑并反映图书馆的核心力量。积极构建正确的品牌体系，加强品牌外延，是服务于全体读者及市民的要求。

第八，优化图书馆文化，塑造品牌形象。图书馆应该优化图书馆文化，塑造品牌形象。图书馆在品牌的建设过程中，需要不断优化自身形象，不断在新时代的发展下对读者和社会发展形势进行解读和定位，不断构建品牌建设的新思路、新策略、新模式，积极进行品牌的创造创新，不断加强资源整合，从而塑造出最符合自身特点及发展需要的品牌形象。

第九，提高品牌建设水平。要实现图书馆品牌建设的最大效益，应该有效提高图书馆品牌建设的水平。针对图书馆的品牌建设，相关部门需要积极根据图书馆的现状以及发展趋势进行品牌建设机制的改革，可以采取对外学习品牌建设方式、对内加强策略贡献等方式来完善内外部品牌建设机制，不断实现品牌建设方式的多样化。相关部门可以积极构建图书馆品牌建设绩效考核与激励机制，不仅有利于激发内部品牌建设人员的热情，调动工作的积极性与主动性，还有利于培养工作方式的创新意识，从而提升服务的质量，进一步提高公共图书馆的整体服务水平，为国家及社会做出更多的贡献。

此外，图书馆品牌建设人员的品牌建设水平与图书馆品牌建设工作的质量密切相关。要提高图书馆品牌建设的质量和水平，就必须加强图书馆品牌建设人员的综合素质和专业技能培训，不断提高图书馆品牌建设人员的专业素质，不断加强品牌建设人员在品牌建设上的技能强化与知识吸收，调动相关工作人员的积极性，从而使得图书馆的品牌建设工作更有效率，进一步提升图书馆的品牌建设质量和水平。

参考文献

[1]包平，李艳.图书馆组织服务导向与服务质量的关系研究[J].大学图书馆学报，2019，37（03）：84-91.

[2]卜荣珍.图书馆危机管理概述[J].内蒙古科技与经济，2019（20）：129-130.

[3]陈桂琴.图书馆精细化管理平台应用探讨[J].计算机光盘软件与应用，2013，16（08）：37-38.

[4]陈冉，阎静辉.图书馆读者信息服务管理对策[J].兰台内外，2021（10）：42-44.

[5]陈旭红.图书馆信息服务在大数据时代的发展探究[J].信息记录材料，2021，22（11）：45-46.

[6]陈怡君，杜文龙，徐光辉.图书馆参考咨询服务工作研究[J].办公室业务，2020（07）：172+174.

[7]成丽霞.知识管理理念在图书馆管理中的应用探索[J].文化创新比较研究，2021，5（16）：166-169.

[8]程华.现代图书馆参考咨询服务评价工作解析[J].科技资讯，2021，19（01）：211-213.

[9]程卉，崔云.图书馆网络安全管理探析[J].计算机产品与流通，2019（07）：278.

[10]邓文婷.公共图书馆的数字化服务体系构建研究[J].浙江工商职业技术学院学报，2021，20（3）：27-30.

[11]丁利平.我国现代图书馆管理模式思考[J].边疆经济与文化，2014（04）：161-162.

[12]付方方."以人为本"模式下的图书馆人力资源管理[J].办公室业务，2020（11）：168-169.

[13]高沨.图书馆服务环境人性化建设探讨[J].河北科技图苑，2012，25（05）：48-49+73.

[14]关敏.图书馆个性化服务的建设路径分析[J].计算机产品与流通，2020（11）：275.

[15]侯刚健.浅谈知识管理在图书馆管理中的应用[J].开封文化艺术职业学院学报，2020，40（11）：239-240.

[16]贾书梅.新时期图书馆社会职能拓展的必要性[J].边疆经济与文化，2015（08）：125-126.

[17]江涛，穆颖丽.现代图书馆服务理论与实践[M].郑州：河南人民出版社，2014.

[18]姜蕾.论图书馆精细化管理模式之建立[J].兰台世界，2013（26）：78-79.

[19]蒋珞晨.图书馆危机管理现状及建议[J].才智，2019（19）：229.

[20]李慧.新环境下的图书馆人力资源管理策略[J].劳动保障世界，2020（05）：68.

[21]李良艳，陈俊霖，孙杏花.现代图书馆管理理论研究[M].北京：中国商务出版社，2019.

[22]李玲.图书馆环境对用户行为和服务的影响[J].中国西部科技，2013，12（06）：125-127.

[23]李永明.图书馆知识服务中用户参与行为分析[J].图书馆学研究，2021（17）：82-89.

[24]李苑蔚.图书馆个性化服务研究热点和趋势分析[J].济源职业技术学院学报，2022，21（02）：18-22.

[25]林淑湘.试论图书馆管理方式的改革创新[J].黑龙江史志，2015（09）：282.

[26]刘菲.图书馆安全管理工作初探[J].甘肃科技纵横，2011，40（03）：85-86.

[27]陆康.网络信息环境下读者隐私保护策略研究[J].现代情报，2016，36（06）：119-123+153.

[28]孟春红.图书馆精细化管理[J].黑龙江科技信息，2011（32）：160-160.

[29]盛剑锋.图书馆知识管理与服务研究[M].北京：科学出版社，2013.

[30]宋志扬.加强图书馆数字化服务　让阅读引领未来[J].办公室业务，2016（18）：181.

[31]苏国武.简谈如何抓好图书馆安全管理工作[J].云南科技管理，2015，28（2）：45-47.

[32]孙桂梅，刘惠兰，王显运.图书馆管理与服务创新研究[M].北京：现代出版社，2019.

[33]孙晓明，张爱臣.知识服务与图书馆组织结构变革[J].图书馆工作与研究，2010（11）：45-48.

[34]唐细英，黄秀英，陈文峰.新时代图书馆古籍保护管理工作思考[J].科技风，2020（30）：177-178.

[35]涛立.图书馆知识管理在图书馆管理创新中的应用探析[J].内蒙古科技与经济，2020（16）：154-155.

[36]王春梅.浅析图书馆服务环境中读者间关系及其管理[J].办公室业务，2017（11）：166+168.

[37]王栋.如何加强图书馆人力资源管理与创新[J].人才资源开发，2022（15）：28-29.

[38]王萼.网络环境下现代图书馆管理方式初探[J].商业文化（上半月），2011（11）：114.

[39]王颖.浅谈图书馆管理职能[J].办公室业务，2013（17）：117.

[40]王媛媛，刘丁宁.图书馆数字化服务标准化研究[J].产业与科技论坛，2019，18（08）：255-256.

[41]王悦云.图书馆精细化管理分析[J].科技资讯，2015，13（23）：215+217.

[42]王在娟.图书馆危机管理策略与发展[J].文化产业，2021（14）：97-98.

[43]闫方宇.图书馆读者服务精细化发展探析[J].文化产业，2021（10）：158-160.

[44]杨曦雯.图书馆品牌化建设的思考[J].品牌研究，2022（9）：83-85.

[45]游芳.浅谈现代图书馆数字化服务[J].黑龙江科技信息，2014（23）：162-163.

[46]袁明伦.现代图书馆服务[M].成都：四川大学出版社，2019.

[47]张枫霞.图书馆读者服务[M].北京：海洋出版社，2009.01

[49]张庆子.网络时代图书馆信息服务的新趋势[J].传媒论坛，2021，4（14）：149-150.

[50]赵忠尧，丁燕.图书馆文献资源建设路径创新与保障[J].河南图书馆学刊，2022，42（01）：112-114.